Agatha Christie®

Agatha Christie

Etwas ist faul

Kurzgeschichten

Aus dem Englischen von Pieke Biermann,
Hella von Brackel, Günter Eichel, Maria Meinert,
Felix von Poellheim, Karl H. Schneider,
Edith Walter und Renate Weigl

Atlantik

Die Originalausgabe erschien 1934 unter dem Titel
The Listerdale Mystery bei Collins, London.

MIX
Papier | Fördert gute Waldnutzung
FSC® C014496

*Atlantik ist ein Imprint des
Hoffmann und Campe Verlags, Hamburg.*

2. Auflage 2025
The Listerdale Mystery

Umschlaggestaltung: Vivian Bencs © Hoffmann und Campe;
nach einem Originalentwurf von crushed.co.uk
Gesetzt aus der Trump Mediäval
Satz: Dörlemann Satz, Lemförde
Druck und Bindung: GGP Media GmbH, Pößneck
Printed in Germany
ISBN 978-3-455-01501-0

HOFFMANN
UND CAMPE

Ein Unternehmen der
GANSKE VERLAGSGRUPPE

Inhalt

Etwas ist faul

Mrs St. Vincent rechnete. Ein- oder zweimal seufzte sie, und ihre Hand stahl sich zu ihrer schmerzenden Stirn. Zahlen zu addieren hatte sie immer gehasst. Unglücklicherweise schien ihr Leben im Augenblick nur aus einer bestimmten Art von Zahlen zu bestehen. Das Zusammenzählen kleiner notwendiger Ausgabenposten ergab jedes Mal eine Gesamtsumme, die sie immer wieder überraschte und entsetzte.

Sicherlich konnte sie nicht so hoch sein! Sie begann noch einmal von vorne. Sie hatte sich bei einem Pfennigbetrag geirrt, sonst stimmte alles.

Mrs St. Vincent seufzte wieder. Ihr Kopfweh war jetzt wirklich sehr schlimm. Dann blickte sie auf. Ihre Tochter Barbara war ins Zimmer gekommen. Sie war ein außergewöhnlich hübsches Mädchen, hatte das zarte Gesicht ihrer Mutter und auch die gleiche stolze Kopfhaltung, aber ihre Augen waren dunkel statt blau, und sie hatte einen anderen Mund, einen trotzigen roten Mund, der nicht ohne Reiz war.

»Ach, Mutter!«, rief sie. »Kämpfst du immer noch mit diesen schrecklichen alten Rechnungen? Wirf sie doch ins Feuer!«

»Wir müssen wissen, woran wir sind«, antwortete Mrs St. Vincent unsicher.

Das Mädchen hob die Schultern.

»Wir sitzen immer in derselben Klemme«, sagte sie trocken. »Verdammt knapp bei Kasse. Abgebrannt bis auf den letzten Penny, wie gewöhnlich.«

Mrs St. Vincent seufzte.

»Ich wünschte …«, begann sie und schwieg dann.

»Ich muss mir Arbeit suchen«, sagte Barbara in energischem Ton. »Und zwar schnell. Schließlich habe ich einen Steno- und Schreibmaschinenkurs absolviert. Aber wie ich merke, hat das eine Million Mädchen auch getan. ›Was für Erfahrungen haben Sie?‹ Dann stottere ich: ›Nun, eigentlich …‹ Und schon heißt es: ›Vielen Dank, guten Tag. Wir geben Ihnen Bescheid.‹ Aber sie geben einem nie Bescheid! Ich muss etwas anderes finden. Irgendetwas!«

»Nicht jetzt, meine Liebe«, bat ihre Mutter. »Warten wir noch etwas.«

Barbara trat ans Fenster und blickte hinaus, ohne die schäbigen Häuser gegenüber wahrzunehmen.

»Manchmal bedaure ich es«, sagte sie langsam, »dass Amy mich letzten Winter mit nach Ägypten nahm. O ja, ich weiß, es hat mir großen Spaß gemacht – das einzige Mal, dass ich so etwas erlebt habe. Und es wird wohl auch das einzige Mal bleiben. Ich habe es genossen – richtig genossen. Aber es hat mich auch aus der Bahn geworfen. Ich meine – hierher zurückzukommen …«

Sie deutete mit einer alles umfassenden Geste durch das Zimmer. Mrs St. Vincent folgte ihrer Hand mit den Augen und zuckte zusammen. Es war ein typisches billiges möbliertes Zimmer. Eine staubige Aspidistra, pompöse Möbel, eine geschmacklose Tapete, die an manchen Stellen verschossen war. Es gab Anzeichen dafür, dass sich der Geschmack der Mieter gegen den der Vermieterin durchzusetzen versucht hatte. Ein oder zwei Porzellanfiguren standen da, mit Sprüngen und geklebten Stellen, sodass ihr Wert gleich null war, jemand hatte ein Stück Stickerei über die Sofalehne geworfen, und ein Aquarell hing da, das ein junges Mädchen in der Mode von vor zwanzig Jahren zeigte und dem Mrs St. Vincent auch heute noch ähnlich sah.

»Es wäre nicht so schlimm«, fuhr Barbara fort, »wenn wir nichts anderes gewohnt wären. Aber die Erinnerung an ›Ansteys‹ …«

Sie brach ab, weil sie nicht den Mut hatte, über das geliebte Haus zu sprechen, das den St. Vincents Jahrhunderte gehört hatte und jetzt im Besitz von fremden Leuten war.

»Wenn Vater nicht … wenn er nicht spekuliert … wenn er sich nicht Geld geliehen hätte …«

»Meine Liebe«, sagte Mrs St. Vincent. »Dein Vater war in keinem Sinne des Wortes ein Geschäftsmann.«

Sie sagte es in einer freundlichen, endgültigen Art, und Barbara ging zu ihr und gab ihr einen flüchtigen Kuss. »Meine liebe alte Mama«, murmelte sie. »Ich sage nichts mehr.«

Mrs St. Vincent nahm ihren Stift wieder auf und beugte sich über ihren Schreibtisch. Barbara kehrte zum Fenster zurück.

»Mutter«, sagte sie, »ich habe heute Morgen von Jim Masterton gehört. Er möchte mich besuchen kommen.«

Mrs St. Vincent legte den Stift hin und blickte auf. »Hier?«, fragte sie.

»Na ja, wir können ihn wohl kaum zum Abendessen ins ›Ritz‹ einladen«, spottete Barbara.

Ihre Mutter machte ein unglückliches Gesicht. Wieder blickte sie angeekelt durch das Zimmer.

»Ja, du hast recht«, sagte Barbara. »Es ist schrecklich hier. Verarmter Adel! Klingt alles ganz hübsch – ein kleines weiß getünchtes Haus auf dem Land, schäbiger Chintz, aber mit schönem Muster, Vasen voll Rosen, hauchdünnes Teegeschirr, das man selbst abwäscht. So liest man es in Romanen. Im wahren Leben – wenn der Sohn ganz unten auf der Leiter des Geschäftslebens anfangen muss – bedeutet es London. Schmuddelige Vermieterinnen, schmutzige Kinder im Treppenhaus, Mitbewohner, die immer Mischlinge zu sein scheinen, Bückling zum Frühstück, der nicht mehr ganz – ganz … und so weiter.«

»Wenn nur …«, begann Mrs St. Vincent. »Wirklich, ich fange allmählich an zu fürchten, dass wir uns bald auch so ein Zimmer nicht mehr leisten können.«

»Das würde heißen, wir schlafen und wohnen zusammen in einem Raum!«, sagte Barbara. »Einfach schrecklich! Und ein Klappbett für Rupert. Und wenn Jim mich besucht, muss ich ihn unten in dieser scheußlichen Halle empfangen, wo die alten Jungfern herumsitzen und stricken und uns beobachten und ständig so einen würgenden Husten haben.«

Es entstand eine Pause.

»Barbara«, sagte Mrs St. Vincent schließlich. »Willst du – ich meine – würdest du …«

Sie errötete etwas und schwieg.

»Du brauchst nicht taktvoll zu sein, Mutter«, antwortete Barbara. »Das ist heute kein Mensch mehr. Du meinst, ob ich Jim heiraten würde? Mein Ja käme wie aus der Pistole geschossen, wenn er mich fragt. Aber ich habe schreckliche Angst, dass er es nicht tut.«

»Ach, liebste Barbara!«

»Nun, es ist etwas anderes, wenn er mich mit Kusine Amy trifft, irgendwo in der feinen Gesellschaft, wie es in Romanen heißt. Da verliebte er sich nämlich tatsächlich in mich. Jetzt möchte er herkommen und erlebt mich hier, in dieser

Umgebung. Er ist ein komischer Kerl, weißt du, anspruchsvoll und altmodisch. Mir – mir gefällt das eigentlich an ihm. Es erinnert mich an ›Ansteys‹ und das Dorf – so hundert Jahre hinter der Zeit, aber auch … ich weiß nicht, so duftend! Wie Lavendel!«

Sie lachte, etwas beschämt über ihre Begeisterung.

»Mir würde es gefallen, wenn du Jim Masterton heiratest«, sagte Mrs St. Vincent ernst und direkt. »Er gehört zu uns. Er ist sehr vermögend, das auch, aber ich finde es nicht so wichtig.«

»Ich schon«, antwortete Barbara. »Ich habe es satt, immer knapp bei Kasse zu sein.«

»Aber, Barbara, es ist nicht alles …«

»Du glaubst, nur deshalb möchte ich … nein, das stimmt nicht. Ich – ach, Mutter, spürst du es denn nicht?«

Mrs St. Vincent sah sehr unglücklich aus.

»Ich wünschte, er könnte dich in der richtigen Umgebung erleben, mein Liebling«, sagte sie betrübt.

»Ach, warum sich Sorgen machen!«, rief Barbara. »Wir können genauso gut versuchen, die Dinge positiv zu sehen. Tut mir leid, dass ich so schlechte Laune hatte. Sei wieder fröhlich, Mutter.«

Sie neigte sich über sie, küsste sie leicht auf die Stirn und ging hinaus. Mrs St. Vincent gab alle Versuche, Ordnung in ihre Finanzen zu bringen, auf und setzte sich auf das unbequeme Sofa. Ihre Gedanken liefen im Kreis, wie Eichhörnchen in einem Käfig.

Man kann sagen, was man will, überlegte sie, aber Männer geben was auf Äußerlichkeiten. Später nicht mehr, wenn sie erst verlobt sind. Dann wird er schon begreifen, was für ein süßes, liebes Mädchen sie ist. Junge Leute passen sich so schnell ihrer Umgebung an. Rupert hat sich so verändert.

Er ist ganz anders als früher. Natürlich sollen meine Kinder nicht arrogant sein. Das möchte ich selbstverständlich nicht. Aber es würde mir nicht besonders gefallen, wenn sich Rupert mit dem schrecklichen Mädchen aus dem Tabakladen verlobt. Na ja, sie ist ein ganz reizendes Kind, aber sie gehört nicht zu uns. Es ist alles so schwierig. Die arme kleine Barbara. Wenn ich ihr doch helfen könnte – irgendwie. Nur – woher soll ich das Geld nehmen? Wir haben alles verkauft, damit Rupert einen guten Start hat. Und eigentlich könnten wir uns nicht einmal das leisten.

Um sich abzulenken, nahm sie die *Morning Post* und las die Anzeigen auf der ersten Seite. Die meisten kannte sie auswendig. Leute, die Kapital suchten, Leute, die welches hatten und es anlegen wollten, Leute, die Zähne kaufen wollten – sie fragte sich jedes Mal erneut, warum –, Leute, die Pelze und Kleider verkaufen wollten und bezüglich der Preise optimistische Vorstellungen hatten.

Plötzlich wurde sie hellwach. Wieder und wieder las sie den Text der Anzeige.

»Für Anspruchsvolle! Kleines Haus in Westminster, reizend eingerichtet, an Liebhaber gegen kostendeckende Miete. Keine Makler.«

Eine ganz gewöhnliche Annonce. Sie hatte eine Menge dieser Art gelesen – zumindest ähnliche. Kostendeckende Miete – das war meistens der Haken an der Geschichte.

Doch da sie so unruhig war und ihren Gedanken entfliehen wollte, setzte sie den Hut auf und nahm den Bus, der in die Richtung der genannten Adresse fuhr. Wie sich herausstellte, war es ein Maklerbüro, keine moderne große Firma, eher schäbig und altmodisch. Etwas verlegen holte sie die

Anzeige heraus, die sie aus der Zeitung herausgerissen hatte, und fragte nach näheren Einzelheiten.

Der weißhaarige alte Gentleman, der sie empfangen hatte, strich sich nachdenklich das Kinn.

»Perfekt! Ja, perfekt, Madam. Es handelt sich um das Haus am Cheviot Place 7. Möchten Sie es mieten?«

»Ich hätte vorher gern gewusst, wie hoch die Miete ist«, antwortete Mrs St. Vincent.

»Ach, die Miete! Die genaue Höhe steht noch nicht fest, aber ich kann Ihnen versichern, sie soll nur die Kosten decken.«

»Darüber, was kostendeckend ist, gehen die Meinungen ziemlich auseinander«, sagte Mrs St. Vincent.

Der alte Gentleman gestattete sich ein leises Kichern.

»Ja, das ist ein alter Trick – ein sehr alter Trick. Aber ich gebe Ihnen mein Wort, dass er in diesem Fall nicht zutrifft. Zwei oder drei Guineas die Woche vielleicht, nicht mehr.«

Mrs St. Vincent beschloss, sich eine Besichtigungserlaubnis geben zu lassen. Natürlich war es höchst unwahrscheinlich, dass sie sich das Haus leisten konnte. Aber ansehen konnte sie es sich schließlich. Wenn man es so billig hergab, musste es irgendwelche Nachteile haben.

Als sie vor Cheviot Place 7 stand, machte ihr Herz einen Satz. Ein Schmuckstück von einem Haus! Im Queen-Anne-Stil erbaut und sehr gepflegt. Ein Butler öffnete. Er hatte graues Haar und kleine Koteletten und strahlte die Ruhe und Würde eines Erzbischofs aus. Mit gütigem Gesicht nahm er den Erlaubnisschein in Empfang.

»Selbstverständlich, Madam, führe ich Sie herum. Sie könnten sofort einziehen.«

Er schritt ihr voraus, öffnete Türen, erklärte die Räumlichkeiten.

»Dies ist das Wohnzimmer, dies das weiße Arbeitszimmer, dann eine Toilette, bitte, hier durch, Madam.«

Es war vollkommen – ein Traum, alles Stilmöbel, jedes Stück verriet, dass es oft gebraucht worden war, liebevoll gepflegt und gewachst. Die Teppiche hatten gedämpfte alte Farben. In jedem Raum standen Vasen mit frischen Blumen. Die Rückseite des Hauses ging auf den Green Park hinaus. Das Ganze strahlte einen altmodischen Charme aus.

Mrs St. Vincent traten die Tränen in die Augen, die sie nur mit Mühe zurückhalten konnte. So hatte »Ansteys« ausgesehen, »Ansteys« …

Sie fragte sich, ob der Butler ihre Rührung bemerkt hatte. Falls ja, war er zu gut erzogen, um es zu zeigen. Sie mochte diese alten Diener, man fühlte sich so geborgen bei ihnen, so sicher. Sie waren wie gute Freunde.

»Ein schönes Haus«, sagte sie leise. »Sehr schön. Ich habe mich gefreut, es ansehen zu dürfen.«

»Ist es für Sie allein, Madam?«

»Für meinen Sohn und meine Tochter und für mich. Nur fürchte ich …«

Sie schwieg. Sie hätte es so gern gemietet – so schrecklich gern! Sie spürte instinktiv, dass der Butler sie verstand. Ohne sie anzusehen, sagte er in seiner kühlen, unpersönlichen Art: »Zufällig weiß ich, Madam, dass dem Besitzer vor allem an den richtigen Mietern gelegen ist. Die Miete spielt für ihn keine Rolle. Er möchte, dass in dem Haus jemand wohnt, der es wirklich liebt und sich um alles ordentlich kümmert.«

»Das würde ich tun«, sagte Mrs St. Vincent. Dann fügte sie, schon zum Gehen gewandt, hinzu: »Vielen Dank, dass Sie mich herumgeführt haben.«

»Es war mir ein Vergnügen, Madam.«

Er stand unter der Haustür, sehr korrekt und aufrecht,

während sie die Straße hinunterging. Er weiß Bescheid, überlegte sie. Ich tue ihm leid. Er gehört auch noch zur alten Garde. Er hätte gern, dass ich dort wohne und nicht ein Abgeordneter der Arbeiterpartei oder ein Knopffabrikant. Unsere Art stirbt aus, aber wir halten zusammen.

Am nächsten Morgen lag ein Brief neben ihrem Teller. Er stammte von der Maklerfirma. Man machte ihr das Angebot, Cheviot Place 7 auf sechs Monate für zwei Guineas in der Woche zu mieten, und dann hieß es weiter: »Sicherlich haben Sie den Umstand bedacht, dass die Angestellten weiterhin vom Eigentümer bezahlt werden? Es ist ein einmaliges Angebot.«

Das war es wirklich. Sie war so aufgeregt, dass sie den Brief sofort laut vorlas. Ein Feuerwerk von Fragen folgte, und sie erzählte von ihrem gestrigen Besuch.

»Was für eine Heimlichtuerin du bist!«, rief Barbara. »Ist es wirklich so entzückend?«

Rupert räusperte sich und begann ein richtiges Kreuzverhör. Dann meinte er: »Dahinter steckt noch etwas anderes. Es stinkt, wenn ihr mich fragt. Bestimmt ist was faul daran.«

»Ach, Unsinn«, sagte Barbara und rümpfte die Nase. »Warum soll was dahinterstecken? Das sieht dir ähnlich, Rupert, immer witterst du Geheimnisse, wo gar keine sind. Die schrecklichen Kriminalromane sind schuld, die du immer liest.«

»Die Miete ist ein Witz«, erklärte Rupert. »Wenn man in der Stadt arbeitet«, fügte er gewichtig hinzu, »erlebt man die seltsamsten Sachen. Ich kann euch nur sagen, dass das Angebot mehr als faul ist.«

»Das glaube ich nicht«, meinte Barbara. »Das Haus gehört eben einem Mann mit viel Geld, er liebt es und möchte, dass nette Leute drin wohnen, während er verreist ist. Irgend so-was. Geld ist vermutlich für ihn völlig unwichtig.«

»Wie war noch die Adresse?«, fragte Rupert seine Mutter.

»Cheviot Place 7.«

»Hu, wie aufregend!« Er schob seinen Stuhl zurück. »Der verschwundene Lord Listerdale wohnte dort.«

»Bist du sicher?«, fragte Mrs St. Vincent zweifelnd.

»Völlig. Er hat noch eine Menge anderer Häuser, überall in London, aber in dem dort wohnte er. Eines Abends erklärte er, er ginge jetzt in seinen Klub, und seitdem hat ihn kein Mensch mehr gesehen. Angeblich ist er nach Ostafrika oder so abgehauen, aber niemand weiß, warum. Vielleicht ist er in dem Haus auch ermordet worden. Sagtest du nicht, dass es viel Täfelung gibt?«

»Ja, schon«, antwortete Mrs St. Vincent hilflos, »aber ...« Rupert ließ sie nicht aussprechen.

»Die Wandtäfelung!«, rief er fasziniert. »Na also! Bestimmt gibt es irgendwo einen verborgenen Alkoven. Die Leiche wurde dort versteckt und ist immer noch da. Vielleicht hat man sie vorher einbalsamiert.«

»Rupert, mein Lieber, rede keinen Unsinn!«, sagte seine Mutter.

»Sei kein Idiot!«, rief Barbara. »Du bist mit deiner Wasserstoffblondine zu oft im Kino gewesen.«

Rupert erhob sich würdevoll – jedenfalls mit so viel Würde, wie sein schlaksiges und ungelenkes Alter es zuließ – und sprach ein Ultimatum.

»*Du* mietest das Haus, Mama, und *ich* erforsche das Geheimnis. Du wirst schon sehen!«

Rupert verabschiedete sich eilig, weil er Angst hatte, zu spät ins Büro zu kommen.

Die Blicke von Mutter und Tochter trafen sich.

»Wäre es möglich, Mutter?«, fragte Barbara ängstlich. »Ach, wenn wir es doch mieten könnten.«

»Die Angestellten müssen essen«, sagte Mrs St. Vincent betrübt. »Nicht, dass sie das nicht sollten, nur – das ist ein Nachteil, finde ich. Man kann so gut ohne gewisse Dinge auskommen – wenn man allein ist.«

Mitleidig sah sie Barbara an. Barbara nickte.

»Wir müssen noch einmal darüber nachdenken«, sagte ihre Mutter.

Aber in Wirklichkeit hatte sie sich schon entschlossen. Sie hatte das Leuchten in den Augen ihrer Tochter gesehen. Jim Masterton muss sie in der richtigen Umgebung treffen, überlegte sie. Das ist eine Chance – eine großartige Chance. Ich darf sie uns nicht entgehen lassen. Sie setzte sich und schrieb dem Maklerbüro, dass sie das Angebot annehmen würde.

»Woher kommen die Lilien, Quentin? Ich kann wirklich keine teuren Blumen kaufen.«

»Sie wurden von ›King's Cheviot‹ geschickt, Madam. Das ist so üblich.«

Der Butler zog sich zurück. Mrs St. Vincent stieß einen erleichterten Seufzer aus. Was würde sie nur ohne Quentin tun? Er machte alles so leicht und einfach. Es kann nicht lange dauern, dachte sie, es ist zu schön, um wahr zu sein. Irgendwann wache ich auf, ich weiß es, und stelle fest, dass alles nur ein Traum war. Ich bin hier so glücklich – schon zwei Monate, und sie sind vergangen wie im Flug.

Das Leben war wirklich erstaunlich angenehm gewesen. Quentin, der Butler, hatte sich zum Herrscher von Cheviot Place 7 entwickelt. »Überlassen Sie alles mir, Madam«, hatte er respektvoll gesagt. »Sie werden sehen, dass es so am besten ist.«

Jede Woche brachte er ihr das Haushaltsbuch. Die Ausgaben waren erfreulich niedrig. Es gab nur noch zwei andere Angestellte, eine Köchin und ein Hausmädchen. Sie waren freundlich und tüchtig, aber es war Quentin, der den Haushalt führte. Wild und Geflügel erschienen manchmal auf dem Tisch, was Mrs St. Vincent Sorgen bereitete. Doch Quentin beruhigte sie. Es sei von Lord Listerdales Landsitz »King's Cheviot« geschickt worden, oder von seiner Jagd in Yorkshire.

»So war es immer üblich, Madam«, pflegte er zu sagen. Insgeheim bezweifelte Mrs St. Vincent, dass der abwesende Lord Listerdale mit dieser Behauptung einverstanden sein würde. Sie hatte vielmehr den Verdacht, dass Quentin sich Befugnisse seines Herrn anmaßte. Es war klar, dass er Gefallen an ihr und den Kindern fand und für sie in seinen Augen nichts gut genug war.

Durch Ruperts Bemerkung war damals ihre Neugier erwacht, und bei ihrem nächsten Besuch im Maklerbüro hatte sie vorsichtig die Sprache auf Lord Listerdale gebracht. Der weißhaarige Gentleman hatte sich sofort dazu geäußert.

Ja, Lord Listerdale sei in Ostafrika, schon seit achtzehn Monaten.

»Unser Klient ist ein ziemlich exzentrischer Mann«, sagte er und lächelte breit. »Er verließ London auf höchst unkonventionelle Art, wie Sie vielleicht wissen. Er sagte zu niemand ein Wort. Die Zeitungen bekamen Wind davon. Sogar Scotland Yard interessierte sich für die Sache. Glücklicherweise kam von Lord Listerdale selbst Nachricht, aus Ostafrika. Er erteilte seinem Vetter, Oberst Carfax, Handlungsvollmacht. Oberst Carfax ist es auch, der jetzt für Lord Listerdale alle Geschäfte führt. Ja, ziemlich exzentrisch, fürchte ich. Er ist immer viel in der Wildnis herumgereist –

möglich, dass er für lange Zeit nicht nach England zurückkehrt, obwohl er auch schon in die Jahre kommt.«

»Sicherlich ist er noch nicht sehr alt«, sagte Mrs St. Vincent, die sich plötzlich einbildete, sein gutmütiges bärtiges Gesicht einmal in einer Illustrierten gesehen zu haben. Das Bild hatte sie an einen mittelalterlichen Seemann erinnert.

»Im besten Alter«, antwortete der weißhaarige Gentleman. »Im *Debrett* steht, dass er dreiundfünfzig ist.«

Von dieser Unterhaltung hatte Mrs St. Vincent Rupert erzählt, weil sie dem jungen Mann einen Dämpfer geben wollte.

Doch Rupert blieb unbeeindruckt.

»Ich finde, die Sache sieht noch viel fauler aus, als ich dachte«, sagte er. »Wer ist dieser Oberst Carfax eigentlich? Vermutlich erbt er den Titel, wenn Listerdale was zustößt. Der Brief aus Ostafrika war sicher gefälscht. In drei Jahren oder so wird dieser Carfax ihn für tot erklären lassen und sich seinen Titel aneignen. Inzwischen verwaltet er den ganzen Besitz. Na, wenn das nicht zum Himmel stinkt!«

Er hatte sich herabgelassen zuzugeben, dass das Haus ihm gefiel. In seiner Freizeit klopfte er manchmal eine Täfelung ab und maß die Wände genau nach, weil er hoffte, er könne ein Geheimzimmer finden, aber nach und nach ließ sein Interesse für den geheimnisvollen Lord Listerdale nach. Auch was die Tochter des Tabakhändlers anging, war er nicht mehr so begeistert. Atmosphäre spielt eben eine wichtige Rolle.

Für Barbara war das Haus ein großer Gewinn. Jim Masterton hatte die Familie besucht und war jetzt ein häufiger Gast. Er und Mrs St. Vincent verstanden sich prächtig. Eines Tages machte er eine Bemerkung zu Barbara, die diese verblüffte.

»Dieses Haus ist ein großartiger Rahmen für deine Mutter, findest du nicht?«

»Für meine Mutter?«

»Ja. Als wäre es für sie gebaut worden. Es passt zu ihr auf eine ganz seltsame Weise. Es hat eine komische Atmosphäre, irgendwie unheimlich, geisterhaft.«

»Du bist genau wie Rupert«, beschwerte sich Barbara. »Er glaubt felsenfest, dass der verrückte Oberst Carfax Lord Listerdale ermordete und die Leiche unter dem Fußboden versteckte.«

Masterton lachte.

»Ich bewundere Ruperts kriminalistische Phantasie. Nein, so was meinte ich nicht. Aber irgendetwas liegt in der Luft, eine rätselhafte Stimmung, die ich nicht genau erklären kann.«

Sie wohnten drei Monate in Cheviot Place 7, als Barbara ihrer Mutter mit glücklichem Gesicht erzählte: »Jim und ich – wir haben uns verlobt. Ja, gestern Abend! Ach, Mama, es ist wie im Märchen.«

»Meine Liebe! Ich freue mich so – so sehr.«

Mutter und Tochter umarmten sich.

»Weißt du eigentlich, dass Jim fast genauso heftig in dich verliebt ist wie in mich?«, fragte Barbara schließlich mit einem kleinen mutwilligen Lachen.

Mrs St. Vincent errötete, was ihr sehr gut stand.

»Wirklich, es stimmt«, beharrte Barbara. »Du dachtest, das Haus würde die richtige Umgebung für mich sein, und dabei passt es viel besser zu dir. Rupert und ich – wir gehören nicht richtig hierher. Du schon.«

»Rede keinen Unsinn, Liebling.«

»Es ist kein Unsinn. Es hat etwas von einem verzauberten Schloss, und du bist die verzauberte Prinzessin, und Quentin – ja, er ist der gute Zauberer.«

Mrs St. Vincent lachte und gab zu, dass sie mit ihrer Bemerkung über Quentin recht habe.

Rupert nahm die Neuigkeit, dass Barbara sich verlobt hatte, gelassen auf.

»Ich dachte schon, dass so was im Busch ist«, bemerkte er weise.

Er und seine Mutter aßen allein zu Abend, Barbara war mit Jim ausgegangen.

Quentin stellte das Glas Portwein vor ihn hin und zog sich geräuschlos zurück.

»Ein komischer alter Knabe«, sagte Rupert und nickte in Richtung der geschlossenen Tür. »Er hat was Verdächtiges an sich, weißt du, irgendwas ist ...«

»... ist faul?«, fragte Mrs St. Vincent dazwischen und lächelte leicht.

»Nanu, wieso wusstest du, was ich sagen wollte?«, fragte Rupert erstaunt.

»Weil es ein Lieblingswort von dir ist. Du entdeckst sehr häufig etwas, das faul ist. Vermutlich glaubst du jetzt, dass Quentin Lord Listerdale umbrachte und ihn unter dem Fußboden versteckte?«

»Hinter der Täfelung«, verbesserte Rupert. »Du bringst immer alles durcheinander, Mutter. Nein, ich habe mich erkundigt. Quentin war damals in ›King's Cheviot‹.«

Mrs St. Vincent lächelte ihm zu, stand auf und ging in ihr Wohnzimmer hinauf. In mancher Hinsicht brauchte Rupert lange, bis er erwachsen wurde.

Trotzdem dachte sie dann darüber nach, warum Lord Listerdale England so plötzlich verlassen hatte. Für diesen überstürzten Entschluss musste es doch einen Grund geben. Sie grübelte immer noch darüber nach, als Quentin mit dem Kaffeetablett eintrat.

»Sie sind lange bei Lord Listerdale gewesen, nicht wahr?«, fragte sie direkt.

»Ja, Madam. Seit ich ein Bursche von einundzwanzig war. Da lebte sein Vater noch. Ich fing als dritter Diener an.«

»Sie müssen Lord Listerdale sehr gut kennen. Was für ein Mann ist er?«

Der Butler verschob das Tablett etwas, damit sie den Zucker besser erreichen konnte, und antwortete in leidenschaftslosem Ton: »Lord Listerdale war ein sehr selbstsüchtiger Mann, Madam. Er dachte nie an andere.«

Er nahm das Tablett und trug es aus dem Zimmer. Mrs St. Vincent saß mit der Kaffeetasse in der Hand da und runzelte erstaunt die Stirn. Irgendetwas war seltsam an dieser Antwort gewesen, abgesehen vom Inhalt selbst. Ein paar Sekunden später wurde es ihr blitzartig klar.

Quentin hatte »war« gesagt, nicht »ist«. Aber dann musste er glauben … dann dachte er … sie riss sich zusammen. Sie war schon so schlimm wie Rupert! Sie fühlte sich äußerst unbehaglich. Später glaubte sie immer, dass sie in jenem Augenblick den ersten Verdacht gehabt hatte.

Barbaras Glück und Zukunft waren gesichert, und sie hatte Zeit, ihren eigenen Gedanken nachzuhängen, und gegen ihren Willen begannen sie sich immer mehr mit dem geheimnisvollen Lord Listerdale zu beschäftigen. Was steckte wirklich dahinter? Was es auch sein mochte, Quentin wusste etwas. Jene seltsamen Worte, die er gesagt hatte … »ein sehr selbstsüchtiger Mann, er dachte nie an andere«. Was meinte er damit? Er hatte es gesagt, wie ein Richter reden würde, sachlich und unparteiisch.

Hatte Quentin mit Lord Listerdales Verschwinden etwas zu tun? Falls es zu einer Tragödie gekommen war – hatte er seine Finger im Spiel gehabt? Ruperts Vermutungen hatten zwar zu Anfang lächerlich geklungen, aber schließlich war nur ein Brief mit der Handlungsvollmacht aus Ostafrika gekommen, was eigentlich ziemlich verdächtig war.

So sehr sie sich auch bemühte, sie konnte nicht glauben, dass Quentin zu einer schlechten Tat fähig war. Quentin, sagte sie sich wieder und wieder, war ein guter Mensch. Sie benützte das Wort im einfachsten Sinn, wie ein Kind es tun würde. Quentin war *gut*. Und doch – er wusste etwas.

Sie unterhielt sich nie wieder mit ihm über seinen Herrn. Das Thema geriet anscheinend in Vergessenheit. Rupert und Barbara hatten andere Dinge im Kopf, es gab keine weiteren Diskussionen über Lord Listerdale.

Gegen Ende August änderten sich die Dinge. Ihr vager Verdacht wurde Wirklichkeit. Rupert machte mit einem Freund, der ein Motorrad besaß, vierzehn Tage Ferien. Etwa zehn Tage nach seiner Abreise stürmte er zu ihrem Erstaunen in das Zimmer, in dem sie saß und schrieb.

»Rupert!«, rief sie verblüfft.

»Ja ja, Mutter, du erwartest mich frühestens in drei Tagen zurück. Aber es ist etwas passiert. Anderson – du weißt schon, mein Freund –, also Anderson war es egal, wohin wir fuhren, und da schlug ich vor, ›King's Cheviot‹ zu besuchen …«

»›King's Cheviot‹? Warum denn …«

»Du weißt ganz genau, Mutter, ich dachte immer, dass hier was faul ist. Na, da habe ich mir den alten Kasten angesehen. Übrigens ist er vermietet. Nichts Verdächtiges zu finden. Hatte ich auch nicht erwartet. Ich habe nur ein wenig herumgeschnüffelt, wie man so schön sagt.«

Ja, dachte sie, Rupert war manchmal genau wie ein Hund. Er jagte im Kreis hinter irgendetwas Vagem, Undefinierbarem her, geleitet von seinem Instinkt, und war dabei glücklich.

»Als wir durch ein Dorf ungefähr acht oder neun Meilen entfernt fuhren, da passierte es – ich meine, da sah ich ihn.«

»Wen?«

»Quentin. Er ging gerade in ein kleines Haus. ›Da ist doch was faul‹, sagte ich mir, und wir hielten an, und ich ging hin. Ich klopfte an die Haustür, und er öffnete.«

»Ich verstehe gar nichts mehr. Quentin war immer hier …« »Dazu komme ich gleich, Mutter. Wenn du doch nur zuhören und mich nicht unterbrechen würdest. Es war Quentin, und er war es wieder nicht, wenn du verstehst, was ich meine.«

Mrs St. Vincent verstand absolut nicht, was er meinte, und deshalb erläuterte er die Sache etwas näher.

»Es war Quentin, jawohl, nur war es nicht *unser* Quentin. Es war der richtige Quentin.«

»Rupert, ich bitte dich!«

»Hör mir doch zu! Zuerst war ich auch verwirrt. ›Sie sind doch Quentin, nicht wahr?‹, fragte ich. Und der alte Knabe antwortete: ›Ja, stimmt, Sir, so heiße ich. Was kann ich für Sie tun?‹ Da erkannte ich, dass er nicht unser Mann war, obwohl alles sehr ähnlich war, Stimme und so. Ich stellte ein paar Fragen, und die Wahrheit kam ans Licht. Der alte Knabe hatte keine Ahnung, dass irgendetwas faul war. Er war Lord Listerdales Butler gewesen, das stimmte. Man hatte ihn in Pension geschickt und ihm das kleine Haus gegeben, ungefähr zu der Zeit, als Lord Listerdale angeblich nach Afrika reiste. Begreifst du, was das bedeutet? Unser Mann ist ein Betrüger – er spielt Quentins Rolle nicht ohne Grund. Nach meiner Theorie kam er an jenem Abend nach London, tat, als sei er der Butler aus ›King's Cheviot‹, sprach mit Lord Listerdale, tötete ihn und versteckte die Leiche hinter der Täfelung. Es ist ein altes Haus, bestimmt gibt es hier Geheimkammern …«

»Oh, fang nicht schon wieder damit an«, unterbrach ihn Mrs St. Vincent wütend. »Ich ertrage es nicht. Warum hätte er ihn umbringen sollen, das würde ich gern wissen, *warum*? Wenn er es getan hat – und das glaube ich keine Minute lang, hörst du –, was für einen *Grund* hatte er?«

»Du hast recht«, antwortete Rupert. »Das Motiv – das Motiv ist wichtig. Deshalb habe ich Nachforschungen angestellt. Lord Listerdale hat viel Hausbesitz. In den vergangenen beiden Tagen entdeckte ich, dass praktisch alle seine Häuser in den letzten achtzehn Monaten an Leute wie uns vermietet wurden, zu einer niedrigen Miete und mit der Auflage, dass *alle Angestellten bleiben müssten.* Und in allen diesen Fällen war Quentin selbst – der Mann, der sich Quentin nennt – einige Zeit als Butler dort.

Mir sieht es so aus, als ob irgendetwas – Schmuck, wichtige Papiere – in einem von Lord Listerdales Häusern versteckt ist und die Verbrecherbande nicht weiß, in welchem. Es ist nur eine Vermutung, dass eine Bande im Spiel ist, natürlich könnte Quentin auch ein Einzelgänger sein. Es …«

»Rupert!«, unterbrach ihn Mrs St. Vincent mit ziemlicher Entschiedenheit. »Hör mal eine Minute auf zu reden. Mir wird schon ganz schwindlig. Außerdem – was du da erzählst, ist alles Unsinn – Verbrecherbanden, versteckte Papiere …«

»Ich habe noch eine andere Theorie«, gestand Rupert. »Quentin könnte auch jemand sein, dem Lord Listerdale Unrecht getan hat. Der echte Butler erzählte mir eine lange Geschichte über einen Mann namens Samuel Lowe, einen Untergärtner, ungefähr so groß und von ähnlicher Statur wie Quentin. Er hatte was gegen Listerdale …«

Mrs Vincent schreckte zusammen.

»Er dachte nie an andere.« Die Worte des Butlers fielen ihr wieder ein und der sachliche, unbeteiligte Ton, in dem er sie gesagt hatte. Was für dürftige Worte. Worum ging es in Wirklichkeit?

Sie war so in Gedanken versunken, dass sie Rupert kaum zuhörte. Er erklärte ihr hastig etwas, das sie nicht verstand, und lief aus dem Zimmer.

Dann tauchte sie aus ihren Grübeleien auf. Wo war Rupert? Was würde er tun? Sie hatte seinen letzten Worten nicht richtig zugehört. Vielleicht lief er zur Polizei. In diesem Fall ...

Sie stand abrupt auf und drückte die Klingel. Wie üblich erschien Quentin sofort.

»Sie haben geläutet, Madam?«

»Ja. Bitte, kommen Sie herein und schließen Sie die Tür!« Der Butler gehorchte. Mrs St. Vincent schwieg einen Augenblick und musterte ihn mit ernsten Augen.

Er war so freundlich zu mir, dachte sie. Keiner ahnt, wie freundlich er war. Die Kinder können es nicht verstehen. Ruperts Geschichte ist bestimmt völliger Unsinn. Andrerseits könnte aber ... ja, vielleicht ist doch etwas dran. Warum sollte ich ihn verurteilen? Man weiß nie. Ich meine, was richtig und was falsch an so einer Sache ist ... ich würde mein Leben verwetten – ja, mein Leben –, dass er ein guter Mensch ist.

»Mr Rupert ist gerade zurückgekommen, Quentin«, sagte sie errötend mit unsicherer Stimme. »Er war in ›King's Cheviot‹ und in einem Dorf in der Nähe ...«

Sie schwieg, weil sie bemerkte, dass er gegen seinen Willen zusammengezuckt war.

»Er ist jemand – er ist jemand begegnet«, fuhr sie vorsichtig fort.

So, jetzt ist er gewarnt, dachte sie. Auf jeden Fall ist er gewarnt.

Nach der kurzen Reaktion von eben hatte Quentin seine Gelassenheit wiedergefunden. Seine Augen sahen sie wachsam und forschend an. Ein Ausdruck lag in ihnen, den sie bisher noch nicht an ihm bemerkt hatte. Zum ersten Mal blickte er sie mit den Augen eines Mannes an und nicht mit denen eines Dieners.

Er zögerte einen Augenblick, dann fragte er in einem Ton, der sich ebenfalls etwas verändert hatte: »Warum erzählen Sie mir das, Mrs St. Vincent?«

Ehe sie antworten konnte, flog die Tür auf und Rupert kam herein. Ihm folgte ein würdevoller Mann mit kleinen Koteletten und der Miene eines gütigen Erzbischofs. Es musste Quentin sein.

»Hier ist er«, sagte Rupert. »Der echte! Er wartete draußen in einem Taxi. Also, Quentin, sehen Sie sich diesen Mann mal an und sagen Sie mir, ob er Samuel Lowe ist!«

Es war Ruperts großer Augenblick. Doch er war nur kurz, denn er erkannte fast sofort, dass etwas nicht stimmte. Eine Zeitlang sah der echte Quentin verlegen und ziemlich unsicher aus, der zweite Quentin lächelte, ein breites Lächeln voll ehrlichen Vergnügens.

Er klopfte seinem verwirrten Doppelgänger freundlich auf den Rücken.

»Es ist schon in Ordnung, Quentin. Irgendwann musste ich ja mal die Katze aus dem Sack lassen. Sie können ihnen erzählen, wer ich bin.«

Der würdevolle Fremde straffte sich.

»Dies, Sir«, verkündete er in vorwurfsvollem Ton, »ist mein Herr, Lord Listerdale, Sir.«

In den nächsten Minuten geschahen viele Dinge. Zuerst brach Ruperts Selbstsicherheit völlig in sich zusammen. Ehe er wusste, wie ihm geschah, wurde er freundlich zur Tür manövriert. Der Mund stand ihm vor Verblüffung immer noch offen, eine freundliche Stimme, die ihm vertraut klang und doch wieder nicht, sagte an seinem Ohr: »Es ist alles in Ordnung, mein Junge. Es gab keine Scherben. Gute Arbeit hast du geleistet. Mich einfach so aufzustöbern.«

Dann stand er draußen auf dem Treppenabsatz und sah auf die geschlossene Tür. Der echte Quentin stand neben ihm. Ein freundlicher Strom von Erklärungen floss von seinen Lippen. Drinnen im Zimmer sagte Lord Listerdale zu Mrs St. Vincent.

»Ich möchte es Ihnen gern erklären – falls ich es kann. Mein Leben lang war ich ein egoistischer Teufel gewesen, und eines Tages merkte ich es. Ich dachte, ich sollte es mal mit der Nächstenliebe versuchen, und da ich ein verrückter Kerl bin, fing ich das auch ziemlich verrückt an. Ich wollte in bestimmte Organisationen Geld stecken, irgend so etwas, doch dann hatte ich das Gefühl, es müsste etwas Persönlicheres sein. Mir taten die Leute schon immer leid, die nicht bitten können, die schweigend leiden – der verarmte Adel zum Beispiel. Ich besitze eine Menge Häuser. Da kam mir die Idee, diese Häuser an Menschen zu vermieten, die – nun, die es nötig hatten und es zu schätzen wussten. Junge Ehepaare auf dem Weg nach oben, Witwen mit Söhnen und Töchtern, die ihre ersten Schritte ins Leben machten. Quentin ist mehr als nur ein Butler. Er ist mein Freund. Mit seinem Einverständnis und seiner Hilfe lieh ich mir seine Persönlichkeit. Ich hatte immer schon ein schauspielerisches Talent. Die Idee zu all dem kam mir, als ich eines Abends unterwegs zum Klub war, und ich fuhr sofort zu Quentin, um sie mit ihm zu besprechen. Als ich entdeckte, dass es um mein Verschwinden eine so große Aufregung gab, arrangierte ich es so, dass aus Ostafrika ein Brief von mir eintraf. Darin gab ich meinem Vetter Maurice Carfax alle Vollmachten. Und – nun, das ist die ganze Geschichte.«

Er schwieg hilflos und warf Mrs St. Vincent einen bittenden Blick zu. Sie stand sehr aufrecht da und sah ihn ruhig an.

»Es war ein freundlicher Plan«, sagte sie, »und ein sehr ungewöhnlicher, und man muss Ihnen die ganze Sache hoch anrechnen. Ich bin – ich bin Ihnen äußerst dankbar. Nur, Sie werden natürlich verstehen, dass wir jetzt nicht mehr bleiben können.«

»Das habe ich erwartet«, antwortete er. »Ihr Stolz wird nicht zulassen, dass Sie etwas annehmen, was in Ihren Augen eine milde Gabe ist.«

»Stimmt das denn nicht?«, fragte sie ruhig.

»Nein«, antwortete er. »Denn ich verlange dafür etwas.«
»Und das wäre?«

»Alles.« Seine Stimme klang fordernd, wie die Stimme eines Menschen, der gewohnt ist, andere zu beherrschen.

»Als ich dreiundzwanzig war«, fuhr er fort, »heiratete ich das Mädchen, das ich liebte. Ein Jahr später starb sie. Seit damals bin ich sehr einsam. Ich habe mir immer so gewünscht, eine bestimmte Frau zu finden – die Frau meiner Träume …«

»Und das bin ich?«, fragte sie leise. »Ich bin zu alt – verblüht …«

Er lachte.

»Alt? Sie sind jünger als Ihre Kinder. Aber ich bin alt, wenn Sie so wollen.«

Da musste auch sie lachen, es war ein sanftes, vergnügtes Lachen.

»Du? Du bist immer noch ein kleiner Junge. Ein kleiner Junge, der sich gern verkleidet.«

Sie streckte ihm die Hände entgegen, und er nahm sie.

Haus Nachtigall

»Auf Wiedersehen, Liebling!«

»Auf Wiedersehen, mein Schatz!«

Alix Martin lehnte sich über das schmale Gartentor und sah ihrem Mann nach, der den Weg zum Dorf hinunterging. Kleiner und kleiner wurde die Gestalt, jetzt war sie in einer Kurve verschwunden, aber Alix verharrte immer noch in der gleichen Stellung. In Gedanken versunken, strich sie eine Locke ihres dichten braunen Haares aus ihrem Gesicht. Ihre Augen blickten träumerisch in die Ferne.

Alix Martin war nicht schön, streng genommen nicht einmal hübsch. Ihr Gesicht war das einer Frau, die nicht mehr in den besten Jahren ist. Trotzdem war es strahlend und weich, und ihre früheren Kollegen aus dem Büro hätten sie wahrscheinlich kaum wiedererkannt.

Miss Alix King war eine ordentliche, geschäftstüchtige junge Frau gewesen, etwas forsch in ihrem Verhalten, aber sie stand offensichtlich mit beiden Füßen auf der Erde.

Alix war durch eine harte Schule gegangen. Fünfzehn Jahre lang, von ihrem achtzehnten Lebensjahr an, bis sie dreiunddreißig war, hatte sie für sich selbst gesorgt, sieben Jahre davon auch noch für ihre kranke Mutter. Den Unterhalt hatte sie durch ihre Arbeit als Stenotypistin verdient. Dieser Existenzkampf hatte die weichen Linien ihres Gesichtes gehärtet.

Sicher, es hatte auch Liebe gegeben – so eine Art. Dick Windyford, ein Büroangestellter und Kollege. Ohne es sich je anmerken zu lassen, hatte Alix natürlich gewusst, was er für sie empfand. Nach außen hin waren sie Freunde gewesen, mehr nicht. Mit seinem spärlichen Gehalt konnte Dick im Moment noch nicht ans Heiraten denken. Er musste für die Schulkosten eines jüngeren Bruders aufkommen.

Unerwartet war es dann plötzlich mit der täglichen Plackerei zu Ende. Eine entfernte Kusine war gestorben und hatte Alix ihr Geld hinterlassen. Es waren ein paar Tausend Pfund, genug, um ein paar Hundert im Jahr einzubringen. Für Alix bedeutete es Freiheit, Leben, Unabhängigkeit. Nun brauchten Dick und sie nicht länger zu warten.

Aber Dick reagierte eigenartig. Er hatte niemals offen zu Alix über seine Liebe gesprochen, und jetzt schien er es weniger denn je zu beabsichtigen. Er ging ihr aus dem Wege, wurde mürrisch und verschlossen.

Alix erkannte den Grund schnell. Dick war zu feinfühlend und stolz, um ausgerechnet jetzt, da sie Geld hatte, um ihre Hand anzuhalten. Sie liebte ihn dafür noch mehr und hatte sich schon vorgenommen, selbst den ersten Schritt zu tun, als zum zweiten Mal das Unerwartete in ihr Leben trat.

Im Hause einer Freundin lernte sie Gerald Martin kennen. Er verliebte sich stürmisch in sie, und eine Woche später waren sie bereits verlobt. Alix, die von sich selbst überzeugt gewesen war, dass ihr so etwas nie passieren könne, war im siebten Himmel.

Damit hatte sie unwissentlich den Weg gefunden, um Dick Windyford wachzurütteln. In Rage und voller Empörung war er zu ihr gekommen.

»Dieser Mann ist ein völlig Fremder für dich. Du weißt überhaupt nichts über ihn«, hatte er ihr vorgehalten.

»Ich weiß, dass ich ihn liebe.«

»Wie kannst du das nach einer Woche?«

»Nicht jeder braucht elf Jahre, um herauszufinden, dass er in ein Mädchen verliebt ist«, hatte sie ihn ärgerlich angeschrien.

Sein Gesicht war weiß.

»Ich habe dich geliebt, seit ich dich zum ersten Mal sah. Ich dachte, du liebst mich auch.«

Alix war ehrlich. »Ich glaubte das auch«, gab sie zu. »Aber das war, weil ich nicht wusste, was Liebe ist.«

Dick war außer sich. Bitten, Flehen, sogar Drohungen – Drohungen gegen den Mann, der ihn verdrängt hatte –, stieß er aus. Alix war erstaunt, als sie den Vulkan erlebte, der unter dem reservierten Äußeren des Mannes steckte, von dem sie glaubte, ihn so gut zu kennen.

Als sie an diesem sonnigen Morgen an dem Gartentor des Landhauses gelehnt stand, wanderten ihre Gedanken zurück zu diesem Gespräch. Einen Monat lang war sie verheiratet, und sie war wunschlos glücklich. Jetzt, da ihr Mann, der ihr alles bedeutete, nicht da war, schlich sich trotzdem ein Beigeschmack von Angst in ihr perfektes Glück. Und der Grund für diese Angst war Dick Windyford.

Dreimal seit ihrer Hochzeit hatte sie den gleichen Traum gehabt. Die Umgebung war stets eine andere, aber die Hauptsache war immer die gleiche. *Sie sah ihren Mann tot daliegen, und Dick Windyford stand über ihn gebeugt, und sie wusste, dass es Dick war, der ihn erschlagen hatte.* Aber so schrecklich das auch war, es gab noch etwas Entsetzlicheres, und zwar nach dem Erwachen, denn im Traum schien es völlig natürlich und unvermeidlich zu sein. *Sie, Alix Martin, war froh, dass ihr Mann tot war.* Sie streckte dem Mörder die Hände entgegen, manchmal dankte sie ihm. Der Traum endete immer gleich: Sie war in Dick Windyfords Arme geschmiegt.

Sie hatte ihrem Mann nichts von diesem Traum erzählt, aber innerlich hatte er sie tiefer beunruhigt, als sie zugeben wollte. War es eine Warnung – eine Warnung vor Dick Windyford?

Alix wurde aus ihren Gedanken gerissen, als das schrille Läuten des Telefons aus dem Haus drang. Sie ging hinein und nahm den Hörer ab. Plötzlich schwankte sie und hielt sich an der Wand fest.

»Wer, sagten Sie, ist am Apparat?«

»Aber, Alix, was ist denn los mit dir? Ich hätte deine Stimme fast nicht erkannt. Hier ist Dick.«

»Oh«, brachte sie hervor. »Oh! Wo – wo bist du?«

»In ›Traveller's Arms‹, so heißt das wohl, nicht wahr? Oder kennst du nicht einmal eure Dorfwirtschaft? Ich habe Urlaub, möchte ein bisschen fischen hier. Hast du etwas dagegen, dass ich euch heute nach dem Abendessen besuche?«

»Nein!«, antwortete Alix scharf. »Du darfst nicht kommen!« Nach einer kleinen Pause kam Dicks veränderte Stimme wieder. »Es tut mir leid«, sagte er förmlich, »ich möchte dich natürlich nicht belästigen –«

Alix unterbrach ihn hastig. Er musste ihr Benehmen als reichlich ungewöhnlich betrachten. Es war auch ungewöhnlich. Ihre Nerven hatten sie im Stich gelassen.

»Ich meinte nur, dass wir für heute Abend schon verabredet sind«, erklärte sie und versuchte ihrer Stimme einen möglichst natürlichen Klang zu geben. »Möchtest du nicht – würdest du morgen zum Abendessen kommen?«

Aber Dick hatte den plötzlichen Meinungsumschwung offenbar bemerkt.

»Vielen Dank«, antwortete er, »aber ich werde dann lieber

gleich weiterfahren. Es hängt noch davon ab, ob ein Freund von mir herkommt oder nicht. Auf Wiedersehen, Alix.« Er hielt einen Moment inne und fügte dann hastig und mit veränderter Stimme hinzu: »Viel Glück, Alix.«

Mit einem Gefühl der Erleichterung legte Alix den Hörer auf die Gabel. Er darf nicht herkommen, wiederholte sie in Gedanken. Er darf nicht herkommen. Gott, was bin ich dumm, mich so aufzuregen! Trotzdem bin ich froh, dass er nicht kommt.

Sie nahm einen Strohhut vom Tisch und ging wieder hinaus in den Garten. Einen Moment blieb sie stehen und blickte auf den Namen, der draußen am Tor eingeschnitzt stand: Haus Nachtigall.

»Ist das nicht ein sehr eigentümlicher Name?«, hatte sie zu Gerald gesagt, bevor sie heirateten. Er hatte gelacht.

»Du kleines Londoner Stadtkind«, hatte er liebevoll geantwortet. »Ich glaube, du hast noch nie eine Nachtigall gehört. Ich bin froh darüber. Wir werden sie an einem Sommerabend zusammen vor unserem eigenen Haus hören.«

Als sich Alix jetzt daran erinnerte, spürte sie ein Gefühl des Glücks in sich aufsteigen. Es war Gerald, der Haus Nachtigall gefunden hatte. Er war zu Alix gekommen, vor Aufregung ganz außer sich gewesen: Er habe genau das Richtige für sie aufgetrieben, ein Juwel, die Chance des Lebens. Und als Alix es gesehen hatte, war sie von seinem Charme ebenfalls bezaubert. Gewiss, die Lage war ziemlich einsam, zwei Meilen vom nächsten Dorf entfernt. Aber das Haus selbst war so auserlesen mit seinem an frühere Zeiten erinnernden Äußeren und seinem soliden Komfort mit Badezimmern, Heißwasseranlagen, elektrischem Licht und Telefon, dass Alix diesen Reizen sogleich erlegen war. Doch dann stellte sich heraus, dass die Sache einen Haken hatte. Der Besitzer, ein reicher Mann, lehnte ab, das Haus zu vermieten. Er wollte nur verkaufen.

Gerald Martin war nicht imstande, sein Kapital zu diesem Zeitpunkt flüssigzumachen. Er hatte zwar ein gutes Einkommen, aber das Äußerste, was er aufbringen konnte, wären tausend Pfund gewesen. Der Besitzer wollte dreitausend. Aber Alix hatte ihr Herz schon an dieses Haus verloren, und sie wusste Rat. Über ihr eigenes Geld konnte sie sofort verfügen, da es in Pfandbriefen angelegt war. Sie würde die Hälfte davon abzweigen, um ihr Heim zu kaufen. So wurde Haus Nachtigall ihr Eigentum, ein Entschluss, den Alix bisher keinen Augenblick bereut hatte. Sicher, das Hauspersonal mochte die ländliche Abgeschiedenheit nicht, darum hatte sie im Moment auch keine Hilfe. Aber Alix, jahrelang nur den eintönigen Bürobetrieb gewohnt, machte es Spaß, Leckerbissen zu kochen und das Haus in Ordnung zu halten. Für den Garten, in dem prachtvolle Blumen wuchsen, hatte sie einen alten Mann aus dem Dorf, der zweimal wöchentlich, und zwar immer montags und freitags, kam.

Sie war deshalb erstaunt, ihn heute, Mittwoch, hinter dem Haus in einem Blumenbeet beschäftigt, anzutreffen.

»Nanu, George, was machen Sie denn hier?«, fragte sie, als sie auf ihn zukam.

Der alte Mann richtete sich mühsam auf und hob zwei Finger an den Schirm seiner uralten Mütze.

»Ich dachte mir schon, dass Sie sich wundern würden, Madam. Aber es ist so. Auf dem Gut wird am Freitag ein Fest gefeiert, und ich sagte mir, weder Mr Martin noch seine junge Frau werden etwas dagegen haben, wenn ich mal statt Freitag schon am Mittwoch komme.«

»Ist schon in Ordnung«, antwortete Alix. »Ich wünsche Ihnen viel Vergnügen.«

»Das werde ich haben«, meinte George treuherzig. »Es ist 'ne feine Sache, zu wissen, dass man sich so richtig vollessen kann, ohne selbst bezahlen zu müssen. Der Gutsbesitzer ist bei seinen Leuten nie kleinlich gewesen. Und dann dachte ich mir auch, Madam, ich kann Sie genauso gut jetzt, bevor Sie wegfahren, nach Ihren Wünschen für die Rabatten fragen. Sie wissen wohl nicht, wann Sie zurückkommen, Madam?«

»Aber ich fahre gar nicht fort.«

George starrte sie an.

»Fahren Sie denn morgen nicht nach London?«

»Nein. Wie kommen Sie auf diese Idee?«

George rückte mit einer langsamen Bewegung seine Mütze ins Genick.

»Mr Martin hat es mir erzählt, als ich ihn gestern im Dorf traf. Er sagte, dass Sie beide morgen nach London fahren, und es sei ungewiss, wann Sie wieder zurückkämen.«

»Unsinn«, lachte Alix. »Sie müssen ihn missverstanden haben.« Trotzdem wunderte sie sich, was Gerald wohl zu dem alten Mann gesagt hatte, er konnte ihn doch nicht so missverstanden haben. Nach London fahren? Sie wollte niemals wieder nach London.

»Ich hasse London«, sagte sie plötzlich bitter.

»Aha«, meinte George gelassen. »Na, dann werd' ich mich wohl verhört haben. Und doch, er sagte es ja ganz deutlich. Ich bin froh, dass Sie hierbleiben. Ich halte nichts von diesen Spazierfahrten, und von London halte ich schon gar nichts. Ich habe, Gott sei Dank, nie hinfahren müssen. Zu viele Autos – das ist das Schlimmste heutzutage. Wenn die Leute erst mal ein Auto haben, dann können sie nicht mehr an einem Platz bleiben. Mr Arnes, dem dieses Haus früher gehörte, war immer ein friedlicher, ruhiger Mann gewesen, bis er sich so ein Ding kaufte. Noch nicht einen Monat hat er es gehabt, als er schon das Haus zum Verkauf anbot. Und 'ne Menge Geld hatte er hier reingesteckt, mit fließend Wasser in allen Schlafzimmern und dem elektrischen Licht und so. ›Das Geld kriegen Sie nie wieder‹, sagte ich ihm, aber er meinte, er bekäme zweitausend Pfund für dieses Haus, und zwar auf den Penny. Und richtig, er bekam es auch.«

»Es waren dreitausend«, unterbrach Alix lächelnd seinen Redeschwall.

»Zweitausend«, wiederholte George. »Die Summe, die er damals verlangte, wurde hier lange genug diskutiert.«

»Es waren wirklich dreitausend«, sagte Alix.

George war nicht zu überzeugen. »Frauen verstehen nichts von Zahlen«, meinte er. »Sie wollen mir doch nicht erzählen, dass Mr Arnes den Nerv hatte, von Ihnen dreitausend zu verlangen?«

»Er verlangte es nicht von mir, sondern von meinem Mann«, antwortete Alix.

George kniete sich wieder hin.

»Der Preis war zweitausend«, murmelte er störrisch.

Alix hatte keine Lust, sich mit ihm zu streiten. Sie ging zu einem anderen Beet und pflückte sich einen schönen, dicken Blumenstrauß.

Als sie ins Haus gehen wollte, bemerkte sie im Vorbeigehen einen kleinen dunkelgrünen Gegenstand, der zwischen den Blättern eines Beetes hervorschaute. Sie bückte sich, hob ihn auf und sah, dass es das Notizbuch ihres Mannes war.

Sie öffnete es und durchblätterte amüsiert die Eintragungen. Gleich zu Beginn ihres Ehelebens hatte sie erkannt, dass Gerald, der impulsiv und gefühlvoll war, einen ausgeprägten Sinn für Ordnung und Systematik besaß, was eigentlich nicht zusammenpasste. Er war geradezu versessen darauf, dass die Mahlzeiten pünktlichst eingehalten wurden, und er plante seinen Tagesablauf mit der Präzision eines Uhrwerkes voraus.

Während sie das Notizbuch durchstöberte, entdeckte sie zu ihrer Erheiterung die Eintragung vom 14. März: »Alix heiraten, 14.30 Uhr, St.-Peters-Kirche.«

»Der große Junge«, murmelte sie und blätterte weiter.

Plötzlich stutzte sie.

»›Mittwoch, 18. Juni‹ – das ist ja heute!«

In dem Raum, der für dieses Datum zur Verfügung stand, war mit Geralds gestochener Schrift eingetragen: »21 Uhr.« Sonst stand da nichts.

Was hatte Gerald um neun Uhr abends vor? Alix überlegte. Sie lächelte, denn sie sagte sich, wenn das eine Geschichte wäre, eine solche, wie man sie öfter liest, wäre unzweifelhaft mehr darüber aus dem Notizbuch zu entnehmen gewesen. Zumindest hätte es den Namen der anderen Frau enthalten.

Langsam durchblätterte sie auch die zurückliegenden Eintragungen. Es gab Verabredungen, Besprechungstermine, knappe Anmerkungen über Geschäftsabschlüsse, aber nur einen Frauennamen, nämlich ihren eigenen.

Dennoch, als sie das Büchlein in die Tasche steckte und mit ihrem Blumenstrauß ins Haus ging, spürte sie eine leichte Unruhe. Dick Windyfords Worte kamen ihr in den Sinn, als hätte er sie in diesem Moment wiederholt: »Dieser Mann ist ein völlig Fremder für dich. Du weißt überhaupt nichts über ihn.«

Das stimmte. Was wusste sie von ihm? Gerald war immerhin vierzig. In vierzig Jahren musste eine Frau in seinem Leben eine Rolle gespielt haben …

Alix schüttelte ungeduldig den Kopf. Sie durfte solchen

Gedanken keinen Platz einräumen. Sie hatte ein viel brennenderes Problem. Sollte sie ihrem Mann erzählen, dass Dick angerufen hatte, oder nicht? Es war ja möglich, dass Gerald ihn sowieso im Dorf getroffen hatte. In diesem Fall würde er es sicher, sobald er nach Hause kam, erwähnen. Dann wäre die Sache ohne ihr Zutun erledigt. Wenn nicht, was dann? Alix entschied, dass sie lieber nichts sagen würde. Wenn sie ihrem Mann davon erzählte, würde er sicher vorschlagen, Dick einzuladen. Dann müsste sie ihm erklären, dass Dick sich schon selbst einladen wollte, dass sie aber eine Ausrede gebraucht hatte, um sein Kommen zu verhindern. Und wenn Gerald sie dann fragen würde, weshalb sie das getan habe – was sollte sie dann sagen? Ihm ihren Traum erzählen? Er würde doch nur lachen, oder, was noch schlimmer wäre, er würde sagen, er verstehe nicht, warum sie diesem Traum eine derartige Bedeutung zukommen ließ.

Endlich beschloss Alix, nichts zu erwähnen. Es war das erste Geheimnis, das sie vor ihrem Mann hatte, und sie war nicht glücklich dabei.

Als sie hörte, wie Gerald kurz vor dem Mittagessen aus dem Ort zurückkam, eilte sie in die Küche, und um ihre Verlegenheit zu verbergen, gab sie sich hier sehr beschäftigt. Sie merkte sofort, dass Gerald Dick Windyford nicht getroffen hatte. Alix war erleichtert und beklommen zugleich. Jetzt war sie zur Verschwiegenheit verdammt.

Erst am Abend nach dem Essen, als sie in dem eichengetäfelten Wohnzimmer saßen, fiel Alix das Notizbuch wieder ein.

»Hier hast du etwas, mit dem du die Blumen gegossen hast«, sagte sie und warf es ihm in den Schoß.

»Das habe ich wohl in den Randbeeten verloren, was?«

»Ja. Und jetzt kenne ich alle deine Geheimnisse.«

»Nicht schuldig«, lachte Gerald und schüttelte den Kopf. »Wie steht's mit deinem Vorhaben heute Abend um neun Uhr?«

»Ach, das?« Er schien einen Augenblick etwas überrascht, dann lächelte er, als ob ihm irgendetwas ganz besonderen Spaß machte. »Es ist eine Verabredung mit einem außergewöhnlich netten Mädchen, Alix. Sie hat braunes Haar, blaue Augen und ist dir sehr ähnlich.«

»Ich verstehe nicht«, antwortete Alix mit vorgetäuschter Strenge. »Du weichst mir aus.«

»Nein, das tue ich nicht. Spaß beiseite – ich wollte nur nicht vergessen, heute Abend einige Negative zu entwickeln. Ich möchte gern, dass du mir dabei hilfst.«

Gerald Martin war ein begeisterter Fotograf. Er besaß eine altmodische Kamera mit hervorragenden Objektiven und entwickelte seine Filme in einem kleinen Keller selbst, den er als Dunkelkammer eingerichtet hatte.

»Und das muss genau um neun Uhr sein«, neckte ihn Alix.

»Mein liebes Kind«, erwiderte Gerald, und eine Spur Gereiztheit lag in seiner Stimme, »man sollte eine Sache immer für eine ganz bestimmte Zeit planen. Dann erledigt man seine Arbeit ordnungsgemäß.«

Alix saß eine oder zwei Minuten still und beobachtete ihren Mann, wie er in seinem Sessel lag und rauchte, betrachtete den zurückgeworfenen dunklen Kopf, die klar gezeichneten Linien seines glatt rasierten Gesichts, die gegen den düsteren Hintergrund abstachen. Und plötzlich, aus heiterem Himmel, überfiel sie eine Welle der Panik, und bevor sie sich zurückhalten konnte, rief sie: »Ach, Gerald! Ich wünschte, ich wüsste mehr über dich!«

Ihr Mann wandte sich ihr mit erstauntem Gesicht zu.

»Aber, meine liebe Alix, du weißt alles über mich. Ich habe dir von meiner Jugendzeit in Northumberland erzählt, von meinem Leben in Südafrika und von den letzten zehn Jahren in Kanada, die mir Erfolg brachten.«

»Ach, Geschäfte«, meinte Alix wegwerfend.

Plötzlich lachte Gerald auf.

»Ich weiß, was du meinst – Liebesgeschichten. Ihr Frauen seid doch alle gleich. Etwas anderes interessiert euch nicht.«

Alix fühlte, wie ihr der Hals trocken wurde, während sie undeutlich murmelte: »Nun, aber es muss doch – Liebesgeschichten gegeben haben. Ich meine, wenn ich nur wüsste …«

Wieder trat minutenlang Stille ein. Unwillig runzelte Gerald Martin die Stirn. Als er zu reden anfing, tat er es ernst und ohne eine Spur seiner vorherigen neckenden Art.

»Alix, hältst du dieses Blaubart-Gehabe für klug? Es gab Frauen in meinem Leben. Ich streite es nicht ab. Du würdest es mir auch sowieso nicht glauben. Aber ich kann dir ehrlich versichern, dass keine von ihnen mir etwas bedeutete.«

Es war eine Aufrichtigkeit in seinem Ton, die Alix beruhigte. »Zufrieden?«, fragte er mit einem Lächeln. Dann blickte er sie mit einem Anflug von Neugierde an. »Wie bist du eigentlich ausgerechnet heute Abend auf dieses unerquickliche Thema gekommen?«

Alix stand auf und begann ruhelos hin und her zu laufen. »Ach, ich weiß es nicht«, antwortete sie. »Ich war schon den ganzen Tag über nervös.«

»Das ist seltsam«, sagte Gerald leise, als spräche er mit sich selbst, »sehr seltsam.«

»Was ist daran seltsam?«

»Aber, mein Liebes, ich habe das nur so gesagt, weil du gewöhnlich ausgeglichen und nett bist.«

»Heute war alles dazu angetan, mich zu verärgern«, beichtete sie. »Sogar der alte George. Er hatte so eine lächerliche Idee im Kopf, dass wir nach London fahren würden. Er sagte, du hättest es ihm erzählt.«

»Wo hast du ihn getroffen?«, fragte Gerald scharf.

»Er kam statt Freitag schon heute zur Arbeit.«

»Der verdammte alte Dummkopf«, schnauzte Gerald zornig. Alix blickte ihn überrascht an. Das Gesicht ihres Mannes war vor Wut verzerrt. Niemals vorher hatte sie ihn so aufgebracht gesehen. Als er ihr Erstaunen bemerkte, bemühte er sich, seine Selbstkontrolle wiederzugewinnen.

»Na, er ist auch ein verflixter alter Schwätzer«, knurrte er. »Was hast du denn zu ihm gesagt, dass er auf solche Ideen kommt?«

»Ich? Ich habe überhaupt nichts gesagt. Wenigstens – ach ja, jetzt erinnere ich mich. Ich habe einen kleinen Witz gemacht und ihm erzählt, dass ich am Morgen nach London fahre. Das hat er wohl ernst genommen. Vielleicht hört er auch nicht mehr richtig. Du hast ihn natürlich aufgeklärt?«

Gespannt wartete er auf ihre Antwort.

»Sicher. Aber er ist einer von der Sorte alter Männer, die sich von einer Idee nicht mehr abbringen lassen.«

Dann erzählte sie Gerald von Georges Behauptung, das Haus habe nur zweitausend Pfund gekostet.

Gerald war einen Augenblick still, dann sagte er langsam: »Ames war gewillt, zweitausend Pfund in bar und den Rest in Pfandbriefen zu nehmen. Ich nehme an, dass er das durcheinandergebracht hat.«

»Wahrscheinlich«, stimmte Alix zu. Dann blickte sie auf die Uhr.

»Wir sollten anfangen, Gerald. Fünf Minuten Verspätung!«

Ein undefinierbares Lächeln trat in sein Gesicht.

»Ich habe es mir heute anders überlegt«, antwortete er ruhig. »Ich werde heute Abend keine Bilder mehr entwickeln.«

Die Gedanken einer Frau sind eine seltsame Sache. Als Alix an diesem Mittwochabend zu Bett ging, war sie ruhig und mit sich zufrieden. Der Ärger war vergessen und ihr Glück ungetrübt wie eh und je.

Aber am Abend des folgenden Tages spürte sie, dass irgendwelche Kräfte wieder dabei waren, dieses Gefühl des Glücks zu unterminieren. Dick Windyford hatte nicht noch einmal angerufen. Trotzdem führte sie ihre Unruhe auf seinen Aufenthalt im Dorf zurück. Immer und immer wieder kamen ihr seine Worte in den Sinn: »Dieser Mann ist ein völlig Fremder. Du weißt überhaupt nichts über ihn.« Und sie sah ihren Mann wieder vor sich, wie er sagte. »Alix, hältst du dieses Blaubart-Gehabe für klug?« Weshalb hatte er das gesagt? Eine Warnung hatte in diesen Worten gelegen – ein Anflug von Drohung, so als wollte er sagen: »Schnüffle nicht in meiner Vergangenheit, Alix, sonst kannst du eine peinliche Überraschung erleben.«

Bis Freitagmorgen hatte sich Alix eingeredet, dass es tatsächlich eine Frau in Geralds Leben gegeben hatte, eine Affäre, die er eifrig vor ihr zu verbergen versuchte. Ihre Eifersucht kannte keine Grenzen.

War es eine Frau, die er neulich abends um neun Uhr treffen wollte? War seine Geschichte, Negative entwickeln zu wollen, eine Notlüge, die er aus dem Augenblick heraus erdacht hatte? Vor drei Tagen noch hätte sie geschworen, dass sie ihren Mann durch und durch kannte. Jetzt hatte sie das Gefühl, dass er ein Fremder war, über den sie nichts wusste. Sie erinnerte sich an seinen Ärger über den alten George. So aufgebracht war er noch nie gewesen. Eine Kleinigkeit, vielleicht, aber sie zeigte ihr, dass sie den Mann, mit dem sie verheiratet war, nicht wirklich kannte.

Am Freitag mussten verschiedene Kleinigkeiten aus dem Dorf besorgt werden. Am Nachmittag schlug Alix vor, dass sie dies erledigen werde; Gerald könne im Garten bleiben. Aber zu ihrer Verwunderung war er damit nicht einverstanden und erklärte eigensinnig, dass er sich um die Sachen kümmern werde, und dass sie zu Hause bleiben solle.

Alix gab nach, aber seine Beharrlichkeit erstaunte und alarmierte sie. Weshalb wollte er so ängstlich vermeiden, dass sie ins Dorf ging?

Plötzlich fiel ihr eine Erklärung dafür ein. War es nicht möglich, dass er Dick Windyford getroffen hatte, ohne ihr etwas davon zu sagen? Als sie heirateten, war Alix nicht eifersüchtig gewesen. Und jetzt? – Konnte es mit Gerald nicht das Gleiche sein? Vielleicht wollte er nur verhindern, dass sie Dick wiedersah? Diese Erklärung war so einleuchtend, und sie hatte etwas so Tröstliches, dass Alix sich nur zu gern daran klammerte.

Aber später, nach dem Tee, war sie wiederum ruhelos und nervös. Sie kämpfte mit einer Versuchung, die sie seit Geralds Weggehen verspürte. Zu guter Letzt, als sie sich lange genug eingeredet hatte, dass das Ankleidezimmer ihres Mannes eine gründliche Reinigung nötig habe, ging sie mit einem Staubtuch hinauf. »Wenn ich nur sicher wäre«, wiederholte sie immer wieder, »wenn ich nur ganz sicher wäre!«

Vergeblich versuchte sie, sich davon zu überzeugen, dass alles, was kompromittierend sein könnte, gewiss schon vor Jahren vernichtet worden war. Dagegen wiederum argumentierte sie, dass Männer oft die verrücktesten Beweisstücke aus übertriebener Sentimentalität aufbewahrten.

Am Ende unterlag der letzte Widerstand in Alix. Ihre Wangen brannten vor Scham über ihr Tun, während sie atemlos in gebündelten Briefpäckchen und Dokumenten wühlte, die Schubladen herauszog und sogar die Taschen der Anzüge ihres Mannes durchstöberte. Nur zwei Schubladen machten ihr einen Strich durch die Rechnung. Die unterste der Kommode und eine schmale Lade rechts im Schreibtisch waren verschlossen. Aber inzwischen hatte Alix jede Hemmung verloren. Sie war nun fest überzeugt, in einem dieser beiden Fächer Beweise für die Existenz dieser eingebildeten Frau aus der Vergangenheit zu finden, die ihr im Kopf herumspukte.

Ihr fiel ein, dass Gerald seine Schlüssel achtlos unten auf die Anrichte gelegt hatte. Sie holte sie und probierte einen nach dem anderen aus. Der dritte passte für das Schreibtischfach. Begierig öffnete Alix. Sie fand ein Scheckbuch und eine prall mit Geldnoten gefüllte Brieftasche und dann, ganz hinten, ein Bündel Briefe, säuberlich mit einem Band zusammengeschnürt. Ihr Herz klopfte zum Zerspringen, als sie das Band löste.

Brennende Schamröte übergoss ihr Gesicht, und sie ließ das Bündel zurück in die Schublade fallen, schob sie zu und verschloss sie wieder. Es waren die Briefe, die sie vor ihrer Hochzeit an Gerald geschrieben hatte.

Sie wandte sich jetzt der Kommode zu, mehr aus dem Gefühl heraus, nichts auslassen zu wollen, als in der Erwartung, etwas zu entdecken. Ärgerlich stellte sie fest, dass keiner der Schlüssel von Geralds Bund passte. Sie ging in ein anderes Zimmer und kam mit einer Auswahl kleiner Schlüssel zurück. Befriedigt fand sie heraus, dass ein Reserveschlüssel vom Kleiderschrank passte. Sie schloss die Schublade auf und zog sie heraus. Was sie fand, war nichts als eine Rolle Zeitungsausschnitte, die durch die Zeit bereits verschmutzt und vergilbt waren.

Ein Seufzer der Erleichterung entfuhr Alix. Nichtsdestotrotz las sie die Ausschnitte. Sie war neugierig, was Gerald so sehr interessiert haben könnte, dass er diese vergilbte Zeitungsrolle aufbewahrt hatte. Es waren fast alles amerikanische Zeitungen, beinahe sieben Jahre alt, die von einem notorischen Schwindler und Bigamisten, Charles Lemaitre, handelten. Lemaitre war verdächtigt, seine Frauen beiseitegebracht zu haben. Unter dem Fußboden in einem der Häuser, die er gemietet hatte, war ein Skelett gefunden worden, und die meisten Frauen, die er »geheiratet« hatte, waren wie vom Erdboden verschwunden.

Er hatte sich mit außerordentlicher Geschicklichkeit verteidigt und wurde dabei von einem der besten Anwälte der Vereinigten Staaten unterstützt. Das Urteil »Freispruch mangels Beweisen« mochte vielleicht diesen Fall am besten charakterisiert haben. Jedenfalls wurde er, was die Hauptanklage betraf, für nicht schuldig erklärt. Für andere Delikte, die ihm zur Last gelegt wurden, erhielt er eine längere Gefängnisstrafe.

Alix erinnerte sich an die Aufregung, die dieser Prozess seinerzeit verursacht hatte, und auch an die Sensation, als es Lemaitre nach ungefähr drei Jahren gelungen war, auszubrechen. Er wurde niemals wieder gefasst. Die Persönlichkeit dieses Mannes und seine außergewöhnliche Macht über Frauen war ausführlich in der englischen Presse diskutiert worden. Auch seine Reizbarkeit vor Gericht, seine leidenschaftlichen Proteste und seine manchmal auftretenden physischen Zusammenbrüche, die er seines schwachen Herzens wegen erlitt, wurden eingehend besprochen.

In einem der Zeitungsausschnitte war ein Bild von ihm, und Alix betrachtete es mit Interesse. Ein Herr mit Vollbart, der etwas Schulmeisterhaftes an sich hatte.

An wen erinnerte sie dieses Gesicht nur? Plötzlich wurde es ihr mit Schrecken bewusst: an Gerald selbst. Seine und dieses Mannes Augen und Stirn hatten eine Ähnlichkeit, die nicht zu übersehen war. Vielleicht hatte er die Ausschnitte deswegen aufgehoben? Ihr Blick ging weiter zur Bildunterschrift. In dem Notizbuch des Angeklagten waren gewisse Daten gefunden worden, und man war überzeugt, dass es die Daten waren, an denen er seine Opfer umgebracht hatte. Und dann war da noch von einer Frau die Rede, die den Verhafteten durch die Tatsache identifiziert hatte, dass er am linken Handgelenk ein Muttermal hatte, genau über der Innenfläche seiner Hand.

Alix ließ das Papier zu Boden fallen. Sie schwankte. Ihr Mann hatte an der gleichen Stelle eine Narbe.

Später wunderte sie sich darüber, dass sie sofort so überzeugt gewesen war. Gerald Martin war Charles Lemaitre. Sie fühlte es. Nein, sie wusste es jetzt. Gedankenfetzen jagten durch ihr Gehirn wie Teile eines Puzzlespiels, die sich zusammenordneten. Das Geld für das Haus, ihr Geld. Die Pfandbriefe, die sie auf seinen Namen eingetragen hatte. Sogar ihr Traum erschien ihr in seiner wirklichen Bedeutung. Ihr Unterbewusstsein hatte sich immer vor Gerald gefürchtet und hatte versucht, sich von ihm freizumachen. Es war Dick Windyford gewesen, an den sich ihr Unterbewusstsein um Hilfe gewandt hatte. Das war es auch, weshalb sie die Wahrheit so schnell erkannt hatte. Ohne Zweifel sollte sie das nächste Opfer Lemaitres werden.

Ein dünner Schrei entfuhr ihr. *Mittwoch um neun Uhr.* Der Keller mit seinen Steinplatten, die man so leicht hochheben konnte! Schon einmal hatte er sein Opfer in einem Keller vergraben. Es war alles vorausgeplant gewesen für Mittwochabend. Aber es noch niederzuschreiben – ein Wahnsinn!

Nein, das war ja logisch. Gerald machte sich stets Notizen über seine Verabredungen. Mord war für ihn ein Geschäft wie alles andere. Aber wie war sie nur davongekommen? Was hatte sie geschützt? In letzter Minute hatte er umdisponiert …

Wie ein Blitz kam ihr die Antwort: der alte George!

Jetzt verstand sie den offenen Zorn ihres Mannes. Zweifellos hatte er sich den Weg geebnet, indem er jedem erzählt hatte, dass sie am nächsten Tag nach London fahren würden. Dann war George unerwartet zur Arbeit gekommen, hatte London ihr gegenüber erwähnt, und sie hatte die Geschichte richtiggestellt. Es war zu riskant gewesen, sie an diesem Abend zu beseitigen. Wenn sie diese triviale Geschichte nicht erwähnt hätte! Alix schauderte.

Aber sie hatte keine Zeit zu verlieren. Sie musste gehen, bevor er zurückkam. Eilig legte sie die Zeitungsausschnitte in das Fach zurück und verschloss es. Dann stand sie bewegungslos da, wie zu Stein erstarrt. Sie hatte das Quietschen des Gartentors gehört. Ihr Mann war bereits zu Hause.

Einen Augenblick blieb sie starr vor Schreck, dann schlich sie auf Zehenspitzen ans Fenster, versteckte sich hinter den Gardinen und sah hinaus.

Ja, es war Gerald. Er lächelte und summte eine kleine Melodie. In seiner Hand hielt er etwas, das der entsetzten Frau das Herz stillstehen ließ: Es war ein nagelneuer Spaten. Instinktiv kam Alix zu der Gewissheit, es würde heute Abend sein.

Aber noch hatte sie eine Chance. Summend ging Gerald um das Haus herum zur Rückseite. Ohne einen Moment zu zögern, rannte sie die Treppe hinunter und aus dem Haus. Doch als sie gerade aus der Tür kam, erschien ihr Mann von der anderen Seite. »Hallo«, rief er. »Wohin läufst du so eilig?«

Alix bemühte sich verzweifelt, ruhig und unauffällig zu erscheinen. Ihre Chance war für den Augenblick verpatzt, aber wenn sie vorsichtig war und seinen Verdacht nicht erregte, konnte noch alles gut gehen.

»Ich wollte ein bisschen spazieren gehen«, sagte sie. Aber ihre Stimme war schwach und klang nicht überzeugend.

»Fein«, sagte Gerald, »ich komme mit.«

»Nein, bitte, Gerald. Ich bin nervös. Ich habe Kopfschmerzen und möchte lieber allein sein.«

Besorgt sah er sie an. Sie bildete sich sofort ein, dass in seinen Augen Verdacht aufglomm.

»Was ist los mit dir, Alix? Du bist blass, und du zitterst ja.« »Nichts.« Sie zwang sich zu einem Lächeln. »Ich habe Kopfschmerzen, das ist alles. Ein wenig frische Luft wird mir guttun.«

»Aber es ist nicht schön von dir, zu sagen, du möchtest mich nicht dabeihaben«, erklärte Gerald mit einem leichten Lachen. »Ich gehe mit, ob du willst oder nicht.«

Sie wagte nicht, weiter zu protestieren. Falls er Verdacht schöpfte, dass sie wusste …

Mit Mühe gelang es ihr, sich unbefangen zu geben. Dennoch hatte sie das unbehagliche Gefühl, dass er sie von Zeit zu Zeit verstohlen betrachtete, als wenn er nicht ganz zufrieden wäre.

Als sie nach Hause zurückkehrten, bestand er darauf, dass sie sich hinlegte. Er spielte, wie immer, den besorgten Ehemann, brachte Eau de Cologne und rieb ihr damit Stirn und Schläfen ein. Alix fühlte sich so hilflos, als wäre sie in eine Falle geraten.

Nicht eine Minute ließ er sie allein. Er ging mit ihr in die Küche und half ihr, die kalte Platte hereinzutragen, die sie schon vorbereitet hatte. Sie würgte die Bissen hinunter und zwang sich, fröhlich und natürlich zu wirken. Sie wusste jetzt, dass sie um ihr Leben kämpfte. Sie war allein mit diesem Mann, meilenweit von jeder Hilfe entfernt. Sie war völlig in seiner Gewalt. Ihre einzige Chance lag darin, sein Misstrauen zu zerstreuen. Vielleicht ließ er sie ein paar Minuten allein, wenigstens so lange, dass sie in die Diele gehen und Hilfe herbeitelefonieren konnte. Das war jetzt ihre einzige Hoffnung.

Plötzlich erinnerte sie sich, dass er seinen Plan schon einmal geändert hatte. Angenommen, sie erzählte ihm, dass Dick Windyford heute Abend kommen werde?

Die Worte lagen ihr schon auf der Zunge, aber sie schwieg. Diesen Mann konnte man ein zweites Mal nicht von seinem Vorhaben abhalten. Seine Entschlossenheit hatte etwas Beängstigendes an sich. Sie würde das Verbrechen nur noch beschleunigen. Wahrscheinlich würde er sie dann gleich umbringen und Dick Windyford anrufen, um ihm irgendeine Geschichte zu erzählen, die ihn entschuldigte.

Ach, wenn nur Dick Windyford heute Abend käme! Plötzlich hatte sie eine Idee. Sie blinzelte verstohlen zu ihrem Mann hinüber, als hätte sie Angst, dass er ihre Gedanken erraten könnte. Während sie sich ihren Plan zurechtlegte, schöpfte sie wieder Hoffnung. Sie benahm sich jetzt so ungezwungen und natürlich, dass sie sich selbst bewunderte. Sie machte Kaffee und trug ihn auf die Veranda hinaus, wo sie manchmal an schönen Abenden saßen.

»Übrigens«, sagte Gerald plötzlich, »ich möchte, dass du mir nachher hilfst, einige Negative zu entwickeln.«

Alix spürte einen kalten Schauder ihren Rücken hinunterlaufen. Aber es gelang ihr, gleichgültig zu fragen:

»Kannst du das nicht allein? Ich bin heute Abend wirklich etwas müde.«

»Es wird nicht lange dauern.« Er lächelte maliziös. »Und ich kann dir versichern, dass du danach überhaupt nicht mehr müde sein wirst.«

Die Worte schienen ihn zu amüsieren. Alix zitterte. Jetzt oder nie war der Zeitpunkt gekommen, wo sie ihren Plan ausführen musste. Sie erhob sich.

»Ich rufe nur rasch den Metzger an«, meinte sie leichthin.

»Den Metzger? Um diese Zeit?«

»Sein Geschäft ist natürlich geschlossen, Dummerchen. Aber er ist sicher zu Hause. Morgen ist Sonnabend, und ich möchte, dass er mir ein paar Kalbskoteletts bringt, bevor sie mir jemand vor der Nase wegschnappt. Der Gute tut alles für mich.«

Rasch ging sie ins Haus und schloss die Tür hinter sich. Sie hörte, wie Gerald ihr nachrief: »Lass die Tür offen!«

»Ich will nicht, dass die Nachtfalter hereinkommen«, sagte sie rasch. »Ich kann sie nicht ausstehen.« Dann fügte sie hinzu: »Hast du Angst, ich flirte mit dem Metzger, mein Lieber?«

Kaum drinnen, wählte sie die Nummer vom Gasthaus »Travellers Arms«. Augenblicklich war die Verbindung hergestellt.

»Mr Windyford, bitte. Ist er noch da? Kann ich mit ihm sprechen?«

Dann blieb ihr Herz stehen. Die Tür wurde aufgestoßen, und ihr Mann kam in die Diele.

»Geh weg, Gerald«, sagte sie empfindlich, »ich mag nicht, wenn man mir beim Telefonieren zuhört.«

Er lachte nur und ließ sich auf einem Stuhl nieder.

»Ist das wirklich der Metzger, den du anrufst?«, fragte er spöttisch.

Alix war verzweifelt. Ihr Plan war schiefgegangen. Im

nächsten Moment würde Dick Windyford an den Apparat kommen. Sollte sie es wagen und um Hilfe rufen?

Und dann, während sie nervös den kleinen Schlüssel am Apparat, mit dem man ein Gespräch beliebig unterbrechen konnte, hin und her drehte, fiel ihr ein anderer Plan ein.

Es wird schwierig sein, sagte sie sich. Es bedeutet, dass ich den Kopf nicht verliere, die richtigen Worte wähle und nicht stottere. Aber ich glaube, ich schaffe es. Ich muss es schaffen!

Und in diesem Augenblick hörte sie Dick Windyfords Stimme am anderen Ende der Leitung.

Alix holte tief Luft, dann drehte sie den Schlüssel und sprach.

»Hier ist Mrs Martin, Haus Nachtigall. Bitte, kommen Sie« – sie drehte den Schlüssel um – »morgen Früh mit sechs Kalbskoteletts.« Sie drehte den Schlüssel. »Vielen Dank, Mr Hexworthy. Entschuldigen Sie, wenn ich so spät noch angerufen habe, aber die Koteletts sind wirklich« – wieder Drehen – »eine Sache von Leben und Tod.« Schlüsseldrehen. »Gut, morgen Früh.« Schlüsseldrehen. »So schnell wie möglich.«

Sie legte den Hörer auf und wandte sich ihrem Mann zu.

»So redest du also mit deinem Metzger«, sagte Gerald.

»Das ist weibliche List«, erwiderte Alix leichthin.

Die Aufregung brachte sie halb um. Er hatte nichts gemerkt.

Selbst wenn Dick sie nicht verstanden hatte – kommen würde er jedenfalls.

Sie ging hinüber ins Wohnzimmer und schaltete das elektrische Licht ein. Gerald folgte ihr.

»Du scheinst wieder bester Laune zu sein«, sagte er und beobachtete sie gespannt.

»Ja«, entgegnete sie, »meine Kopfschmerzen sind vergangen.«

Sie setzte sich in ihren Sessel und lächelte ihrem Mann zu, als er ihr gegenüber Platz nahm. Sie war gerettet. Es war erst fünfundzwanzig Minuten nach acht. Lange vor neun würde Dick kommen.

»Der Kaffee, den du mir serviert hast, hat mir nicht geschmeckt«, beschwerte sich Gerald. »Er war bitter.«

»Ich habe eine neue Sorte ausprobiert. Ich werde ihn nicht mehr nehmen, wenn du ihn nicht magst, Liebling.«

Alix nahm sich eine Handarbeit und begann zu sticken. Gerald las ein paar Seiten in seinem Buch, dann blickte er zur Uhr und legte es weg.

»Halb neun. Zeit, um in den Keller zu gehen und mit der Arbeit anzufangen.«

Die Handarbeit fiel Alix aus den Händen.

»Oh, noch nicht. Lass uns bis neun warten.«

»Nein, mein Kind. Halb neun. Diese Zeit habe ich mir vorgenommen. Umso früher kannst du zu Bett gehen.«

»Aber ich möchte lieber bis neun Uhr warten.«

»Du weißt, wenn ich eine Zeit festsetze, halte ich mich daran. Komm, Alix. Ich werde keine Minute länger warten.«

Alix blickte zu ihm auf, und sosehr sie sich auch dagegen wehrte, eine Welle des Entsetzens durchflutete sie. Die Maske war gefallen. Gerald zupfte an seinen Fingern. Seine Augen leuchteten vor Aufregung. Immer wieder fuhr er mit der Zunge über seine trockenen Lippen. Jetzt machte er sich nicht mehr die Mühe, seine Erregung zu verbergen.

Alix dachte: Es ist wahr. Er kann es nicht abwarten. Er benimmt sich wie ein Wahnsinniger.

Er kam auf sie zu und berührte ihre Schulter. Sie sprang auf.

»Komm, mein Schatz. Oder ich werde dich tragen.«

Seine Stimme klang fröhlich, aber eine unmissverständliche Grausamkeit schwang im Unterton mit. Mit letzter Kraft machte sie sich frei und hielt sich kauernd an der Wand fest. Sie war machtlos. Sie konnte nicht weglaufen. Sie konnte überhaupt nichts tun. Und er kam immer näher.

»Also, Alix ...«

»Nein – nein!« Sie schrie. Kraftlos streckte sie ihre Hände aus, um ihn abzuhalten.

»Gerald, halt ein. Ich muss dir etwas sagen, etwas beichten!« »Beichten?«, fragte er neugierig.

»Ja, beichten.« Sie hatte dieses Wort aufs Geratewohl gewählt. Verzweifelt redete sie weiter und versuchte, damit seine Aufmerksamkeit zu fesseln.

»Ein ehemaliger Liebhaber, nehme ich an«, sagte er höhnisch. »Nein«, antwortete Alix. »Etwas anderes. Man nennt es – ich glaube, man nennt es ein Verbrechen.«

Sofort merkte sie, dass sie den richtigen Ton angeschlagen hatte. Instinktiv hörte er ihr zu. Als sie das fühlte, beruhigten sich ihre Nerven etwas. Noch hatte sie eine Chance. Sie ging durch das Zimmer und setzte sich wieder in ihren Sessel.

»Du solltest dich auch lieber hinsetzen«, sagte sie leise. Sogar ihre Handarbeit hatte sie wieder aufgenommen. Aber ihre Ruhe war auch nur eine Fassade. Sie musste eine Geschichte erfinden, die ihn fesselte, bis Hilfe kam.

»Ich erzählte dir«, begann sie, »dass ich fünfzehn Jahre lang als Stenotypistin gearbeitet habe. Das ist nicht ganz die Wahrheit. Es gab zwei Unterbrechungen. Die erste passierte, als ich zweiundzwanzig Jahre alt war. Ich begegnete einem Mann, einem älteren Herrn, der ein wenig Besitz hatte. Er verliebte sich in mich und wollte mich zur Frau. Ich sagte zu, und wir heirateten.« Sie machte eine kleine Pause. – »Ich brachte ihn dazu, eine Lebensversicherung zu meinen Gunsten abzuschließen.«

Alix sah das außerordentliche Interesse im Gesicht ihres Mannes und fuhr mit neuer Sicherheit fort.

»Während des Krieges arbeitete ich in der Arzneimittelabteilung eines Krankenhauses. Ich hatte dort die Verwaltung von Medikamenten und Giften unter mir.«

Wieder unterbrach sie sich. Jetzt hatte sie ihn gepackt. Daran bestand kein Zweifel. Mörder haben Interesse an Mordgeschichten. Sie hatte damit gerechnet und Erfolg gehabt. Verstohlen blickte sie auf die Uhr. Es war fünfundzwanzig Minuten vor neun.

»Es gibt ein Gift – so ein kleines weißes Pulver. Eine Prise davon bringt den Tod. Kennst du dich vielleicht ein wenig mit Giften aus?«

Sie bebte, als sie diese Frage stellte. Wenn er mit Giften Bescheid wusste, musste sie auf der Hut sein.

»Nein«, antwortete Gerald. »Ich weiß sehr wenig davon.«

Ein Seufzer der Erleichterung kam über ihre Lippen.

»Du hast sicher schon einmal etwas von Hyoszamin gehört?

Das Gift, von dem ich spreche, hat die gleiche Wirkung, nur ist es absolut unnachweisbar. Jeder Arzt würde den Totenschein auf Herzschlag ausstellen. Ich habe ein kleines Quantum davon gestohlen und aufbewahrt.«

Sie schwieg und ordnete ihre Gedanken.

»Weiter!«, befahl Gerald.

»Nein. Ich habe Angst. Ich kann es dir nicht sagen. Ein andermal.«

»Jetzt«, rief er ungehalten. »Ich will es jetzt hören!«

»Wir waren einen Monat lang verheiratet. Ich war sehr gut

zu meinem Mann. Er rühmte mich bei allen Nachbarn. Jeden Abend bereitete ich ihm seinen Kaffee. Eines Abends, als wir allein waren, streute ich eine Prise des tödlichen Alkaloids in seine Tasse.«

Wieder machte Alix eine Pause und fädelte sorgfältig einen neuen Faden in ihre Nadel. Sie, die niemals schauspielern konnte, überflügelte jetzt die größten Mimen der Welt. Sie lebte ihre Rolle als kaltblütige Giftmischerin.

»Es war sehr friedlich. Ich saß und beobachtete ihn. Nur einmal hat er ein wenig nach Luft geschnappt. Ich öffnete die Fenster. Er sagte, er könne nicht mehr vom Stuhl aufstehen. Dann starb er.«

Sie lächelte. Es war nur noch eine Viertelstunde bis neun Uhr. Gewiss würde Dick jeden Augenblick hier sein.

»Wie hoch war die Versicherungssumme?«, erkundigte sich Gerald.

»Ungefähr zweitausend Pfund. Ich habe damit spekuliert und das Geld verloren. Ich ging wieder ins Büro. Aber nicht lange. Dann lernte ich einen anderen Mann kennen. Ich hatte im Geschäft meinen Mädchennamen behalten, daher wusste er nicht, dass ich schon einmal verheiratet war. Er war jung, sah gut aus und war ganz gut situiert. Wir haben in aller Stille in Sussex geheiratet. Er wollte keine Lebensversicherung abschließen. Aber er hat natürlich ein Testament zu meinen Gunsten gemacht. Er liebte es, dass ich ihm seinen Kaffee selbst zubereitete, genau wie mein erster Mann.«

Alix lächelte nachdenklich und fügte dann schlicht hinzu: »Ich mache einen sehr guten Kaffee.«

Dann fuhr sie fort:

»Ich hatte einige Freunde im Dorf, in dem wir lebten. Sie bemitleideten mich sehr, dass mein Mann so plötzlich einem Herzschlag erlag. Der Arzt war mir unsympathisch.

Ich glaube zwar nicht, dass er mich verdächtigte, aber er war jedenfalls über den plötzlichen Tod meines Mannes sehr überrascht.

Ich weiß nicht genau, weshalb ich wieder in mein Büro zurückging. Gewohnheit, wahrscheinlich. Mein zweiter Mann hinterließ viertausend Pfund. Diesmal spekulierte ich nicht. Ich investierte es. Und dann, na, du weißt ja –«

Aber sie wurde unterbrochen. Gerald Martin, hochrot im Gesicht, halb erstickt, deutete mit dem Zeigefinger auf sie.

»Der Kaffee! Mein Gott, der Kaffee!«

Sie blickte ihn starr an.

»Ich weiß jetzt, warum er so bitter war. Du Teufelin! Du hast deinen Trick zum dritten Mal angewendet!«

Seine Hände umklammerten die Armlehnen seines Sessels. Er war nahe daran, sich auf sie zu stürzen.

»Du hast mich vergiftet!«

Alix war vor ihm zum Kamin zurückgewichen. Sie wollte schon die Lippen öffnen, um es abzustreiten, dann hielt sie ein. Jede Sekunde würde er sie anspringen. Sie nahm all ihre Kraft zusammen. Ihre Augen hielten seinem Blick stand.

»Ja«, sagte sie, »ich habe dich vergiftet. Das Gift wirkt schon. Du kannst schon nicht mehr aus dem Sessel aufstehen. Du kannst dich nicht mehr bewegen.«

Nur noch ein paar Minuten!

Da. Was war das? Schritte auf der Straße. Das Quietschen des Gartentors. Dann Schritte auf dem Weg zum Haus. Die äußere Tür öffnete sich.

»Du kannst dich nicht bewegen«, wiederholte sie.

Dann schlüpfte sie an ihm vorbei und flüchtete kopfüber aus dem Zimmer. Ohnmächtig fiel sie in die Arme von Dick Windyford.

»Mein Gott, Alix!«, rief er aus.

Dann wandte er sich an den Mann neben ihm, eine große, kräftige Gestalt in Polizeiuniform.

»Sehen Sie nach, was passiert ist!«

Er legte Alix behutsam auf eine Couch und beugte sich über sie.

»Mein kleines Mädchen«, murmelte er, »mein armes kleines Mädchen. Was haben sie mit dir gemacht?«

Ihre Lider zuckten, und ihre Lippen murmelten seinen Namen. Dick fuhr hoch, als der Polizist seinen Arm berührte.

»In dem Zimmer ist nichts, Sir, außer einem Mann, der in einem Sessel sitzt. Es sieht aus, als hätte er einen schweren Schock erlitten, und …«

»Und?«

»Nun, Sir, er ist tot.«

Sie waren überrascht, als sie Alix' Stimme hörten. Sie sprach wie im Traum; ihre Augen waren noch geschlossen.

»Und dann«, sagte sie, als ob sie etwas zitierte, »starb er.«

Das Mädchen im Zug

Das wäre dann also erledigt!«, bemerkte George Rowland reumütig, als er zu der imposanten rauchgeschwärzten Fassade des Gebäudes emporblickte, das er gerade verlassen hatte.

Eventuell hätte man sogar sagen können, das Gebäude repräsentiere in sehr passender Weise die Macht des Geldes – zumal das Geld in der Person des William Rowland, Onkel des vorgenannten George, gerade offen seine Meinung geäußert hatte. Im Verlauf knapper zehn Minuten war George vom Augapfel seines Onkels, vom Erben dessen Vermögens und einem jungen Mann, dem eine vielversprechende berufliche Laufbahn bevorstand, unvermittelt zu einem Angehörigen des riesigen Heers von Arbeitslosen geworden.

Und mit diesem Anzug bekomme ich nicht einmal Arbeitslosenunterstützung, überlegte Mr Rowland düster. Andererseits reicht meine Begabung einfach nicht aus, Gedichte zu schreiben und sie für zwei Penny (oder so viel, wie es Ihnen wert ist, Lady) an den Haustüren zu verkaufen.

Es stimmte, dass George einen beachtlichen Triumph der Schneiderkunst verkörperte. Er war erlesen und sehr gut gekleidet. Salomo und die Lilien auf dem Felde konnten sich mit George nicht annähernd messen. Aber der Mensch lebt nicht von Kleidung allein – es sei denn, er hätte auf diesem Gebiet eine umfangreiche Ausbildung genossen –, und dieser Tatsache war sich Mr Rowland schmerzlich bewusst.

Und das alles wegen dieses verdammten Theaters von gestern Abend, überlegte er betrübt.

Das verdammte Theater von gestern Abend war ein Ball im »Covent Garden« gewesen. Von diesem Ball war Mr Rowland einigermaßen spät – oder vielmehr: einigermaßen früh nach Hause gekommen; genau genommen konnte er nicht einmal sagen, er könne sich an seine Heimkehr überhaupt erinnern. Rogers, der Butler seines Onkels, war ein hilfsbereiter Bursche, und er wäre zweifellos in der Lage gewesen, mit näheren Einzelheiten aufzuwarten. Ein wahnsinnig schmerzender Kopf, eine Tasse starker Tee und die Tatsache, um fünf Minuten vor zwölf – statt um halb zehn – im Büro erschienen zu sein, hatten die Katastrophe ausgelöst. Mr Rowland senior, der seit vierundzwanzig Jahren – wie es einem taktvollen Verwandten zustand – alles verziehen und bezahlt hatte, hatte dieses Verhalten plötzlich aufgegeben und sich in einem neuen Licht gezeigt. Die Inkonsequenz von Georges Antworten (der Mund des jungen Mannes klappte immer noch auf und zu wie ein mittelalterliches Folterinstrument) hatte ihm zusätzlich missfallen. William Rowland war in allem und jedem gründlich. Mit einigen kurzen und bündigen Worten stieß er seinen Neffen als Treibgut in die Welt hinaus und begab sich dann wieder an die unterbrochene Aufgabe, einige peruanische Ölfelder zu begutachten.

George Rowland schüttelte den Staub aus dem Büro seines Onkels von seinen Füßen und begab sich in die Londoner City. George war ein praktischer Mensch. Ein gutes Mittagessen, so überlegte er, war notwendig, um die Situation zu überblicken. Er nahm es zu sich. Dann lenkte er seine

Schritte wieder in Richtung des Familienwohnsitzes. Rogers öffnete die Tür. Seine beherrschten Gesichtszüge verrieten keine Überraschung, als er George zu dieser ungewohnten Stunde erblickte.

»Guten Tag, Rogers. Packen Sie doch bitte meine Sachen, ja? Ich reise ab.«

»Sehr wohl, Sir. Nur für eine kurze Reise, Sir?«

»Für immer, Rogers. Ich fahre heute Nachmittag in die Kolonien.«

»Wirklich, Sir?«

»Ja – das heißt, wenn ich ein passendes Schiff finde. Wissen Sie mit Schiffen Bescheid, Rogers?«

»An welche Kolonie haben Sie bei Ihrem Besuch gedacht, Sir?«

»An keine besondere. Irgendeine wird genügen. Sagen wir – Australien. Was halten Sie von dieser Idee, Rogers?«

Rogers räusperte sich diskret.

»Nun ja, Sir – ich habe einmal gehört, dass dort draußen genügend Raum für alle ist, die wirklich arbeiten wollen.«

Mr Rowland schaute ihn interessiert und bewundernd an. »Sehr hübsch ausgedrückt, Rogers. Genau das, was ich mir vorgestellt habe. Ich werde also nicht nach Australien fahren – jedenfalls noch nicht heute. Holen Sie mir doch einmal den Eisenbahnfahrplan, ja? Wir werden etwas suchen, das nicht ganz so weit ist.«

Rogers brachte das gewünschte Buch. George schlug es aufs Geratewohl auf und blätterte schnell weiter.

»Perth – zu weit weg – Putney Bridge – zu nahe – Ramsgate? Ich glaube nicht. Reigate lässt mich ebenfalls kalt. Nanu – das ist aber eine Überraschung! Es gibt tatsächlich einen Ort, der Rowland's Castle heißt. Haben Sie den Namen schon mal gehört, Rogers?«

»Soweit ich orientiert bin, Sir, fährt man dazu von der Waterloo Station ab.«

»Sie sind wirklich ein ungewöhnlicher Mann, Rogers! Sie wissen einfach alles. Gut also – Rowland's Castle! Was mag das wohl für ein Ort sein?«

»Als Ort würde ich es nicht gerade bezeichnen, Sir.«

»Umso besser, dann ist die Konkurrenz nicht so groß. Diese ruhigen kleinen Dörfer besitzen noch eine Menge vom alten feudalen Geist. Der Letzte der eigentlichen Rowlands sollte dort eigentlich auf sofortige Anerkennung stoßen. Mich würde es jedenfalls nicht wundern, wenn man mich binnen einer Woche zum Bürgermeister wählen würde.«

Mit einem Knall klappte er den Fahrplan zu.

»Die Würfel sind gefallen. Packen Sie also meinen kleinen Koffer, Rogers – ja? Außerdem bestellen Sie der Köchin meine herzlichen Grüße, und ob sie mir vielleicht entgegenkommen und ihre Katze borgen würde. Dick Whittington – erinnern Sie sich? Wenn man sich zum Ziel setzt, Oberbürgermeister zu werden, ist dazu unbedingt eine Katze erforderlich.«

»Bedaure, Sir, aber die Katze ist augenblicklich nicht verfügbar.«

»Wie das?«

»Sie hat sich zu einer achtköpfigen Familie entwickelt, Sir. Heute Früh sind sie zur Welt gekommen.«

»Was Sie nicht sagen! Und ich dachte, sie hieße Peter?«

»Sehr richtig, Sir. Es war für uns alle eine große Überraschung.«

»Ein Beispiel für die sorglose Namengebung und das trügerische Geschlecht, was? Also gut, dann werde ich eben katzenlos hinfahren. Packen Sie die Sachen bitte sofort, ja?«

»Sehr wohl, Sir.«

Rogers zog sich zurück, um zehn Minuten später wieder zu erscheinen.

»Soll ich ein Taxi bestellen, Sir?«

»Ja, bitte.«

Rogers zögerte, trat dann jedoch einige Schritte weiter ins Zimmer.

»Entschuldigen Sie die Freiheit, Sir, aber wenn ich an Ihrer Stelle wäre, würde ich von dem, was Mr Rowland heute Vormittag sagte, nicht allzu viel Notiz nehmen. Gestern Abend war er bei einem dieser Honoratioren-Essen, und …«

»Kein Wort mehr!«, sagte George. »Ich habe verstanden.«

»Und durch sein Leiden …«

»Ich weiß, ich weiß. Ein ziemlich anstrengender Abend für Sie, Rogers, mit uns beiden, was? Ich habe mich jedoch entschlossen, mich in Rowland's Castle auszuzeichnen – an der Wiege meines historischen Geschlechts! In einer Ansprache dürfte es ausgezeichnet klingen, nicht wahr? Ein Telegramm an meine dortige Anschrift oder eine diskrete Annonce in einer Morgenzeitung würde mich sofort zur Rückfahrt veranlassen, und besonders dann, wenn ein Kalbsfrikassee auf dem Feuer steht. Aber nun – nach Waterloo, wie Wellington am Vorabend jener historischen Schlacht sagte.«

Waterloo Station zeigte sich an diesem Nachmittag weder von der strahlendsten noch von der besten Seite. Mr Rowland entdeckte schließlich den Zug, der ihn an seinen Bestimmungsort bringen sollte; es war jedoch ein alles andere als vornehmer, ein keineswegs imposanter Zug – ein Zug, mit dem zu reisen niemanden sonderlich zu reizen schien. Mr Rowland hatte ein Abteil erster Klasse für sich allein, ganz am Anfang des Zuges. Nebel senkte sich unentschlossen auf die Metropole, hier wieder in die Höhe steigend, dort wieder fallend. Der Bahnsteig war verwaist, nur das asthmatische Schnaufen der Lokomotive durchbrach die Stille.

Und dann – völlig unvermittelt, ereigneten sich in verwirrender Eile eine ganze Reihe von Dingen.

Zuerst kam das Mädchen. Es riss die Tür auf, sprang in das Abteil, schreckte Mr Rowland aus etwas so Gefährlichem wie einem kurzen Schlummer auf und rief dabei: »Oh! Verstecken Sie mich – bitte, verstecken Sie mich!«

George war im Wesentlichen ein Mann der Tat: Nicht Überlegen war seine Stärke, sondern Handeln, Streben und so weiter. In einem Eisenbahnwagen gibt es nur einen Ort zum Verstecken: unter der Sitzbank. Binnen sieben Sekunden war das Mädchen dort untergebracht, und Georges Koffer, der nachlässig am einen Ende der Bank stand, verbarg fremden Blicken den Zufluchtsort des Mädchens. Übrigens keineswegs zu zeitig. Ein aufgebrachtes Gesicht erschien vor dem Abteilfenster.

»Meine Nichte! Sie haben sie hier. Ich wünsche meine Nichte zu sprechen!«

Etwas außer Atem lehnte George in der Ecke, tief in die Sportseite der Abendzeitung, einunddreißigste Ausgabe, versunken. Er legte sie beiseite und ähnelte dabei einem Mann, der in anderen Sphären geweilt hat.

»Verzeihung, Sir?«, fragte er höflich.

»Meine Nichte – was haben Sie mit ihr gemacht?«

Der Erfahrung eingedenk, dass Angriff immer die beste Verteidigung ist, ergriff George die Initiative.

»Was, zum Teufel, wollen Sie damit sagen?«, schrie er, indem er das Auftreten seines eigenen Onkels sehr glaubwürdig nachahmte.

Der andere schwieg eine Minute – bestürzt über dieses plötzliche Ungestüm. Es war ein dicker Mann, der immer noch etwas keuchte, als wäre er etliche Meter gerannt. Sein Haar war bürstenartig geschoren, und er trug einen Bart nach hohenzollernscher Art. Sein Akzent klang unmissverständlich guttural, und seine steife Haltung verriet, dass er sich in Uniform wohler fühlte als ohne. George besaß das den Briten angeborene echte Vorurteil gegenüber Ausländern – und eine besondere Abneigung gegen deutsch aussehende Ausländer.

»Was, zum Teufel, wollen Sie eigentlich, Sir?«, wiederholte er ärgerlich.

»Sie ging hierher«, sagte der andere. »Ich habe sie gesehen. Was haben Sie mit ihr gemacht?«

George schleuderte die Zeitung von sich und zwängte Kopf und Schultern durch das Fenster. »Das also ist der Grund, was?«, brüllte er. »Erpressung! Nur sind Sie dabei an den Falschen geraten. Ich habe Ihre Geschichte heute Morgen bereits in der *Daily Mail* gelesen. Hallo, Schaffner – Schaffner!«

Von weitem bereits auf die Auseinandersetzung aufmerksam geworden, eilte der Beamte herbei.

»Hier, Schaffner«, sagte Mr Rowland mit jenem Anflug von Autorität, den die niederen Klassen so bewundern. »Dieser Kerl belästigt mich. Falls notwendig, werde ich ihn der Erpressung beschuldigen. Behauptet, ich hätte seine Nichte hier versteckt. Eine regelrechte Bande, lauter Ausländer, probiert es mit derartigen Tricks. Man sollte dagegen einschreiten. Führen Sie ihn ab, ja? Hier ist meine Karte, falls Sie sie haben wollen.«

Der Schaffner blickte vom einen zum anderen. Seine Überlegungen waren wenig später abgeschlossen. Seine Ausbildung hatte zur Folge, dass er Ausländer verabscheute, gut gekleidete Gentlemen hingegen, die erster Klasse reisten, achtete und bewunderte. Er legte seine Hand auf die Schulter des Störenfrieds.

»Sie«, sagte er, »kommen Sie da runter.«

In diesem kritischen Moment versiegte der englische Wortschatz des Fremden, und er fiel mit wilden Flüchen in seine Muttersprache zurück.

»Schluss jetzt!«, sagte der Schaffner. »Treten Sie zurück, verstanden? Der Zug fährt ab.«

Flaggen wurden geschwenkt, und Pfiffe ertönten. Mit einem unwilligen Ruck rollte der Zug aus dem Bahnhof. George blieb auf seinem Beobachtungsposten, bis der Zug den Bahnsteig hinter sich gelassen hatte. Dann zog er den Kopf herein, ergriff seinen Koffer und warf ihn in das Gepäcknetz.

»Alles in Ordnung. Sie können hervorkommen«, sagte er aufmunternd.

Das Mädchen kroch hervor.

»Oh!«, sagte es atemlos. »Wie kann ich Ihnen nur danken?« »Darüber machen Sie sich nur keine Sorgen. Glauben Sie mir: Es war mir ein Vergnügen«, erwiderte George lässig. Besänftigend lächelte er sie an. Der Blick ihrer Augen wirkte leicht erstaunt. Sie schien irgendetwas zu vermissen, an das sie gewohnt war. In diesem Moment erblickte sie sich plötzlich in dem kleinen Spiegel, der ihr gegenüber hing, und stieß einen tiefen Seufzer aus.

Ob die Wagenwäscher den Fußboden auch unter den Sitzen aufwischen oder nicht, steht nicht einwandfrei fest. Der Anschein sprach zwar gegen ihre Tätigkeit; es kann jedoch möglich sein, dass jedes Dreck- und Qualmpartikelchen – ähnlich den Zugvögeln – seinen Weg dorthin findet. George hatte bisher kaum Zeit gehabt, der Erscheinung des Mädchens Aufmerksamkeit zu schenken, so plötzlich war ihre Ankunft und so kurz die Zeitspanne gewesen, ehe sie in ihr Versteck kroch. Trotzdem handelte es sich mit Sicherheit um eine schlanke und gut gekleidete junge Frau, die unter dem Sitz verschwunden war. Jetzt war ihr kleiner roter Hut jedoch zerbeult und verdrückt und ihr Gesicht durch lange Schmutzstreifen verunstaltet.

»Oh!«, sagte das Mädchen.

Es kramte in seiner Handtasche. Mit dem Taktgefühl des wahren Gentleman starrte George wie gebannt aus dem Fenster und bewunderte die Londoner Straßen südlich der Themse.

»Wie kann ich Ihnen nur danken?«, sagte das Mädchen wieder. In der Annahme, dass dies ein Hinweis sei, die Unterhaltung wieder aufzunehmen, wandte George seinen Blick ab und leistete wiederum aus Höflichkeit einen Verzicht, diesmal jedoch mit einem Gutteil zusätzlicher Wärme in seinem Verhalten.

Das Mädchen war absolut bezaubernd! Noch nie, überlegte George, hatte er bisher ein so bezauberndes Mädchen erblickt. Die Dienstfertigkeit in seinem Verhalten wurde noch deutlicher.

»Ich finde es einfach großartig von Ihnen«, sagte das Mädchen bewundernd.

»Aber ich bitte Sie. Nichts Einfacheres als das. Und ich bin äußerst erfreut, dass ich Ihnen von Nutzen sein konnte«, murmelte George.

»Großartig«, wiederholte sie bewundernd.

Es ist zweifellos erfreulich, wenn das liebreizendste Mädchen, dem man je begegnet ist, einem in die Augen blickt und sagt, wie großartig es einen fände. George genoss es genauso, wie jeder andere es an seiner Stelle genossen hätte.

Dann trat eine ziemlich peinliche Stille ein. Dem Mädchen schien es zu dämmern, dass eventuelle weitere Erklärungen erwartet würden. Es errötete leicht.

»Schrecklich ist dabei«, sagte sie nervös, »dass ich fürchte, es gar nicht erklären zu können.«

Mit einem jammervollen Ausdruck der Unsicherheit sah sie ihn an.

»Sie können es nicht erklären?«

»Nein.«

»Wie hinreißend!«, sagte Mr Rowland bewundernd.

»Wie bitte?«

»Ich sagte: wie hinreißend. Genau wie in einem dieser Bücher, die einen die ganze Nacht wach halten. Immer sagt die Heldin im ersten Kapitel: ›Ich kann es nicht erklären!‹ Natürlich erklärt sie es schließlich doch, und eigentlich bestand gar kein Grund, dass sie es nicht schon gleich zu Anfang tat – aber dann wäre die ganze Geschichte verdorben gewesen. Ich kann Ihnen gar nicht sagen, wie hocherfreut ich bin, in ein wirkliches Geheimnis hineingezogen worden zu sein – ich wusste gar nicht, dass es derartige Dinge überhaupt gibt. Hoffentlich hängt es mit Geheimdokumenten von ungeheurer Wichtigkeit zusammen, und auch mit dem Balkan-Express. In den bin ich nämlich völlig vernarrt.«

Mit großen, misstrauischen Augen starrte das Mädchen ihn an.

»Wie kommen Sie auf den Balkan-Express?«

»Hoffentlich war ich nicht allzu indiskret«, beeilte sich George zu sagen. »Vielleicht hat Ihr Onkel ihn benutzt?«

»Mein Onkel …« Sie verstummte und fing dann noch einmal an: »Mein Onkel …«

»Sehr richtig«, sagte George mitfühlend. »Ich habe auch einen Onkel. Eigentlich dürfte man niemanden für seine leiblichen Onkel verantwortlich machen. Die Natur kennt auch Rückschläge – wenigstens sehe ich es so an.«

Plötzlich fing sie an zu lachen. Als sie sprach, fiel George der leichte ausländische Tonfall ihrer Stimme auf. Bisher hatte er sie für eine Engländerin gehalten.

»Was sind Sie doch für ein erfrischender und ungewöhnlicher Mensch, Mr …«

»Rowland. Bei meinen Freunden heiße ich George.«

»Ich heiße Elizabeth …«

Sie verstummte unvermittelt.

»Der Name Elizabeth gefällt mir sehr«, sagte George, um ihre vorübergehende Verwirrung zu überspielen. »Hoffentlich nennt man Sie nicht Bessie oder mit einem ähnlich scheußlichen Namen?«

Sie schüttelte den Kopf.

»Also«, sagte George, »da wir uns nun schon so gut kennen, können wir zum geschäftlichen Teil übergehen. Wenn Sie aufstehen würden, Elizabeth, könnte ich den Rücken Ihres Mantels abklopfen.«

Gehorsam erhob sie sich, und George war in der Lage, sein Vorhaben zufriedenstellend auszuführen.

»Danke, Mr Rowland.«

»George. Meine Freunde nennen mich George, wenn Sie sich gütig erinnern wollen. Und Sie können nicht einfach in mein hübsches leeres Abteil stürzen, sich unter den Sitz rollen, mich veranlassen, Ihrem Onkel Lügen aufzutischen, und sich dann weigern, mich als Ihren Freund anzusehen stimmt's?«

»Danke, George.«

»Das klingt sehr viel besser.«

»Bin ich jetzt wieder vorzeigbar?«, fragte Elizabeth und versuchte, über ihre linke Schulter hinwegzusehen.

»Sie sind – ach! Sie sehen – großartig sehen Sie aus«, sagte George und nahm sich gewaltig zusammen.

»Es kam alles so plötzlich, verstehen Sie?«, erklärte Elizabeth. »Das ist anzunehmen.«

»Er sah uns im Taxi, und auf dem Bahnhof sprang ich einfach in dieses Abteil, weil er mich fast schon eingeholt hatte. Wohin fährt dieser Zug übrigens?«

»Nach Rowland's Castle«, sagte George mit fester Stimme. Verblüfft sah Elizabeth ihn an.

»Nach Rowland's Castle?«

»Natürlich nicht nur. Dahin kommt er erst nach verschiedenen Aufenthalten und stundenlanger langsamer Fahrt. Ich bin jedoch voller Zuversicht, noch vor Mitternacht dort einzutreffen. Die einstige South-Western war eine ausgesprochen zuverlässige Strecke – langsam, aber zuverlässig –, und ich bin überzeugt, dass die Southern Railway diese Tradition aufrechterhält.«

»Ich weiß eigentlich gar nicht, was ich in Rowland's Castle soll«, sagte Elizabeth nachdenklich.

»Sie verletzen mich. Es ist ein entzückender Ort.«

»Waren Sie schon einmal dort?«

»Genau genommen eigentlich nicht. Aber es gibt eine Unmenge anderer Orte, wo Sie aussteigen können, wenn Ihnen Rowland's Castle nicht zusagt – zum Beispiel Woking, oder Weybridge, oder auch Wimbledon. Mit Sicherheit ist anzunehmen, dass der Zug auf dem einen oder anderen Bahnhof halten wird.«

»Ich verstehe«, sagte das Mädchen. »Ja, dort könnte ich aussteigen und eventuell mit einem Wagen nach London zurückfahren. Meiner Ansicht nach wäre das vielleicht das Beste.«

Während sie noch sprach, begann der Zug sein Tempo zu verlangsamen. Mit flehenden Augen blickte George sie an.

»Wenn ich noch irgendetwas für Sie tun kann …?« »Wirklich nicht. Sie haben bereits so viel getan.«

Es folgte eine Pause, und dann brach es plötzlich aus ihr heraus.

»Ich – ich wünschte, ich könnte es Ihnen erklären. Ich …«

»Um Himmels willen – machen Sie sich doch darüber keine Gedanken. Es würde alles nur verderben. Aber sagen Sie: Könnte ich vielleicht nicht doch noch irgendetwas für Sie tun? Die Geheimpapiere vielleicht nach Wien bringen – oder etwas dieser Art? Geheimpapiere sind doch immer dabei. Geben Sie mir eine Chance.«

Der Zug hatte gehalten. Schnell sprang Elizabeth auf den Bahnsteig. Sie drehte sich um und redete mit ihm durch das Fenster. »Ist das Ihr Ernst? Wollen Sie wirklich etwas für uns – für mich tun?«

»Alles in der Welt würde ich für Sie tun, Elizabeth.«

»Auch wenn ich Ihnen keinen Grund dafür nennen könnte?« »Gründe – so etwas Lächerliches!«

»Selbst wenn es – wenn es gefährlich wäre?«

»Je gefährlicher, desto besser.«

Sie zögerte eine Minute, schien dann jedoch zu einem Entschluss gekommen zu sein.

»Lehnen Sie sich aus dem Fenster. Blicken Sie den Bahnsteig entlang, als schauten Sie gar nicht hin.« Mr Rowland bemühte sich, dieser etwas schwierigen Aufforderung nachzukommen. »Sehen Sie den Mann, der gerade einsteigt – mit dem kleinen dunklen Bart und dem leichten Übermantel? Folgen Sie ihm, stellen Sie fest, wo er hingeht, und beobachten Sie genau, was er tut.«

»Ist das alles?«, fragte Mr Rowland »Was soll ich …«

Sie ließ ihn nicht ausreden und unterbrach ihn.

»Weitere Anweisungen werden Ihnen noch übermittelt.

Beobachten Sie ihn und bewahren Sie das hier sicher auf.« Sie schob ihm ein kleines versiegeltes Päckchen in die Hand. »Behüten Sie es – und wenn es Ihr Leben kostet. Es ist der Schlüssel zu allem!«

Der Zug fuhr an. Mr Rowland starrte aus dem Fenster und

blickte der schlanken grazilen Gestalt nach, die sich ihren Weg über den Bahnsteig bahnte. Seine Hand umklammerte das kleine versiegelte Päckchen.

Der Rest seiner Reise verlief ebenso eintönig wie ereignislos. Bei dem Zug handelte es sich um einen Bummelzug. Überall hielt er. Auf jedem Bahnhof schoss Georges Kopf aus dem Fenster, um zu sehen, ob sein Opfer ausstiege oder nicht. Gelegentlich schlenderte er auf dem Bahnsteig hin und her, wenn der Aufenthalt länger zu dauern schien, und überzeugte sich, dass der Mann noch im Zug war.

Der tatsächliche Zielort des Zuges war Portsmouth, und dort stieg der schwarzbärtige Mann endlich aus. Er machte sich auf den Weg zu einem kleinen zweitrangigen Hotel, wo er ein Zimmer nahm. Auch Mr Rowland nahm dort ein Zimmer.

Die Zimmer lagen in derselben Etage, zwei Türen voneinander getrennt. Nach Georges Meinung war diese Anordnung zufriedenstellend. In der Kunst des Beschattens war er zwar ein vollständiger Neuling, trotzdem war er jedoch bemüht, sich seines Auftrags gut zu entledigen und Elizabeths Vertrauen in ihn nicht zu enttäuschen.

Beim Abendessen wurde George ein Tisch zugewiesen, der nicht sehr weit von dem seines Opfers entfernt war. Der Raum war nicht sonderlich voll, und die Mehrheit der Gäste sortierte George von vornherein aus, da es sich dabei um Handelsreisende handelte – sehr ehrenwerte Männer, die ihr Essen mit Appetit verspeisten. Nur ein einziger Mann erregte seine besondere Aufmerksamkeit: ein kleiner Mann mit hellbraunem Haar und Schnurrbart, der ihn irgendwie an ein Pferd erinnerte. Er seinerseits schien sich für George zu interessieren: Als das Abendessen beendet war, lud er George zu einem Drink und einer Partie Billard ein. George hatte jedoch gerade erspäht, dass der schwarzbärtige Mann Hut und Mantel ergriff, und deshalb lehnte er höflich ab. Im nächsten Augenblick stand er draußen auf der Straße und gewann neuen Einblick in die schwierige Kunst des Beschattens. Die Jagd war langwierig und ermüdend – und am Ende schien sie doch zu nichts zu führen. Nachdem der Mann sich etwa vier Meilen lang durch die Straßen von Portsmouth gewunden und gedreht hatte, kehrte er ins Hotel zurück – George dicht auf seinen Fersen. Ein leichter Zweifel befiel Letztgenannten. War es vorstellbar, dass der Mann seine Gegenwart wahrgenommen hatte? Während er noch in der Halle stand und diesen Punkt sorgfältig erwog, wurde die Tür zur Straße aufgestoßen, und der kleine hellbraune Mann betrat das Hotel. Offensichtlich hatte auch er noch einen Spaziergang unternommen. George wurde plötzlich gewahr, dass das schöne Mädchen aus dem Büro ihn ansprach.

»Mr Rowland, nicht wahr? Zwei Gentlemen möchten Sie sprechen. Zwei ausländische Gentlemen. Sie warten im kleinen Saal am Ende des Ganges.«

Leicht erstaunt suchte George den fraglichen Raum auf. Zwei Männer, die dort saßen, erhoben sich und verneigten sich förmlich.

»Mr Rowland? Ich habe nicht den geringsten Zweifel, Sir, dass Sie sich vorstellen können, wer wir sind.«

George blickte von einem zum anderen. Der Sprecher war der ältere von beiden, ein grauhaariger und auffallender Gentleman, der ausgezeichnet Englisch sprach. Der andere war ein hochgewachsener, leicht verpickelter junger Mann mit einem Gesicht blonder teutonischer Abstammung, das durch das erboste Stirnrunzeln, welches der junge Mann augenblicklich trug, keineswegs attraktiver geworden war. Irgendwie erleichtert, dass es sich bei keinem seiner Besucher um jenen alten Herrn handelte, dem er auf dem Bahnhof Waterloo Station begegnet war, befleißigte George sich seiner liebenswürdigsten Art.

»Nehmen Sie bitte Platz, Gentlemen. Ich bin entzückt, Ihre Bekanntschaft zu machen. Wie wäre es mit einem Drink?«

Der Ältere hob abwehrend seine Hand.

»Vielen Dank, Lord Rowland – nicht für uns. Wir haben nur sehr wenig Zeit – gerade so viel, dass Sie uns eine Frage beantworten können.«

»Es ist sehr freundlich von Ihnen, mich in den Adelsstand zu erheben«, sagte George. »Und es tut mir leid, dass ich Ihnen keinen Drink anbieten kann. Worum handelt es sich bei Ihrer kurzen Frage?«

»Lord Rowland, Sie verließen London in Begleitung einer bestimmten Dame. Hier sind Sie dann allein angekommen. Wo ist die Dame?«

George erhob sich.

»Leider sehe ich mich nicht in der Lage, Ihre Frage zu verstehen«, sagte er kalt und bemühte sich, möglichst genau wie der Held eines Romans zu sprechen. »Ich habe die Ehre, Ihnen einen guten Abend zu wünschen, Gentlemen.«

»Dabei verstehen Sie ganz genau! Sehr gut verstehen Sie die Frage!«, schrie der jüngere Mann in einem plötzlichen Ausbruch. »Was haben Sie mit Alexa gemacht?«

»Ruhig, Sir«, murmelte der andere. »Ich bitte Sie inständig, Ruhe zu bewahren.«

»Ich kann Ihnen versichern«, sagte George, »dass ich keine Dame dieses Namens kenne. Es muss sich also um einen Irrtum handeln.«

Der Ältere sah ihn gespannt an.

»Das ist kaum möglich«, sagte er trocken. »Ich nahm mir die Freiheit, das Gästeverzeichnis des Hotels durchzusehen.

Sie haben sich als Mr G. Rowland of Rowland's Castle eingetragen.«

George war gezwungen zu erröten.

»Ein – ein kleiner Scherz meinerseits«, erklärte er matt.

»Eine ziemlich armselige Ausflucht. Hören Sie – klopfen wir nicht länger auf den Busch. Wo befindet sich Ihre Hoheit?«

»Wenn Sie damit Elizabeth meinen …«

Mit einem wütenden Aufheulen stürzte der junge Mann wieder vorwärts.

»Unverschämter Schweinehund! So von ihr zu sprechen!«

»Wie Sie sehr wohl wissen«, sagte der andere langsam, »beziehen sich meine Worte auf die Großherzogin Anastasia Sophia Alexandra Marie Helena Olga Elizabeth von Katonien.«

»Oh«, sagte Mr Rowland etwas hilflos. Er versuchte, sich alles in Erinnerung zurückzurufen, was er jemals über Katonien gewusst hatte. Soweit er sich entsann, handelte es sich um ein kleines Königreich auf dem Balkan, und irgendwie schien er sich ferner einer Revolution zu erinnern, die dort stattgefunden hatte. Mit Mühe fasste er sich wieder.

»Offenbar meinen wir dieselbe Person«, sagte er fröhlich, »nur dass ich sie Elizabeth nenne.«

»Dafür werden Sie mir Genugtuung geben«, fauchte der jüngere Mann. »Wir werden kämpfen.«

»Kämpfen?«

»Ein Duell.«

»An Duellen beteilige ich mich niemals«, sagte Mr Rowland standhaft.

»Warum nicht?«, fragte der andere in unangenehmem Ton.

»Ich habe zu viel Angst, dabei verletzt zu werden.«

»Aha! So ist das also! Dann werde ich Ihnen zumindest die Nase lang ziehen.«

Wütend stürzte der junge Mann auf George los. Was dann

genau geschah, war schwer zu erkennen; er beschrieb jedoch einen halben Bogen durch die Luft und landete mit einem dumpfen Dröhnen auf dem Fußboden. Leicht betäubt raffte er sich wieder auf.

Mr Rowland lächelte erfreut.

»Wie ich gerade sagte«, bemerkte er, »habe ich immer Angst, verletzt zu werden. Aus diesem Grunde hielt ich es für angebracht, Jiu-Jitsu zu erlernen.«

Darauf folgte eine Pause. Die beiden Ausländer betrachteten zweifelnd den so liebenswürdig aussehenden jungen Mann, als hätten sie plötzlich erkannt, dass hinter der angenehmen Nonchalance seines Benehmens irgendeine gefährliche Eigenschaft lauere. Der junge Teutone war kalkweiß vor Wut.

»Das werden Sie bereuen«, zischte er.

Der Ältere bewahrte seine würdevolle Haltung.

»Ist das Ihr letztes Wort, Lord Rowland? Sie weigern sich, uns den Aufenthaltsort Ihrer Hoheit mitzuteilen?«

»Ihr Aufenthaltsort ist selbst mir unbekannt.«

»Sie werden kaum annehmen, dass ich Ihren Worten glaube!« »Ich fürchte, Sie sind überhaupt ein ungläubiger Mensch, Sir.«

Der andere schüttelte hingegen nur den Kopf und murmelte: »Damit ist der Fall noch nicht beendet. Sie werden wieder von uns hören.« Mit diesen Worten verließen die beiden den Raum.

George fuhr sich mit der Hand über die Stirn. Die Ereignisse entwickelten sich mit verwirrender Geschwindigkeit. Offenbar war er in einen erstklassigen europäischen Skandal verwickelt.

»Vielleicht bedeutet das sogar einen neuen Krieg«, sagte George hoffnungsvoll, als er wie ein Jagdhund durch das

Hotel strich, um festzustellen, was aus dem Mann mit dem schwarzen Bart geworden war.

Zu seiner großen Erleichterung entdeckte er ihn im Aufenthaltsraum, wo er in einer Ecke saß. George setzte sich in eine andere Ecke. Nach etwa drei Minuten stand der Schwarzbärtige auf und ging zu Bett. George folgte ihm und sah ihn in seinem Zimmer verschwinden und die Tür schließen. George stieß einen Seufzer der Erleichterung aus.

»Ich brauche dringend meine Nachtruhe«, murmelte er. »Ganz dringend.«

Dann kam ihm ein grässlicher Gedanke. Angenommen, der Schwarzbärtige hatte gemerkt, dass George auf seiner Spur war? Angenommen, er entwischte im Laufe der Nacht, während George gerade den Schlaf des Gerechten schlief? Nach einigem Überlegen von wenigen Minuten Dauer fiel Mr Rowland eine Möglichkeit ein, auch mit dieser Schwierigkeit fertigzuwerden. Er räufelte eine seiner Socken auf, bis er einen ausreichend langen Wollfaden von neutraler Farbe hatte, schlich dann geräuschlos aus seinem Zimmer, klebte das eine Ende des Fadens mit einer Briefmarke an die Tür des Fremden und legte schließlich den Faden bis in sein eigenes Zimmer. Dort knotete er das andere Ende an eine kleine silberne Glocke – ein Erinnerungsstück an das Vergnügen der letzten Nacht. Mit einem Gutteil Befriedigung betrachtete er die Anlage. Sollte der schwarzbärtige Mann versuchen, sein Zimmer zu verlassen, würde George sofort durch das Klingeln der Glocke geweckt werden.

Nachdem diese Angelegenheit geregelt war, verlor George keine Zeit, sein Bett aufzusuchen. Das kleine Päckchen legte er sorgfältig unter das Kopfkissen. Dabei fiel er vorübergehend in trübe Überlegungen. Seine Gedanken hätten folgendermaßen übersetzt werden können: Anastasia Sophia Marie

Alexandra Olga Elizabeth. Verdammt noch mal, einen Vornamen habe ich ausgelassen. Wenn ich jetzt bloß wüsste …

Angesichts seines Unvermögens, die Situation zu erfassen, war er unfähig, sofort einzuschlafen. Was sollte das alles? Worin bestand die Verbindung zwischen der entflohenen Großherzogin, dem versiegelten Päckchen und dem schwarzbärtigen Mann? Wovor befand die Großherzogin sich auf der Flucht? Waren die Ausländer sich bewusst, dass das versiegelte Päckchen sich in seinem Besitz befand? Und was enthielt es aller Voraussicht nach?

Während er noch über diese Dinge nachdachte und dabei das leicht irritierte Gefühl hatte, ihrer Lösung keinen Schritt näher gekommen zu sein, schlief Mr Rowland ein.

Geweckt wurde er vom leisen Klingeln einer Glocke. Da er nicht zu jenen Menschen gehörte, die aufwachen und sofort aus dem Bett springen, brauchte er rund eineinhalb Minuten bis zu der Erkenntnis, was eigentlich los war. Dann allerdings sprang er auf, schlüpfte mit den Füßen in die Pantoffeln, öffnete mit äußerster Vorsicht die Tür und schlich in den Korridor hinaus. Ein schwacher, sich bewegender Schatten am anderen Ende des Korridors zeigte ihm die Richtung, in der sein Opfer entschwunden war. So geräuschlos wie nur möglich folgte Mr Rowland seiner Fährte. Er kam gerade noch rechtzeitig, um zu sehen, wie der Schwarzbärtige in einem Badezimmer verschwand. Das war erstaunlich, zumal ein anderes Badezimmer sich genau gegenüber jenem Zimmer befand, das der Schwarzbärtige bewohnte. Als Mr Rowland sich möglichst weit der angelehnten Tür genähert hatte, lugte er durch den Spalt. Der Mann kniete neben der Badewanne und schob irgendetwas unter die Verkleidung zwischen Wanne und Wand. Fünf Minuten benötigte er dazu; dann erhob er sich wieder, und George zog sich vorsichtig zurück. Wieder im Schatten der eigenen Tür, beobachtete er, wie der andere vorüberging und in seinem eigenen Zimmer verschwand. Ausgezeichnet, sagte sich George. Das Geheimnis des Badezimmers wird morgen Früh erforscht.

Er legte sich ins Bett und griff mit der Hand unter das Kopfkissen, um sich zu vergewissern, dass das kostbare Päckchen sich noch dort befände. Im nächsten Augenblick riss er das Bettzeug auseinander. Das Päckchen war verschwunden!

Ein arg zerzauster George saß am folgenden Morgen an seinem Tisch und verzehrte Eier mit Schinken. Er hatte Elizabeth enttäuscht. Er hatte zugelassen, dass das kostbare Päckchen, das sie seiner Obhut anvertraut hatte, ihm entwendet worden war, und das »Geheimnis des Badezimmers« war ein ausgesprochen unangemessener Ersatz. Ja – kein Zweifel, dass George sich äußerst töricht angestellt hatte.

Nach dem Frühstück schlenderte er wieder nach oben. Ein Zimmermädchen stand im Korridor und machte ein verwirrtes Gesicht.

»Stimmt etwas nicht, meine Liebe?«, sagte George freundlich.

»Es geht um den Gentleman, der hier wohnt, Sir. Er wollte um halb neun geweckt werden, aber ich bekomme keine Antwort, und die Tür ist abgeschlossen.«

»Was Sie nicht sagen«, meinte George.

Ein unbehagliches Gefühl beschlich ihn. Er eilte in sein eigenes Zimmer. Mochte er gerade noch irgendwelche Pläne gehabt haben – von dem unerwarteten Anblick, der sich ihm bot, wurden sie weggewischt: Auf der Frisierkommode lag das kleine Päckchen, das ihm in der vergangenen Nacht gestohlen worden war!

George nahm es in die Hand und betrachtete es prüfend. Jawohl – zweifellos war es dasselbe. Aber die Siegel waren erbrochen. Nach kurzem Zögern wickelte er es aus. Wenn andere seinen Inhalt gesehen hatten, bestand kein Grund, dass er ihn nicht auch sehen konnte. Außerdem bestand die Möglichkeit, dass der Inhalt entwendet worden war. Aus dem Papier schälte sich eine kleine Pappschachtel, wie Juweliere sie verwenden. George öffnete sie. In ein Bett aus Baumwolle schmiegte sich ein schlichter goldener Ehering. Er nahm ihn heraus und betrachtete ihn prüfend. Auf der Innenseite befand sich keine Inschrift – gar nichts, was ihn von anderen Eheringen hätte unterscheiden können. Mit einem Aufstöhnen verbarg George den Kopf in den Händen.

»Wahnsinn«, murmelte er. »Etwas anderes ist es nicht. Offener, unverhüllter Wahnsinn. Nirgends ist ein Sinn zu entdecken.«

Plötzlich erinnerte er sich der Feststellung des Zimmermädchens, und gleichzeitig stellte er fest, dass sich vor dem Fenster ein Geländer entlangzog. Es war ein Heldenstück, dem er sich normalerweise nicht unterzogen hätte; Neugier und Ärger hatten jedoch derart von ihm Besitz ergriffen, dass er sich in einem Zustand befand, in dem er Schwierigkeiten auf die leichte Schulter nahm. Er setzte über das Fensterbrett. Wenige Sekunden später lugte er durch das Fenster jenes Zimmers, das der Schwarzbärtige bewohnt hatte. Das Fenster stand offen, und der Raum war leer. Ein kleines Stückchen weiter befand sich eine Feuerleiter. Damit war vollkommen klar, auf welche Weise sein Opfer sich davongemacht hatte.

George sprang durch das Fenster in das Zimmer. Die Sachen des Verschwundenen lagen noch überall herum. Vielleicht befand sich unter ihnen irgendein Hinweis, der Georges Verwirrung erhellen würde. Er begann, alles zu durchsuchen, und machte den Anfang mit dem Inhalt einer ramponierten Reisetasche.

Ein Geräusch unterbrach seine Suche – ein sehr leises Geräusch zwar, aber immerhin ein Geräusch, das nicht zu überhören war. Georges Blick richtete sich auf den großen Kleiderschrank. Er sprang hoch und riss die Schranktür auf. Im gleichen Augenblick war ein Mann mit einem Satz heraus und rollte, von Georges Armen eng umschlungen, auf den Fußboden. Er gehörte keineswegs zu den gewöhnlichen Gegnern. Sämtliche besonderen Tricks, die George anwandte, erreichten kaum etwas. Schließlich lagen sie völlig erschöpft – der eine hier, der andere dort – auf dem Fußboden, und zum ersten Mal sah George, um wen es sich bei seinem Gegner handelte. Es war der kleine Mann mit dem hellbraunen Bart.

»Wer, zum Teufel, sind Sie?«, fragte George.

Statt einer Antwort zog der andere eine Karte hervor und überreichte sie ihm. George las sie laut.

»Detective Inspector Jarrold, Scotland Yard.«

»Stimmt, Sir. Und Sie täten gut daran, wenn Sie mir alles erzählten, was Sie über diese Angelegenheit wissen.«

»Das Gefühl habe ich auch«, sagte George nachdenklich. »Wissen Sie was, Inspector? Ich glaube, Sie haben recht. Sollen wir uns aber dazu nicht einen erfreulicheren Ort suchen?«

In einer ruhigen Ecke der Bar redete George sich alles von der Seele. Inspector Jarrold lauschte ihm voller Mitgefühl.

»Äußerst erstaunlich, was Sie sagen, Sir«, bemerkte er, als George seinen Bericht beendet hatte. »Aus einem erheblichen Teil kann ich mir zwar auch kein Bild machen, aber einige Punkte kann ich Ihnen doch erläutern. Ich war wegen Mardenberg, Ihres schwarzbärtigen Freundes, hier, und Ihr Auftauchen sowie die Art, wie Sie ihn beobachteten, machten mich misstrauisch. Ich konnte Sie nirgends unterbringen. In der vergangenen Nacht schlich ich mich daher in Ihr Zimmer, als Sie es verlassen hatten, und ich war es auch, der das kleine Päckchen unter Ihrem Kopfkissen wegnahm. Als ich es öffnete und feststellte, dass es doch nicht das war, was ich suchte, ergriff ich die erste beste Gelegenheit, es wieder in Ihr Zimmer zurückzubringen.«

»Das erklärt die Angelegenheit zumindest teilweise«, sagte George nachdenklich. »Ich scheine mich so ziemlich wie ein Esel aufgeführt zu haben.«

»Das würde ich nicht sagen, Sir. Für einen Anfänger waren Sie ungewöhnlich gut. Sie sagten, Sie hätten heute Morgen das Badezimmer aufgesucht und an sich genommen, was hinter der Badewanne versteckt war?«

»Ja. Aber es war nur ein verdammter Liebesbrief«, sagte George düster. »Zum Teufel damit, aber ich hatte wirklich nicht die Absicht, in den Privatangelegenheiten des armen Kerls herumzuschnüffeln.«

»Hätten Sie etwas dagegen, wenn ich ihn mir einmal ansähe, Sir?«

George zog einen zusammengefalteten Brief aus der Tasche und reichte ihn dem Inspector. Dieser faltete ihn auseinander.

»Sie haben vollständig recht, Sir; aber wenn man dieses kleine i mit den anderen durch Striche verbindet, könnte ich mir vorstellen, dass das Ergebnis ganz anders aussieht. Mein Gott – Sir, das hier ist ein Plan von der Hafenverteidigung von Portsmouth!«

»Was denn!«

»Ja. Wir haben den Gentleman schon seit einiger Zeit beobachtet. Er war für uns jedoch zu gerissen. Arbeitet mit einer Frau zusammen, die den größten Teil der Dreckarbeit erledigt.«

»Eine Frau?«, sagte George mit versagender Stimme. »Wie heißt sie denn?«

»Sie hat eine ganze Menge Namen, Sir. Meistens ist sie als Betty Brighteyes bekannt. Eine auffallend gut aussehende Frau übrigens.«

»Betty – Brighteyes«, sagte George. »Vielen Dank, Inspector.« »Verzeihung, Sir, aber Sie sehen gar nicht gut aus.«

»Mir geht es auch nicht gut. Ich bin sehr krank. Vielleicht ist es wirklich besser, ich nehme den nächsten Zug und fahre nach London zurück.«

Der Inspector blickte auf seine Uhr.

»Ich fürchte, das ist ein Bummelzug, Sir. Warten Sie lieber auf den Schnellzug.«

»Das ist egal«, sagte George düster. »Einen Zug, der langsamer fährt als derjenige, mit dem ich gestern gekommen bin, gibt es gar nicht.«

Als George wieder in einem Abteil erster Klasse saß, überflog er gelangweilt die Tagesnachrichten. Plötzlich setzte er sich kerzengerade hin und starrte auf die Seite vor seinen Augen.

»Eine romantische Hochzeit fand gestern in London statt, als Lord Roland Gaigh, zweiter Sohn des Marquis of Axminster, mit der Großherzogin Anastasia von Katonien getraut wurde. Die Zeremonie wurde streng geheim gehalten. Seit dem Aufstand in Katonien lebte die Großherzogin mit ihrem Onkel in Paris. Sie lernte Lord Roland kennen, als dieser Sekretär an der britischen Gesandtschaft in Katonien war, und ihre Zuneigung datiert aus dieser Zeit.«

»Jetzt bin ich aber …«

Mr Rowland fiel nichts ein, was kräftig genug gewesen wäre, seine Gefühle auszudrücken. Statt dessen starrte er weiter ins Leere. Der Zug hielt auf einem kleinen Bahnhof, und eine Dame stieg ein. Sie setzte sich ihm gegenüber.

»Guten Morgen, George«, sagte sie sanft.

»Ach du lieber Himmel!«, rief George. »Elizabeth!« Sie lächelte ihn an. Wenn möglich, war sie noch bezaubernder als jemals zuvor.

»Sehen Sie mich an«, rief George und umklammerte seinen Kopf. »Verraten Sie mir um alles auf der Welt eines: Sind Sie die Großherzogin Anastasia, oder sind Sie Betty Brighteyes?«

Sie starrte ihn an. »Ich bin weder die eine noch die andere. Ich heiße Elizabeth Gaigh. Und jetzt kann ich Ihnen auch alles erzählen. Entschuldigen muss ich mich übrigens auch noch. Sehen Sie – mein Bruder Roland war schon immer verliebt in Alexa ...«

»Meinen Sie damit die Großherzogin?«

»Ja. Von der Familie wird sie so genannt. Wie ich also bereits sagte, war Roland schon immer in Alexa verliebt – und sie in ihn. Und dann kam die Revolution, und Alexa war in Paris, und sie wollten alles gerade fest abmachen, als der alte Stürm, der Kanzler, auftauchte und darauf bestand, Alexa mitzunehmen und sie zu zwingen, Prinz Karl zu heiraten, ihren Cousin, einen schrecklich verpickelten Menschen ...«

»Ich glaube, ich bin ihm schon begegnet«, sagte George.

»Den sie von ganzem Herzen hasst. Und der alte Prinz Osric, ihr Onkel, verbot ihr, Roland jemals wiederzusehen. Daraufhin floh sie nach England, und ich fuhr nach London und traf sie dort, und dann schickten wir Roland, der gerade in Schottland war, ein Telegramm. Und ausgerechnet in der allerletzten Minute, als wir in einem Taxi zum Standesamt fuhren, begegneten wir auch noch dem alten Prinz Osric, der ebenfalls in einem Taxi saß und uns erkannte. Natürlich verfolgte er uns, und wir waren mit unserem Latein bereits am Ende, weil er uns bestimmt eine ganz fürchterliche Szene gemacht hätte, und andererseits ist er ihr Vormund. Dann hatte ich die glänzende Idee, unsere Rollen zu vertauschen. Bis auf die Nasenspitze kann man heutzutage von einem Mädchen praktisch nichts sehen. Ich setzte also Alexas roten Hut auf, zog ihren braunen Mantel an, und sie zog stattdessen meinen grauen über. Dann ließen wir uns vom Taxi zur Waterloo Station fahren, und ich sprang hinaus und lief in den Bahnhof. Der alte Osric rannte sofort hinter dem roten Hut her, ohne an die andere Insassin des Taxis zu denken, die sich in eine Ecke gedrückt hatte; mein Gesicht konnte er natürlich nicht erkennen. Deshalb stürzte ich einfach in Ihr Abteil und unterwarf mich Ihrer Barmherzigkeit.«

»Bis dahin habe ich alles verstanden«, sagte George. »Aber der Rest ist mir immer noch unklar.«

»Ich weiß. Und deswegen muss ich mich doch auch bei Ihnen entschuldigen. Hoffentlich sind Sie mir nicht allzu böse. Aber Sie schienen so versessen darauf zu sein, dass es sich tatsächlich um ein Geheimnis handelte – wie in Romanen, und deshalb konnte ich der Versuchung einfach nicht widerstehen. Auf dem Bahnsteig suchte ich mir einen möglichst finster aussehenden Mann aus und sagte, Sie sollten ihn beschatten. Und dann steckte ich Ihnen noch das Päckchen zu.«

»In welchem sich ein Ehering befand.«

»Ja. Alexa und ich haben ihn gekauft, weil Roland erst kurz vor der Hochzeit aus Schottland zurückkam. Und natürlich wusste ich, dass sie ihn nicht mehr brauchten, wenn ich wieder in London wäre – dass sie stattdessen einen Gardinenring oder etwas Ähnliches nehmen müssten.«

»Ich verstehe«, sagte George. »Es ist wie immer bei solchen Geschichten – wenn man es weiß, ist alles ganz einfach! Erlauben Sie, Elizabeth!«

Er streifte ihren linken Handschuh ab, und beim Anblick

ihres ungeschmückten Ringfingers stieß er einen Seufzer der Erleichterung aus.

»Dann ist es gut«, bemerkte er. »Dieser Ring ist also doch nicht vergeudet.«

»Oh!«, rief Elizabeth, »aber ich weiß doch noch gar nichts über Sie!«

»Du weißt, wie reizend ich bin«, sagte George. »Übrigens ist mir gerade eingefallen, dass du dann natürlich Lady Elizabeth Gaigh bist.«

»Ach, George – bist du etwa ein Snob?«

»Genau genommen stimmt es ziemlich. Mein schönster Traum war der, als ich King George eine halbe Krone borgte, damit er über das Wochenende nicht ohne Geld war. Aber ich dachte eben an meinen Onkel – das ist der, dem ich mich entfremdet habe. Dieser Onkel ist ein entsetzlicher Snob. Wenn er erfährt, dass ich dich heiraten werde und wir damit einen Titel in der Familie haben, wird er mich sofort zu seinem Teilhaber machen!«

»Oh! George – ist er sehr reich?«

»Elizabeth, bist du geldgierig?«

»Sehr. Ich gebe rasend gern Geld aus. Aber vor allem dachte ich an Vater: fünf Töchter, jede bildschön und blaublütig. Er verzehrt sich förmlich nach einem reichen Schwiegersohn.«

»Hm«, sagte George. »Es wird dann also eine jener Ehen, die im Himmel geschlossen und auf Erden erprobt werden. Werden wir in Rowland's Castle wohnen? Mit dir als Ehefrau machen sie mich dort bestimmt zum Oberbürgermeister. Ach, Elizabeth – Liebling, wahrscheinlich ist es ein Verstoß gegen die gesellschaftlichen Sitten, aber ich muss dir einfach einen Kuss geben!«

Ein guter Freund

Sir Edward Palliser, Kronanwalt, wohnte am Queen Annes Close, Nr. 9. Queen Annes Close war eine Sackgasse im Zentrum von Westminster, die ihre friedliche Alt-Londoner Atmosphäre, weitab von der Hektik des zwanzigsten Jahrhunderts, bewahrt hatte. Diese Atmosphäre gefiel Sir Edward ausgezeichnet.

Sir Edward war zu seiner Zeit einer der bedeutendsten Strafverteidiger gewesen. Nun, da er nicht länger vor Gericht plädierte, beschäftigte er sich damit, eine wohlsortierte Bibliothek kriminalistischer Literatur zusammenzutragen. Darüber hinaus war er der Verfasser eines Buches mit dem Titel: *Lebensläufe berühmter Verbrecher.*

An diesem Abend saß Sir Edward vor dem Kamin in seiner Bibliothek, trank einen ausgezeichneten schwarzen Kaffee und zerbrach sich den Kopf über eine Ausgabe von Lombroso. Was für geistreiche Theorien, doch wie überholt sie waren!

Die Tür öffnete sich fast lautlos. Über den tiefen Teppich kam sein wohlerzogener Diener heran und murmelte diskret: »Eine junge Dame wünscht Sie zu sprechen, Sir.«

»Eine junge Dame?«, fragte Sir Edward überrascht. Das war etwas, das nicht oft geschah. Dann fiel ihm ein, dass es seine Nichte Ethel sein könnte – aber nein, in diesem Fall würde Armour es ihm gesagt haben. Vorsichtig fragte er: »Hat die Dame ihren Namen genannt?«

»Nein, Sir, aber sie sagte, sie wäre sicher, dass Sie sie empfangen würden.«

»Führen Sie sie herein«, sagte Sir Edward Palliser. Er war neugierig und genoss dieses Gefühl. Eine schlanke, dunkelhaarige junge Dame, Ende zwanzig, die ein schwarzes, gut sitzendes Kostüm und einen kleinen schwarzen Hut trug, kam mit ausgestreckter Hand und einem Ausdruck freudigen Wiedererkennens auf Sir Edward zu. Armour zog sich zurück, lautlos schloss sich die Tür hinter ihm.

»Sir Edward, Sie erkennen mich doch wieder, nicht wahr? Ich bin Magdalena Vaughan.«

»Aber natürlich.« Er drückte herzlich die ausgestreckte Hand. Nun erinnerte er sich wieder genau an sie. Die Heimreise von Amerika auf der *Siluric*! Das reizende Kind – denn damals war sie kaum mehr als ein Kind gewesen –, dem er den Hof gemacht hatte, natürlich diskret, wie es sich für einen Mann in seiner Position ziemte. Sie war so entzückend jung gewesen, so lebhaft, so voll von Bewunderung und tiefer Hingabe – genau das, was das Herz eines Mannes gefangen nimmt, der sich den sechzig nähert. Die Erinnerung ließ zusätzliche Wärme in seinen Händedruck strömen.

»Das ist äußerst reizend von Ihnen. Bitte, nehmen Sie doch Platz.« Er rückte ihr, leicht und gefällig plaudernd, einen Sessel zurecht und fragte sich dabei, was wohl der Grund ihres Kommens war. Als endlich sein leichtes Geplauder versiegte, herrschte Stille im Zimmer.

Ihre Hand auf der Sessellehne öffnete und schloss sich nervös, sie befeuchtete ihre Lippen, dann sagte sie plötzlich: »Sir Edward – bitte helfen Sie mir!«

Er war überrascht und murmelte automatisch: »Ja?«

Sie fuhr fort, und ihr Ton wurde immer eindringlicher: »Sie sagten damals, wenn ich irgendwann einmal Hilfe brauchen sollte, wenn es irgendetwas auf der Welt geben würde, was Sie für mich tun könnten, dass Sie es tun würden.«

Ja, das hatte er tatsächlich gesagt. Eine Floskel, die man so zu sagen pflegt, besonders in der Stunde des Abschieds. Er konnte sich noch an das Versagen seiner Stimme erinnern, an die Art, wie er ihre Hand an die Lippen führte.

»Wenn es je etwas gibt, was ich für Sie tun kann – denken Sie daran, ich meine es ernst.«

Ja, man pflegt solche Dinge zu sagen – aber nur sehr, sehr selten muss man sein Wort einlösen. Und bestimmt nicht nach – wie viel? – neun oder zehn Jahren. Er warf ihr einen schnellen Blick zu. Sie war noch immer ein sehr gut aussehendes Mädchen, aber das, was er seinerzeit so anziehend fand, hatte sie längst verloren: ihr taufrisches, unberührtes jugendliches Aussehen. Vielleicht war ihr Gesicht jetzt ausdrucksvoller geworden – ein jüngerer Mann hätte das sicher gefunden –, aber Sir Edward war jetzt weit entfernt von der Welle der Wärme und Zuneigung, die ihn damals am Ende jener Atlantikreise überwältigt hatte.

Auf seinem Gesicht spiegelte sich Vorsicht. Er sagte förmlich: »Gewiss werde ich alles für Sie tun, was in meiner Macht steht – obwohl ich bezweifle, dass ich jetzt noch sehr viel für irgendjemanden tun kann.«

Offensichtlich bemerkte sie nicht, dass er seinen Rückzug vorbereitete. Sie gehörte zu den Menschen, die immer nur eine Idee verfolgen. Und in diesem Augenblick sah sie nur ihre eigene Zwangslage. Sir Edwards Bereitschaft, ihr zu helfen, setzte sie als selbstverständlich voraus.

»Wir sind in einer schrecklichen Bedrängnis, Sir Edward.«

»Wir? Sind Sie verheiratet?«

»Nein, ich meine meinen Bruder und mich, und natürlich auch William und Emily, in diesem Fall. Aber ich muss Ihnen das genau erklären. Ich habe … ich hatte eine Tante, Miss Crabtree. Vielleicht haben Sie darüber in der Zeitung gelesen? Es war schrecklich. Sie wurde getötet – ermordet.«

»Ach ja.« Sir Edwards Gesicht hellte sich auf. Es war interessant.

»Vor einem Monat, nicht wahr?«

Sie nickte. »Nicht ganz. Vor drei Wochen.«

»Ja, ich erinnere mich. Sie bekam einen Schlag über den Kopf, in ihrem eigenen Haus. Den Täter hat man noch nicht gefasst.«

Magdalena Vaughan nickte wieder. »Nein, man hat den Mann nicht gefasst. Ich glaube, dass man ihn niemals fassen wird, denn es gibt keinen fremden Täter.«

»Was sagen Sie da?«

»Ja, es ist schrecklich. In den Zeitungen hat darüber nichts gestanden. Aber das ist es, was die Polizei vermutet. Sie weiß, dass niemand an jenem Abend das Haus betreten hat.«

»Sie meinen …«

»… dass es einer von uns vieren gewesen ist. Es *muss* so gewesen sein. Die Polizei weiß nicht wer, und wir wissen es auch nicht. Wir wissen es einfach nicht! Und so sitzen wir jeden Tag herum und starren uns gegenseitig misstrauisch und verstohlen an. Ach, wenn es doch ein Fremder gewesen wäre …«

Sir Edward blickte Magdalena mit wachsendem Interesse an. »Sie wollen sagen, dass die Familienmitglieder unter Verdacht stehen?«

»Ja. Die Polizei hat das natürlich nicht behauptet. Die Beamten waren sehr nett und höflich. Aber sie haben das Haus auf den Kopf gestellt, sie haben uns alle und Martha immer und immer wieder verhört … Und weil sie nicht wissen, wer es war, warten sie ab. Ich habe Angst, eine schreckliche Angst!«

»Mein liebes Kind, jetzt übertreiben Sie wohl ein bisschen.« »Oh, nein. Es ist einer von uns vieren – es muss so sein.« »Wer sind die vier, von denen Sie sprechen?« Magdalena richtete sich auf und sprach etwas gefasster. »Das bin ich und mein Zwillingsbruder Matthew. Tante Lily war unsere Großtante, Großmutters Schwester. Wir lebten bei ihr, seitdem wir vierzehn waren. Und dann ist da noch William Crabtree. Er ist Tante Lilys Neffe, der Sohn ihres Bruders. Er lebte gleichfalls bei ihr, zusammen mit seiner Frau Emily.«

»Hat sie ihre Verwandten unterstützt?«

»Mehr oder weniger. William hat etwas eigenes Geld. Er ist nicht gesund und kann nicht arbeiten. Er ist ein ruhiger, in sich gekehrter Mensch. Ich bin sicher, dass er unmöglich ... Ach, es ist schrecklich, daran auch nur zu denken!«

»Ich habe die ganze Angelegenheit noch immer nicht recht verstanden. Vielleicht können Sie mir die genauen Einzelheiten schildern, falls es Sie nicht zu sehr aufregt.«

»Oh, nein, ich will Ihnen gerne alles erzählen. Es ist alles noch so deutlich in meinem Gedächtnis. Wir hatten zusammen Tee getrunken, danach ging jeder seinen persönlichen Beschäftigungen nach. Ich hatte etwas zu nähen, Matthew tippte einen Artikel, denn er arbeitet nebenbei als Journalist, und William beschäftigte sich mit seinen Briefmarken. Emily war nicht zum Tee erschienen. Sie hatte eine Kopfschmerztablette eingenommen und sich hingelegt. Wir waren also alle irgendwie beschäftigt. Und als Martha um halb acht ins Wohnzimmer kam, um für das Abendessen zu decken, da lag Tante Lily da – tot. Ihr Kopf war ganz zertrümmert.«

»Die Tatwaffe hat man gefunden, nehme ich an?«

»Ja, es war ein massiver Briefbeschwerer, der immer auf

dem Tisch neben der Tür lag. Die Polizei untersuchte ihn auf Fingerabdrücke, fand aber keine. Er war abgewischt worden.«

»Und Ihr erster Verdacht?«

»Wir nahmen natürlich an, dass es ein Einbrecher war. Zwei oder drei Schubladen des Schreibtisches waren herausgezogen, so, als ob ein Dieb etwas gesucht hätte. Selbstverständlich nahmen wir an, dass es ein Dieb war! Doch dann kam die Polizei und stellte fest, dass Tante Lily schon mindestens eine Stunde tot war und fragte Martha, wer ins Haus gekommen wäre, und Martha sagte: ›Niemand.‹ Alle Fenster waren von innen verriegelt, und es gab keine Anzeichen, dass man versucht hatte, sie zu öffnen. Und dann begannen sie, uns Fragen zu stellen …« Sie stockte. Mit ängstlichen, flehenden Augen suchte sie Trost in Sir Edwards Blick.

»Wer hat vom Tod Ihrer Tante einen Nutzen?«

»Das ist einfach. Wir haben alle den gleichen Nutzen. Ihr Vermögen wird zu gleichen Teilen unter uns aufgeteilt.«

»Und wie groß ist dieses Vermögen?«

»Der Anwalt erklärte uns, dass es etwa achtzigtausend Pfund nach Abzug der Erbschaftssteuer beträgt.«

Sir Edward riss leicht erstaunt die Augen auf. »Das ist eine ganz beträchtliche Summe. Sie kannten, nehme ich an, die Größe des Vermögens Ihrer Tante?«

Magdalena schüttelte den Kopf. »Nein, das hat uns völlig überrascht. Tante Lily war immer schrecklich sparsam. Sie hielt sich nur einen Dienstboten und redete immer viel über gutes Wirtschaften.«

Sir Edward nickte gedankenvoll. Magdalena beugte sich in ihrem Sessel ein wenig vor. »Sie werden mir helfen, nicht wahr?«

Ihre Worte trafen Sir Edward wie ein Schock gerade in dem Moment, als er anfing, sich für den Fall zu interessieren.

»Meine liebe junge Dame, was kann ich schon tun? Wenn Sie einen guten Rechtsanwalt brauchen, kann ich Ihnen eine Adresse geben …«

Sie fiel ihm ins Wort. »Oh nein, das ist es nicht, was ich brauche! Ich bitte um Ihre persönliche Hilfe als mein Freund.«

»Das ist sehr schmeichelhaft von Ihnen, aber …«

»Ich bitte Sie, kommen Sie in unser Haus, stellen Sie Fragen, sehen Sie sich um, und bilden Sie sich selbst ein Urteil!«

»Aber meine liebe …«

»Erinnern Sie sich daran, was Sie versprachen. Überall, zu jeder Zeit, sagten Sie, wenn ich Hilfe brauche …«

Ihre Augen, flehend, doch zuversichtlich, suchten die seinen. Sir Edward fühlte sich beschämt und seltsam gerührt. Diese Offenheit, dieser unbedingte Glaube daran, dass ein eitles Versprechen, vor zehn Jahren, eine heilige, absolut bindende Sache ist! Wie viele Männer hatten wohl schon diese Worte ausgesprochen – fast ein Klischee, und wie wenige waren jemals aufgefordert worden, sie in die Tat umzusetzen? So entgegnete er ziemlich lahm: »Ich bin sicher, dass es eine Menge Leute gibt, die Ihnen besser helfen könnten als ich.«

»Natürlich habe ich eine Menge Freunde.« (Er amüsierte sich über die naive Selbstsicherheit, die sich darin ausdrückte.) »Aber verstehen Sie, sie sind alle nicht erfahren genug. Nicht so wie Sie. Sie haben Erfahrung darin, Menschen zu befragen. Und mit all Ihrer Erfahrung *müssen* Sie es wissen.«

»Wissen was?«

»Ob sie schuldig oder unschuldig sind.«

Sir Edward lächelte ziemlich grimmig in sich hinein. Er schmeichelte sich, dass er es im Allgemeinen tatsächlich gewusst hatte. Leider war in vielen Fällen seine Meinung nicht die der Geschworenen gewesen.

Magdalena schob mit einer nervösen Geste ihren Hut aus der Stirn, sah sich im Zimmer um und sagte: »Wie still es hier ist. Haben Sie nicht hin und wieder das Verlangen nach etwas Leben?«

Die Sackgasse! Ihre Worte, so unabsichtlich, aufs Geratewohl sie gesprochen waren, hatten ihn an der empfindlichsten Stelle getroffen. Eine Sackgasse, ja. Aber da gab es immer einen Weg hinaus – den Weg, den man gekommen war – den Weg zurück in die Welt …

Etwas Ungestümes und Jugendhaftes begann sich in ihm zu regen. Ihr unbedingtes Vertrauen appellierte an die besten Seiten seines Wesens; und ihr Problem weckte das Interesse des geborenen Kriminalisten in ihm. Ja, er wollte die Menschen sehen, von denen sie gesprochen hatte. Er wollte sich sein eigenes Urteil bilden.

So sagte er: »Wenn Sie tatsächlich überzeugt sind, dass ich Ihnen von Nutzen sein kann … Aber denken Sie daran, ich garantiere für nichts!« Er hatte erwartet, dass sie vor Freude überwältigt sein würde, aber sie nahm sein Angebot sehr ruhig auf.

»Ich wusste, dass Sie mir helfen würden. Ich habe Sie immer als wahren Freund betrachtet. Wollen Sie gleich mitkommen?«

»Nein. Ich denke, es wird zweckmäßiger sein, wenn ich Sie morgen aufsuche. Bitte, geben Sie mir noch die Adresse von Miss Crabtrees Rechtsanwalt. Es könnte sein, dass ich ein paar Fragen an ihn habe.«

Sie schrieb die Adresse auf und gab sie ihm. Dann stand sie auf und sagte ein wenig verlegen: »Ich … ich bin Ihnen überaus dankbar. Auf Wiedersehen!«

»Und Ihre eigene Adresse?«

»Wie dumm von mir! Palatine Walk 18, in Chelsea.«

Es war drei Uhr am Nachmittag des folgenden Tages, als Sir Edward Palliser mit ruhigen, gleichmäßigen Schritten das Haus am Palatine Walk erreichte. In der Zwischenzeit hatte er verschiedene Dinge herausgefunden. Zunächst hatte er Scotland Yard einen Besuch abgestattet, dessen stellvertretender Direktor ein alter Freund von ihm war, und dann hatte er ein Gespräch mit dem Anwalt der verstorbenen Miss Crabtree geführt. Nun konnte er den Fall besser beurteilen.

Miss Crabtrees pekuniäre Regelungen waren ein bisschen sonderbar gewesen. Sie hatte niemals von einem Scheckbuch Gebrauch gemacht, sondern ihren Anwalt von Zeit zu Zeit angewiesen, eine bestimmte Summe in Fünfpfundnoten für sie bereitzuhalten. Es war fast immer die gleiche Summe, viermal im Jahr dreihundert Pfund. Wenn sie das Geld abholte, pflegte sie in einer vierräderigen Kutsche zu kommen, das einzige sichere Transportmittel in ihren Augen. Sonst verließ sie nie das Haus.

Bei Scotland Yard erfuhr Sir Edward, dass man die Frage der Finanzen besonders sorgfältig untersucht hatte. Die nächste Abhebung von Miss Crabtree war fällig gewesen. Vermutlich waren also die vorhergehenden dreihundert Pfund verbraucht, oder zumindestens fast verbraucht worden. Doch dieser Punkt schien nicht klar zu sein. Bei Überprüfungen des Haushaltsbuches wurde es schnell klar, dass diese Aufwendungen von Miss Crabtree wesentlich weniger als dreihundert Pfund im Vierteljahr betrugen. Auf der anderen Seite hatte sie die Angewohnheit, notleidenden Verwandten oder Freunden etwas zukommen zu lassen. Ob zur Zeit ihres Todes sich viel oder wenig Geld im Haus befand, war also ein ungeklärter Punkt. Gefunden hatte man keins.

Es war dieser spezielle Punkt, der Sir Edward im Kopf herumging, während er sich seinem Ziel näherte. Die Tür des Hauses (das ohne Kellergeschoss war) wurde von einer kleinen, wachsam blickenden ältlichen Frau geöffnet. Sie führte ihn in ein großes Wohnzimmer auf der linken Seite der kleinen Eingangshalle, wo ihn Magdalena begrüßte. Deutlicher noch als am Tag zuvor bemerkte er die Spuren nervöser Anspannung in ihrem Gesicht.

»Sie haben mich gebeten, Fragen zu stellen, und deswegen bin ich gekommen«, sagte Sir Edward lächelnd, während er ihr die Hand gab. »Zunächst einmal möchte ich gern wissen, wer Ihre Tante zuletzt sah und zu welcher Uhrzeit das war.«

»Martha war das, nach dem Fünf-Uhr-Tee. Sie hatte am Nachmittag die Rechnungen bei den Kaufleuten beglichen und brachte Tante Lily nun die Belege und das Wechselgeld.«

»Vertrauen Sie Martha?«

»Oh ja, unbedingt. Sie ist schon – warten Sie – ich glaube dreißig Jahre bei Tante Lily beschäftigt. Sie ist absolut ehrlich und zuverlässig.«

Sir Edward nickte. »Eine andere Frage: Warum nahm Ihre Verwandte, Mrs Crabtree, eine Kopfschmerztablette ein?«

»Nun, weil sie Kopfschmerzen hatte.«

»Natürlich, aber warum hatte sie Kopfschmerzen?«

»Nun, beim Mittagessen hatte es einen ziemlichen Streit gegeben. Emily ist sehr nervös und erregbar. Sie und Tante Lily hatten hin und wieder einmal Krach miteinander.«

»Und das war während des Mittagessens der Fall?«

»Ja. Tante Lily regte sich oft über Nichtigkeiten auf. Es fing mit einer Kleinigkeit an, und im Handumdrehen hatten sie einen großen Streit. Emily sagte Dinge, die sie gar nicht so gemeint haben konnte – dass sie das Haus verlassen und niemals wiederkommen wolle, dass man ihr jeden Bissen im Mund missgönnen würde – solche albernen Sachen. Und Tante Lily entgegnete, je schneller sie und ihr Mann die Sachen packen und verschwinden würden, desto besser wäre es. Aber niemand hat das ernst gemeint, glauben Sie mir.«

»Weil Mr und Mrs Crabtree es sich gar nicht leisten konnten, zu packen und das Haus zu verlassen?«

»Oh nein, nicht nur deshalb. William hatte Tante Lily sehr gern, wirklich!«

»Und dieser Tag war nicht zufällig ein Tag, an dem allgemein gestritten wurde?«

Magdalena stieg die Röte ins Gesicht. »Spielen Sie auf mich an? Auf den Ärger wegen meines Wunsches, Mannequin zu werden?«

»Ihre Tante war damit nicht einverstanden?«

»Nein.«

»Warum wollten Sie Mannequin werden, Miss Magdalena?

Erscheint Ihnen dieses Leben besonders attraktiv?«

»Nein, aber alles andere schien besser als das abhängige Leben hier.«

»Ich verstehe. Aber zukünftig werden Sie über ein ausreichendes Einkommen verfügen können, nicht wahr?«

»Ja, das stimmt. Jetzt hat sich alles geändert.« Diese Bemerkung machte sie mit entwaffnender Einfalt.

Sir Edward schmunzelte, ging aber nicht weiter darauf ein. Stattdessen fragte er: »Und Ihr Bruder? Hatte der auch Ärger?«

»Matthew? Nein.«

»Dann hatte er also kein Motiv, seine Tante aus dem Weg zu räumen?« Ihm entging nicht die momentane Bestürzung in ihren Zügen. Beiläufig sagte er: »Ach, ich vergaß. Er hatte doch eine Menge Schulden, nicht wahr?«

»Ja. Armer alter Matthew.«

»Aber das ist ja nun auch vorbei.«

Sie seufzte. »Ja. Es ist schon eine Erleichterung.«

Begriff sie eigentlich noch immer nicht? Hastig wechselte er das Thema. »Sind Ihre Verwandten und Ihr Bruder zu Hause?«

»Ja, ich sagte ihnen, dass Sie kommen. Sie sind bereit, zu helfen. Oh, Sir Edward, irgendwie habe ich das Gefühl, dass Sie herausfinden werden, dass alles in Ordnung ist – dass niemand von uns etwas mit dem Mord zu tun hat – dass es, trotz allem, ein Eindringling war!«

»Ich kann keine Wunder wirken. Es kann sein, dass ich die Wahrheit herausfinde, aber ich kann diese Wahrheit nicht zu der von Ihnen gewünschten machen.«

»Können Sie das nicht? Ich habe das Gefühl, dass Sie alles können – alles.«

Sie verließ das Zimmer. Verstört dachte er: Was meint sie damit? Will sie, dass ich ihr eine Verteidigungslinie vorschlage? Für wen?

Seine Überlegungen wurden durch den Eintritt eines etwa fünfzigjährigen Mannes unterbrochen. Er war von kraftvoller Gestalt, ging aber etwas vornübergebeugt. Seine Kleidung war unordentlich, sein Haar nachlässig gekämmt. Er machte einen gutmütigen, aber etwas weichlichen Eindruck.

»Sir Edward Palliser? Wie geht es Ihnen? Magdalena schickt mich. Es ist sehr nett von Ihnen, dass Sie uns helfen wollen. Obwohl ich bezweifle, dass Sie etwas Neues entdecken. Ich glaube, dass man den Burschen nie mehr erwischen wird.«

»Sie glauben also, dass es ein Einbrecher war?«

»Nun, es muss so sein. Es kann niemand aus der Familie gewesen sein. Diese Burschen sind heutzutage sehr gerissen. Sie klettern wie die Katzen und kommen rein und raus wie sie wollen.«

»Wo waren Sie, Mr Crabtree, als die Tragödie geschah?«

»Ich beschäftigte mich mit meinen Briefmarken oben in meinem kleinen Wohnzimmer.«

»Haben Sie irgendetwas gehört?«

»Nein, aber ich höre nie etwas, wenn ich mich mit einer Sache intensiv beschäftige. Sehr dumm von mir, aber das ist nun einmal so.«

»Liegt das Wohnzimmer, von dem Sie sprachen, über diesem Zimmer?«

»Nein, es liegt auf der Rückseite des Hauses.«

Wieder öffnete sich die Tür. Eine kleine blonde Frau trat ein. Ihre Hände zitterten nervös. Sie sah aufgeregt und gereizt aus.

»William, warum hast du nicht auf mich gewartet. Ich sagte doch: Warte!«

»Entschuldige, meine Liebe, ich vergaß es. Sir Edward Palliser – meine Frau.«

»Wie geht es Ihnen, Mrs Crabtree? Ich hoffe, Sie haben nichts dagegen, wenn ich Ihnen ein paar Fragen stelle. Ich weiß, wie Ihnen daran gelegen ist, dass die Sache aufgeklärt wird.«

»Natürlich. Aber ich kann Ihnen überhaupt nichts sagen, nicht wahr, William? Ich war fest eingeschlafen und wachte erst auf, als Martha schrie.« Ihre Hände zitterten noch immer.

»Wo liegt Ihr Zimmer, Mrs Crabtree?«

»Über diesem hier. Aber ich habe nichts gehört – wie konnte ich auch? Ich schlief fest.«

Etwas anderes konnte Sir Edward nicht aus ihr herausbekommen. Sie wusste nichts – sie hatte nichts gehört – sie hatte fest geschlafen. Das wiederholte sie mit der Hartnäckigkeit einer verängstigten Frau. Doch Sir Edward wusste, dass es tatsächlich so sein konnte, dass es möglicherweise die reine Wahrheit war.

Er entschuldigte sich schließlich mit der Bemerkung, dass er Martha ein paar Fragen stellen wolle. William Crabtree erbot sich, ihn in die Küche zu führen. In der Eingangshalle stieß Sir Edward fast mit einem schlanken, dunkelhaarigen jungen Mann zusammen, der auf dem Weg zur Haustür war.

»Mr Matthew Vaughan?«

»Ja, aber hören Sie, ich kann nicht warten, ich habe eine Verabredung.«

»Matthew!« Die Stimme seiner Schwester kam von der Treppe. »Matthew, du hast versprochen …«

»Ich weiß, Schwesterlein. Aber ich kann nicht. Muss einen Freund treffen. Und, nebenbei, was hat es für einen Sinn, über die verdammte Sache immer und immer wieder zu reden? Wir haben genug mit der Polizei darüber geredet. Die ganze Sache hängt mir zum Hals heraus.«

Die Haustür schlug zu. Mr Matthew Vaughan war gegangen. Sir Edward wurde in die Küche geführt. Martha bügelte. Sie machte eine Pause, mit dem Bügeleisen in der Hand. Sir Edward schloss die Tür hinter sich. »Miss Vaughan hat mich gebeten, ihr zu helfen«, sagte er. »Ich hoffe, Sie haben nichts dagegen, wenn ich Ihnen ein paar Fragen stelle?«

Sie sah ihn an, dann schüttelte sie den Kopf. »Niemand von ihnen hat es getan, Sir. Ich weiß, was Sie denken, aber das ist nicht so.«

»Das bezweifle ich nicht. Aber, wissen Sie, ihr nettes Wesen ist nicht das, was man einen Entlastungsgrund nennt.«

»Mag sein, Sir. Das Recht ist schon eine ziemlich spaßige Sache. Aber es gibt einen Entlastungsgrund, wie Sie es nennen, Sir. Niemand hätte es tun können, ohne dass ich es wüsste.«

»Aber sicherlich …«

»Ich weiß, wovon ich rede, Sir. Da, horchen Sie!« Über ihren Köpfen war ein knarrendes Geräusch zu hören.

»Die Treppe, Sir. Jedes Mal, wenn jemand hinauf- oder hinuntergeht, knarrt sie entsetzlich. Dabei kommt es nicht darauf an, wie leise man geht. Mrs Crabtree lag in ihrem Bett, und Mr Crabtree beschäftigte sich mit seinen scheußlichen Marken, und Miss Magdalena arbeitete oben an ihrer Nähmaschine; wenn einer der drei heruntergekommen wäre, hätte ich es gewusst. Aber es kam niemand.«

Sie sprach mit einer festen Gewissheit, die den ehemaligen Anwalt beeindruckte. Eine gute Zeugin, dachte er. Sie würde Gewicht haben.

»Vielleicht haben Sie es nicht bemerkt.«

»Doch, ich hätte es. Ich hätte es bemerkt, ohne es zu bemerken, sozusagen. Genauso, wie Sie es bemerken, wenn eine Tür schlägt und jemand hinausgeht.«

Sir Edward änderte seine Meinung. »Das sind drei, von denen wir gesprochen haben. Aber da ist noch ein Vierter. War Mr Matthew Vaughan gleichfalls oben?«

»Nein, er war in dem kleinen Zimmer direkt nebenan und schrieb auf der Maschine. Das kann man hier hören. Die Maschine stand nicht für einen Moment still. Nicht für einen Moment, Sir, das kann ich beschwören. Das Tippen kann einen schrecklich nervös machen, nebenbei gesagt.«

Sir Edward schwieg eine Weile, dann fragte er: »Sie haben sie gefunden, nicht wahr?«

»Ja, Sir. Lag da in ihrem Blut. Und niemand hat einen

Ton gehört, wegen des Lärms von Mr Matthews Schreibmaschine.«

»Wenn ich Sie recht verstehe, sagten Sie, dass niemand das Haus betrat?«

»Ja. Wie sollte das auch geschehen, ohne mein Wissen? Die Türglocke läutet hier drinnen. Und es gibt nur die eine Tür.«

Er sah ihr direkt ins Gesicht. »Sie waren Miss Crabtree sehr zugetan?«

Ein warmes Leuchten erhellte Marthas Züge. »Ja, das war ich, Sir. Aber für Miss Crabtree … nun, ich werde alt, und es macht mir nichts mehr aus, darüber zu sprechen. Ich kam in Schwierigkeiten, Sir, als ich ein junges Mädchen war, und Miss Crabtree stand mir bei, nahm mich wieder in ihren Dienst, als alles vorbei war. Ich hätte mein Leben für sie gegeben, ich hätte es wirklich getan.«

Sir Edward erkannte Aufrichtigkeit.

Martha war aufrichtig.

»Soviel Sie wissen, kam also niemand durch die Haustür?«

»Es hätte niemand kommen können.«

»Ich sagte, soviel Sie wissen. Aber wenn Miss Crabtree jemanden erwartet hätte – wenn sie diesem Jemand selbst die Tür geöffnet hätte …«

»Oh!« Martha schien überrascht zu sein.

»Das wäre doch möglich, Sir, aber es ist nicht sehr wahrscheinlich. Ich meine …«

Martha war offensichtlich sehr erschrocken. Sie konnte es nicht in Abrede stellen, und doch hätte sie es gern getan. Warum? War es, weil sie wusste, dass die Wahrheit anders aussah? Die vier Personen im Haus – war einer von ihnen schuldig? Wollte Martha diesen Schuldigen schützen? Hatte die Treppe doch geknarrt? Hatte sich jemand verstohlen heruntergeschlichen und Martha wusste, wer es war? Sie selbst war ehrlich, davon war Sir Edward überzeugt.

Er ließ nicht locker und beobachtete sie dabei. »Miss Crabtree könnte dies doch getan haben. Das Fenster des Zimmers geht auf die Straße hinaus. Sie könnte gesehen haben, dass derjenige, auf den sie wartete, ankam, ging hinaus in die Halle und öffnete ihm oder ihr die Tür. Vielleicht wollte sie sogar, dass niemand diese Person sah.«

Martha war verwirrt. Schließlich sagte sie widerstrebend: »Ja, Sie mögen recht haben, Sir. Daran habe ich nicht gedacht. Dass sie einen Herrn erwartete – ja, das könnte sein.« Es schien, als ob sie in dieser Idee Vorteile zu entdecken begann.

»Sie waren die letzte Person, die Miss Crabtree sah, stimmt das?«

»Ja, Sir. Nachdem ich das Teegeschirr abgeräumt hatte. Ich brachte ihr die quittierten Einkaufsbücher und den Rest von dem Geld, das sie mir gegeben hatte.«

»Hatte sie Ihnen das Geld in Fünfpfundnoten gegeben?«

»Eine Fünfpfundnote, Sir«, sagte Martha mit erschrockener Stimme. »Die Lebensmittelrechnungen waren nie höher. Ich bin sehr vorsichtig.«

»Wo bewahrte Miss Crabtree ihr Geld auf?«

»Das weiß ich nicht genau, Sir. Ich würde sagen, dass sie es mit sich herumtrug – in ihrer schwarzen Samttasche. Natürlich kann sie es aber auch in einer der verschlossenen Schubladen in ihrem Schlafzimmer aufbewahrt haben. Sie hat sehr gerne Dinge weggeschlossen, obwohl sie oft die Schlüssel verlor.«

Sir Edward nickte. »Sie wissen nicht, wie viel Geld sie hatte – in Fünfpfundnoten, meine ich?«

»Nein, Sir, ich könnte nicht sagen, wie hoch der Betrag

war.« »Und sie sagte nichts zu Ihnen, woraus Sie annehmen konnten, dass sie jemanden erwartete?«

»Nein, Sir.«

»Sind Sie ganz sicher? Was hat sie denn genau gesagt?«

Martha überlegte. »Ja … sie sagte, dass ich ein Viertelpfund Tee zu viel verbraucht hätte; und dann, dass Mrs Crabtree schrecklich albern wäre, weil sie keine Margarine essen wolle; und einer der Sixpences, den ich zurückgebracht hatte, gefiel ihr nicht – einer von der neuen Sorte mit den Eichenblättern drauf –, sie meinte, er wäre falsch, und ich hatte große Mühe, sie vom Gegenteil zu überzeugen. Und sie sagte … ja, dass der Fischhändler Schellfisch anstatt Weißfisch geliefert hätte, und ob ich ihm das gesagt hätte, und ich sagte ja; und … ich glaube, das war alles, Sir.«

Marthas Erzählung hatte Sir Edward das Wesen der Verstorbenen besser erläutert, als es jede andere detaillierte Beschreibung vermocht hätte. Beiläufig sagte er: »Eine ziemlich schwierige Herrin, stimmt's?«

»Ein bisschen umständlich, aber, meine Güte, sie ging nicht oft aus, und so eingesperrt, wie sie war, brauchte sie irgendetwas, um sich aufzumuntern. Sie war peinlich genau, aber gutmütig – kein Bettler ging von ihrer Tür ohne irgendetwas. Schwer zufriedenzustellen mag sie ja gewesen sein, aber eine wirklich wohltätige Dame war sie.«

»Ich bin froh, Martha, dass sie wenigstens einen Menschen hinterlässt, der ihr nachtrauert.«

Die alte Köchin hielt den Atem an. »Sie meinen … aber, sie haben sie doch alle gern gehabt, wirklich, wenn sie's auch nicht so zeigten. Hin und wieder hatten sie alle mal eine Meinungsverschiedenheit, aber was heißt das schon.«

Sir Edward hob den Kopf und lauschte. Von oben kam ein Knarren.

»Das ist Miss Magdalena, die herunterkommt.«

»Woher wissen Sie das?«, fragte er schnell.

Die alte Frau errötete. »Ich kenne ihren Schritt«, stotterte sie. Sir Edward eilte hinaus. Martha hatte recht. Magdalena war gerade am Fuß der Treppe angelangt. Sie sah ihn hoffnungsvoll an.

»Ich bin kaum weitergekommen«, sagte Sir Edward, ihren Blick beantwortend, und fügte hinzu: »Sie wissen nicht zufällig, welche Briefe Ihre Tante am Tag ihres Todes erhielt?«

»Sie liegen noch alle zusammen. Die Polizei hat sie natürlich schon durchgesehen.«

Sie führte ihn in das große Wohnzimmer, schloss eine Kommode auf und entnahm ihr eine große schwarze Samttasche mit einer altmodischen Silberschnalle. »Das ist Tantes Tasche. Es liegt alles noch genauso drin wie am Tag ihres Todes. Dafür habe ich gesorgt.«

Sir Edward dankte ihr und begann, den Inhalt der Tasche auf dem Tisch auszubreiten. Sie war, dachte er sich, das typische Beispiel für eine einer exzentrischen alten Dame gehörenden Handtasche. Er fand Wechselgeld, zwei Pfeffernüsse, drei Zeitungsausschnitte, ein vor Rührung triefendes gedrucktes Gedicht über die Arbeitslosen, einen *Old Moore's Almanach,* ein großes Stück Kampfer, zwei Brillen und drei Briefe. Einen ziemlich versponnenen von jemandem, der sich »Kusine Lucy« nannte, eine Rechnung für eine Uhrreparatur und den Bettelbrief einer Wohlfahrtsorganisation.

Er sah sich alles sehr sorgfältig an, dann räumte er die Tasche wieder ein und gab sie Magdalena mit einem Seufzer zurück. »Ich danke Ihnen, Miss Magdalena. Leider ist hier auch nicht viel zu finden.« Er stand auf, überzeugte sich, dass man vom Fenster einen guten Blick auf die Vordertreppe hatte, und ergriff dann Magdalenas Hand.

»Sie wollen schon gehen?«

»Ja.«

»Aber wird … wird alles in Ordnung kommen?«

»Niemand, der mit dem Gesetz zu tun hat, wird sich jemals zu so einer vorschnellen Aussage verleiten lassen«, sagte Sir Edward ernst und verabschiedete sich.

Gedankenverloren ging er nach Hause. Die Lösung des Rätsels musste in Reichweite liegen, doch er hatte sie noch nicht entdeckt. Irgendetwas fehlte noch, nur eine Kleinigkeit, um ihn auf die richtige Spur zu bringen.

Eine Hand legte sich plötzlich auf seine Schulter, und er zuckte zusammen. Es war Matthew Vaughan, etwas außer Atem.

»Ich habe Sie gesucht, Sir Edward, um mich für mein unhöfliches Verhalten vorhin zu entschuldigen. Es tut mir leid, aber ich war nicht in der besten Gemütsverfassung. Ich freue mich, dass Sie sich um die Sache kümmern. Fragen Sie mich, was Sie wollen. Wenn ich Ihnen in irgendeiner Form helfen kann …«

Sir Edwards Haltung versteifte sich plötzlich. Sein Blick war fest auf etwas gerichtet, nicht auf Matthew, sondern auf etwas auf der anderen Straßenseite. Leicht verwundert wiederholte Matthew: »Wenn ich Ihnen in irgendeiner Form helfen kann …«

»Das haben Sie bereits getan, lieber junger Freund«, erwiderte Sir Edward, »indem Sie mich an diesem ganz bestimmten Punkt anhielten und meine Aufmerksamkeit auf etwas lenkten, was mir sonst bestimmt entgangen wäre.« Dabei zeigte er auf ein kleines Restaurant auf der anderen Straßenseite.

»*Die vierundzwanzig Amseln*?«, fragte Matthew verwundert. »Genau.«

»Das ist ein merkwürdiger Name – aber man kann dort ganz gut essen, glaube ich.«

»Auf den Versuch würde ich es nicht ankommen lassen«, sagte Sir Edward. »Zwar bin ich von den Tagen meiner Kindheit weit entfernt, doch erinnere ich mich vermutlich an meine Kinderverse besser als Sie, junger Freund. Da gibt es eine Art Klassiker, der, wenn ich mich recht erinnere, so lautet: ›Sing' ein Lied vom Sixpence, die Tasche voll mit Korn; vierundzwanzig Amseln, die waren bald verlor'n.‹ Der Rest interessiert uns nicht.« Er drehte sich auf dem Absatz herum.

»Wohin gehen Sie?«, fragte Matthew Vaughan.

»Zurück in Ihr Haus, mein Freund.«

Schweigend gingen sie zurück. Matthew warf hin und wieder einen verwunderten Blick auf seinen Begleiter. Als sie das Haus betreten hatten, ging Sir Edward zu der Kommode, nahm die Samttasche heraus und öffnete sie. Er blickte Matthew an und der verließ widerwillig das Zimmer.

Sir Edward schüttete das Wechselgeld auf den Tisch. Dann nickte er. Seine Erinnerung hatte ihn nicht getäuscht. Er stand auf und läutete. Dabei verbarg er etwas in seiner Hand. Auf das Läuten meldete sich Martha.

»Sie erzählten mir doch, Martha, wenn ich mich recht erinnere, dass Sie eine kleine Meinungsverschiedenheit mit Ihrer verstorbenen Herrin wegen eines der neuen Sixpences hatten?«

»Ja, Sir.«

»Aha! Aber das Merkwürdige ist, dass sich unter diesem Wechselgeld kein neuer Sixpence befindet. Hier sind zwei Sixpences, aber sie stammen beide aus der alten Serie.«

Martha starrte Sir Edward verwirrt an.

»Verstehen Sie, was das bedeutet? Jemand kam an diesem

Nachmittag ins Haus – jemand, dem Ihre Herrin einen Sixpence gab – vermutlich im Austausch dagegen …«

Mit einer raschen Bewegung hielt er ihr die Knittelverse vor die Augen. Ein Blick in ihr Gesicht genügte. »Das Spiel ist aus, Martha. Sie sehen, ich habe es durchschaut. Sie können jetzt ruhig alles gestehen.«

Martha sank auf einen Stuhl. Tränen liefen ihr übers Gesicht.

»Es ist wahr … es ist wahr … Die Türglocke hatte nicht richtig geläutet – ich war nicht sicher. Aber dann dachte ich, dass ich besser doch mal nachsehe. Ich öffnete die Tür, als er sie gerade niederschlug. Das Bündel mit den Fünfpfundnoten lag vor ihr auf dem Tisch – das hatte ihn dazu gebracht, sie umzubringen – das und die Annahme, sie wäre allein im Haus, weil sie ihm selbst geöffnet hatte. Ich konnte nicht einmal schreien, so gelähmt war ich. Und dann drehte er sich um – und ich sah, dass es mein Junge war …

Er ist schon immer schlecht gewesen. Er hat von mir immer alles Geld bekommen, das ich nur übrig hatte. Zweimal hat er schon im Gefängnis gesessen. Er muss wohl gekommen sein, um mich zu besuchen, und als Miss Crabtree merkte, dass ich die Tür nicht öffnete, tat sie es selbst. Er war überrascht und zog eins von seinen Arbeitslosengedichten heraus, und die Herrin, immer wohltätig, ließ ihn herein und gab ihm einen Sixpence. Und die ganze Zeit lag das Bündel Geldscheine auf dem Tisch, wo es gelegen hatte, als ich mit ihr abrechnete. Und dann überwältigte der Teufel meinen Ben, und er schlich sich hinter sie und schlug sie nieder.«

»Und dann?«, fragte Sir Edward.

»Oh Sir, was konnte ich tun? Mein eigen Fleisch und Blut! Sein Vater war ein schlechter Mensch, und er gerät nach ihm – aber er ist doch mein Sohn! Ich schob ihn schnell hinaus und ging in die Küche zurück. Dann ging ich zur gewohnten Zeit hinein, um für das Abendessen zu decken. Glauben Sie, dass es sehr schlecht von mir war, Sir? Ich habe mich bemüht, Sie nicht zu belügen, als Sie mir Ihre Fragen stellten.«

Sir Edward stand auf. »Meine arme Frau«, sagte er voller Mitleid. »Sie tun mir sehr leid. Trotzdem muss das Gesetz seinen Weg gehen, das wissen Sie.«

»Er ist ins Ausland geflohen, Sir. Ich weiß nicht, wo er ist.« »Dann mag er vielleicht eine Chance haben, dem Galgen zu entgehen. Aber bauen Sie nicht darauf. Bitten Sie jetzt Miss Magdalena herein!«

»Oh, Sir Edward, wie wundervoll ist das – wie wundervoll sind Sie!«, rief Magdalena aus, als er seinen kurzen Bericht beendet hatte. »Sie haben uns alle gerettet. Wie kann ich Ihnen jemals danken?«

Sir Edward lächelte sie an und tätschelte zart ihre Hand. Er fühlte sich großartig. Die kleine Magdalena war so reizend auf der *Siluric* gewesen, so entzückend in der Blüte ihrer siebzehn Jahre! Natürlich war das jetzt vorbei.

»Das nächste Mal, wenn Sie einen Freund nötig haben …«

»… komme ich sofort zu Ihnen.«

»Nein, nein«, rief Sir Edward erschrocken. »Das ist genau das, was Sie nicht tun sollen. Gehen Sie zu einem jüngeren Mann!«

Gewandt entzog er sich den Dankbarkeitsbezeugungen der Familie, ließ ein Taxi kommen und sank mit einem Seufzer der Erleichterung in die Wagenpolster.

Selbst der Charme einer taufrischen Siebzehnjährigen schien fragwürdig zu sein. Mit einer wohlsortierten Bibliothek über Kriminalistik konnte er jedenfalls nicht konkurrieren.

Das Taxi bog im Queen Annes Close ein – seiner Sackgasse.

Der Traum vom Glück

Bill umschlang sie mit seinen muskulösen Armen und presste sie an seine Brust. Mit einem tiefen Seufzer bot sie ihm die Lippen zu einem leidenschaftlichen Kuss ...«

Seufzend ließ Edward Robinson den Roman *Sieg der Liebe* sinken und starrte durch die Fensterscheibe der Untergrundbahn. Sie fuhren gerade durch Stamford Brook. Edward Robinson dachte an Bill. Das war der hundertprozentig virile Mann, wie ihn Romanschriftstellerinnen sehen. Edward beneidete ihn um seine Muskeln, sein männliches Äußeres und seine phantastische Leidenschaftlichkeit. Er nahm das Buch wieder auf und las noch einmal die Beschreibung der stolzen Marchesa Bianca (derjenigen, die ihre Lippen dargeboten hatte). Ihre Schönheit war so hinreißend, ihr Zauber so berauschend, dass starke Männer von Liebe übermannt vor ihr hinsanken wie Kegel auf einer Kegelbahn.

Natürlich, dachte Edward, ist das alles dummes Zeug. Alles dummes Zeug. Und trotzdem möchte ich mal wissen ...

Seine Augen glänzten träumerisch. Gab es vielleicht doch irgendwo eine Welt voll Romantik und Abenteuer? Gab es Frauen, deren Schönheit einem berauschend zu Kopf stieg? Gab es Liebe, die einen verzehrte wie eine Flamme?

Das hier ist das wirkliche Leben, dachte Edward resigniert. So ist es nun einmal. Man muss sich einfach dareinschicken, wie alle anderen Menschen auch.

Im Großen und Ganzen musste er sich wohl als einen vom Schicksal begünstigten jungen Mann betrachten. Er hatte einen ausgezeichneten Posten als kaufmännischer Angestellter in einem florierenden Unternehmen. Er war gesund, er brauchte für niemanden zu sorgen, und er war mit Maude verlobt.

Bei dem bloßen Gedanken an Maude jedoch flog ein Schatten über sein Gesicht. Zwar hätte er es nie zugegeben, aber er fürchtete sich etwas vor ihr. Er liebte sie, das schon – noch immer erinnerte er sich, mit welchem Schauer des Entzückens er bei ihrer ersten Begegnung auf Maudes Nacken geblickt hatte, der schlank und weiß aus dem Kragen der billigen Bluse emporrankte. Er hatte im Kino hinter ihr gesessen, und der Freund, mit dem er dort war, hatte sie gekannt und sie beide einander vorgestellt. Ganz ohne Zweifel, Maude war eine fabelhafte Person. Sie sah gut aus, war intelligent und sehr damenhaft, und sie hatte immer recht, in allen Dingen. Genau der Typ von Mädchen, wie alle Welt ihm versicherte, der eine ausgezeichnete Ehefrau abgeben würde.

Edward überlegte, ob wohl die Marchesa Bianca eine ausgezeichnete Ehefrau abgegeben hätte. Irgendwie bezweifelte er das. Er konnte sich die sinnliche Bianca mit ihren roten Lippen und ihren schwellenden Rundungen nicht vorstellen, wie sie beispielsweise für den maskulinen Bill die Hemdenknöpfe annähte. Nein, Bianca war eine romantische Phantasiegestalt, dieses hier war das wirkliche Leben. Er und Maude würden bestimmt sehr glücklich miteinander werden. Sie war so praktisch und vernünftig …

Aber trotzdem wünschte er manchmal, sie wäre nicht so – nun, so kategorisch in ihrer Art. So schnell bereit, ihm »über den Schnabel zu fahren«.

Das lag natürlich an ihrem vorausschauenden, praktischen Wesen. Maude war sehr vernünftig. Und Edward war für gewöhnlich ebenfalls sehr vernünftig, aber manchmal … Er hatte zum Beispiel schon dieses Jahr zu Weihnachten heiraten wollen. Maude dagegen hatte ihm erklärt, wie viel vernünftiger es doch sei, noch ein Weilchen zu warten – ein Jahr oder auch zwei vielleicht. Sein Gehalt war nicht sehr hoch. Er hatte ihr einen teuren Ring schenken wollen – sie war entsetzt gewesen und hatte ihn gezwungen, den Ring zurückzubringen und gegen einen billigeren einzutauschen. Sie besaß nur Qualitäten, aber Edward wünschte manchmal, sie hätte mehr Fehler und weniger Tugenden. Es war ihre Vortrefflichkeit, die ihn manchmal zu verzweifelten Entschlüssen trieb.

Zum Beispiel …

Schuldbewusste Röte überzog sein Gesicht. Er musste es ihr sagen, und zwar bald. Sein schlechtes Gewissen bewirkte bereits, dass er sich seltsam benahm. Morgen war Heiligabend, der erste von drei Feiertagen. Maude hatte ihm vorgeschlagen, den Tag mit ihr und ihrer Familie zu verbringen, und auf eine plumpe, dumme Art, eine Art, die fast zwangsläufig ihr Misstrauen erregen musste, hatte er sich herausgeredet – hatte ihr eine langatmige Geschichte von einem Freund aufgetischt, der auf dem Land lebe und den zu besuchen er fest versprochen habe.

Es gab gar keinen Freund auf dem Land. Es gab nur sein schlechtes Gewissen.

Vor drei Monaten hatte Edward Robinson sich zusammen mit ein paar Hunderttausend anderen jungen Männern an einem Zeitungspreisausschreiben beteiligt. Zwölf Mädchennamen sollten in der Reihenfolge ihrer Beliebtheit angeordnet werden. Und da hatte Edward einen glänzenden Einfall gehabt. Sein eigenes Urteil war mit Sicherheit falsch – diese Erfahrung hatte er bei ähnlichen Wettbewerben schon oft gemacht. Er hatte also die Namen zuerst in der Reihenfolge aufgeschrieben, die seinem eigenen Geschmack entsprach, und sie sodann ein zweites Mal notiert, wobei er jeweils zwischen den ersten und den letztplatzierten Namen seiner ursprünglichen Liste abwechselte. Als das Ergebnis verkündet wurde, hatte Edward von den zwölf Namen acht richtig getroffen und erhielt den ersten Preis von fünfhundert Pfund. Er ließ es sich nicht nehmen, dieses Resultat, das man ohne weiteres einem glücklichen Zufall hätte zuschreiben können, als direktes Ergebnis seines »Systems« zu betrachten, und war außerordentlich stolz auf sich.

Das nächste Problem war: Was sollte er mit den fünfhundert Pfund anfangen? Er wusste sehr gut, was Maude sagen würde. Lege es an – als Startkapital für unsere Zukunft. Und Maude hätte natürlich vollkommen recht, das war ihm klar. Doch Geld, das man in einem Preisausschreiben gewonnen hatte, war seinem Gefühl nach etwas Besonderes.

Hätte er das Geld durch eine Erbschaft erhalten, so würde er selbstverständlich jeden Penny in Staatsanleihen oder Sparbriefen angelegt haben. Aber ein Glückstreffer, den man durch ein paar Federstriche erzielt hatte, gehörte für Edward ungefähr in die gleiche Kategorie wie der Sixpence, den man einem Kind zusteckte, damit es sich »etwas Schönes« dafür kaufe.

Und in einem bestimmten Schaufenster, an dem er tagtäglich auf dem Weg ins Büro vorbeiging, befand sich »etwas Schönes«, der Traum aller Träume, ein kleiner Zweisitzer mit langer, spiegelblanker Kühlerhaube und darauf in dicken Ziffern der Preis: 465 Pfund.

»Wenn ich reich wäre«, hatte Edward Tag für Tag zu dem Auto gesagt, »wenn ich reich wäre, dann gehörtest du mir.«

Und nun war er – wenn schon nicht reich, so doch im Besitz einer Summe, die es ihm erlaubte, seinen Traum zu verwirklichen. Der Wagen, dieses wunderschöne, chromglänzende Prachtstück, war sein, er brauchte ihn nur zu bezahlen.

Er hatte vorgehabt, Maude von dem Geld zu erzählen. Damit wäre er vor jeder Versuchung gefeit gewesen. Angesichts ihrer Missbilligung, ja, ihres Entsetzens, hätte er niemals den Mut aufgebracht, seine verrückte Idee in die Tat umzusetzen. Aber zufällig war es dann Maude selber, die die Entscheidung herbeiführte. Er hatte sie ins Kino eingeladen – auf die besten Plätze. Darauf hatte sie ihm freundlich, aber bestimmt die verwerfliche Torheit seines Benehmens vor Augen geführt – drei Shilling und sechs Pence gegenüber zwei Shilling und vier Pence, wo man von den hinteren Plätzen doch genauso gut sehen konnte!

Edward nahm die Vorwürfe mit verbissenem Schweigen entgegen. Maude hatte das befriedigende Gefühl, dass ihre Worte Eindruck auf ihn machten. Man durfte nicht zulassen, dass Edward seinen extravaganten Lebensstil beibehielt. Maude liebte Edward, aber sie wusste, er war schwach, und so oblag es ihr, ihm stets zur Seite zu stehen und ihn auf den rechten Weg zu geleiten. Sie beobachtete sein demütiges Verhalten mit innerer Genugtuung.

Edward benahm sich in der Tat wie ein getretener Wurm. Er krümmte sich. Zwar hatten ihn ihre Vorwürfe tief getroffen, doch genau in diesem Augenblick fasste er den Entschluss, den Wagen zu kaufen.

»Verdammt«, sagte er zu sich selbst. »Einmal in meinem Leben werde ich tun, was mir passt. Da kann sich Maude auf den Kopf stellen!«

Und so geschah es, dass er am folgenden Morgen jenen gläsernen Palast mit seinen chromblitzenden, lackglänzenden Herrlichkeiten betrat und mit einer Nonchalance, die ihn selbst erstaunte, sein Traumauto kaufte. Es war wirklich das Einfachste auf der Welt, sich ein Auto zu kaufen!

Das war vor vier Tagen gewesen. Seither ging er, obzwar er sich nach außen hin nichts anmerken ließ, innerlich wie auf Wolken. Und Maude hatte er noch keine Silbe davon gesagt.

Täglich benutzte er seine Mittagspause, um Unterricht im Gebrauch des Prachtvehikels zu nehmen, und er erwies sich dabei als überaus gelehriger Schüler.

Morgen, am Heiligabend, würde er seine erste Ausfahrt aufs Land machen. Er hatte Maude belogen, und er würde sie, wenn es sein musste, wieder belügen. Er stand mit Leib und Seele im Bann seines neuen Besitztums. Es verkörperte für ihn Romantik und Abenteuer, all die Dinge, nach denen er sich immer vergeblich gesehnt hatte. Morgen würden sich er und seine neue Geliebte zusammen auf den Weg machen. Sie würden durch die kalte Winterluft brausen und, das nervenaufreibende Getümmel von London weit hinter sich lassend, in die menschenleere Weite entschwinden …

In diesem Augenblick war Edward, ohne es selbst zu wissen, fast ein Poet.

Morgen …

Er blickte auf das Buch in seiner Hand – *Sieg der Liebe*. Lachend steckte er es in die Tasche. Der Wagen, die roten Lippen der Marchesa Bianca und die erstaunlichen Heldentaten von Bill, all dies schien irgendwie miteinander verwoben. Morgen …

Das Wetter, das für gewöhnlich optimistische Erwartungen zu enttäuschen pflegte, war Edward wohlgesonnen. Es lieferte ihm einen Tag, wie er ihn sich erträumt hatte, einen Tag mit glitzerndem Raureif, blassblauem Himmel und einer primelgelben Sonne.

So fuhr Edward denn, die Brust von Abenteuerlust und

Wagemut geschwellt, zur Stadt hinaus. Es gab kleinere Schwierigkeiten am Hyde Park Corner und eine betrübliche Panne bei Putney Bridge, es krachte öfters mal im Getriebe, die Bremsen quietschten häufig, und zahlreiche andere Autofahrer überschütteten Edward mit Verwünschungen, doch für einen Anfänger machte er seine Sache nicht schlecht. Schließlich erreichte er eine jener geraden, breiten Straßen, die das Herz jeden Autofahrers höherschlagen lassen. An diesem Tag herrschte wenig Verkehr. Edward fuhr dahin, immer weiter und weiter; trunken von seiner Herrschaft über dieses Gefährt mit den schimmernden Flanken raste er durch die kalte, weiße Welt wie in einem göttlichen Rausch.

Es war ein phantastischer Tag. Er machte einmal Rast, um in einem altmodischen Gasthof zu Mittag zu essen, und legte danach nur noch einmal eine kurze Teepause ein. Endlich trat er widerwillig die Heimfahrt an zurück nach London, zurück zu Maude, zu den unvermeidlichen Erklärungen, den Vorwürfen …

Er schob den Gedanken seufzend von sich. Das hatte Zeit bis morgen. Heute war heute. Und was konnte faszinierender sein als diese schnelle Fahrt durch die Nacht, während die Scheinwerfer sich voraus ins Dunkle bohrten. Das war überhaupt das Beste von allem!

Nach seiner Rechnung blieb ihm keine Zeit mehr, um irgendwo zum Abendessen einzukehren. Dieses Fahren bei Dunkelheit war eine knifflige Sache. Er würde länger zurück nach London brauchen, als er gedacht hatte. Es war gerade acht Uhr, als er durch Hindhead kam und zum Rand der Devil's Punch Bowl gelangte. Der Mond schien, und der Schnee von vorgestern war noch nicht geschmolzen.

Er hielt an und blickte sich staunend um. Was machte es, wenn er nicht vor Mitternacht nach London zurückkam?

Was machte es, wenn er überhaupt nicht zurückkam? Von dem hier würde er sich nicht so schnell losreißen.

Er stieg aus dem Wagen und trat an den Rand des Abhangs. In verführerischer Nähe sah er einen gewundenen Pfad, der ins Tal führte. Edward gab der Versuchung nach und wanderte die nächste halbe Stunde wie berauscht durch eine verschneite Wunderwelt. Niemals hatte er sich vorgestellt, dass es dergleichen geben könnte. Und all dieses gehörte ihm, ihm allein, ein Geschenk seiner strahlenden Geliebten, die oben auf der Straße getreulich seiner harrte.

Endlich kletterte er wieder bergauf, stieg in sein Auto und fuhr weiter, noch immer ein wenig benommen von der Entdeckung einer Schönheit, die er eben erlebt hatte und die selbst dem prosaischsten Menschen zuweilen widerfährt.

Mit einem Seufzer kam er dann wieder zu sich und streckte die Hand in das Seitenfach des Wagens, in das er irgendwann im Lauf des Tages einen Wollschal gestopft hatte.

Aber der Schal war nicht mehr da. Das Fach war leer. Nein, doch nicht – es steckte etwas Kratziges, Hartes darin, wie ein Haufen Kieselsteine.

Edward griff mit der Hand tiefer hinein. Einen Augenblick später starrte er entgeistert auf das Ding, das zwischen seinen Fingern baumelte und im Mondlicht in hundert Feuern funkelte. Es war ein Brillanthalsband.

Edward starrte es minutenlang an, aber es war kein Zweifel möglich. Ein Brillanthalsband im Wert von wahrscheinlich Tausenden von Pfund hatte da einfach so im Seitenfach seines Autos gelegen!

Aber wer hatte es dort hineingetan? Als er aus der Stadt wegfuhr, war es mit Sicherheit noch nicht da gewesen. Während er im Schnee spazieren ging, musste jemand vorbeigekommen sein und das Ding absichtlich ins Auto gelegt haben. Aber warum? Hatte der Besitzer des Halsbands sich geirrt? Oder war es möglicherweise gestohlen?

Noch während ihm alle diese Gedanken durch den Kopf schossen, zuckte Edward plötzlich zusammen, und es überlief ihn eiskalt. *Dies war gar nicht sein Wagen.*

Er war sehr ähnlich, gewiss. Er war vom gleichen leuchtenden Rot – rot wie die Lippen der Marchesa Bianca –, er besaß die gleiche lange, glänzende Kühlerhaube, aber an tausend Kleinigkeiten erkannte Edward, dass es sich nicht um sein eigenes Auto handelte. Die glänzende Lackierung wies hier und dort kleine Kratzer auf, der ganze Wagen zeigte unverkennbar Spuren eines längeren Gebrauchs. In dem Fall …

Ohne länger zu zögern, setzte Edward zum Wenden an. Dieses war jedoch nicht seine starke Seite. Sobald er den Rückwärtsgang einlegte, verlor er unweigerlich den Kopf und drehte das Lenkrad in die falsche Richtung. Außerdem verirrte sich sein Fuß häufig zwischen Gaspedal und Bremse, was fatale Folgen zeigte. Schließlich jedoch gelang ihm das Manöver, und der Wagen brummte gehorsam wieder den Berg hinauf.

Edward entsann sich, vorhin in einiger Entfernung einen anderen Wagen bemerkt zu haben, dem er zu der Zeit jedoch keine sonderliche Beachtung geschenkt hatte. Auf dem Rückweg von seinem Spaziergang war er aus dem Tal über einen anderen Pfad als zuvor heraufgeklettert und oben, wie er gemeint hatte, direkt hinter seinem Auto angekommen. Tatsächlich musste es aber das fremde Auto gewesen sein.

Etwa zehn Minuten später befand er sich wieder an der Stelle, wo er vorhin geparkt hatte. Aber jetzt stand überhaupt kein Auto mehr am Straßenrand. Der Eigentümer dieses Wagens musste in dem von Edward davongefahren sein – vielleicht auch er irregeführt durch die Ähnlichkeit. Edward holte das Brillanthalsband aus der Tasche und ließ es ratlos durch die Finger gleiten.

Was sollte er jetzt tun? Zum nächsten Polizeirevier laufen? Die Begleitumstände erklären, das Halsband abliefern und die Nummer seines eigenen Wagens angeben.

Übrigens, wie lautete eigentlich seine Wagennummer? Edward zerbrach sich den Kopf, doch sie wollte ihm auf den Tod nicht einfallen. Ihm wurde unbehaglich zumute. Er würde sich bei der Polizei reichlich lächerlich machen. Es war eine Acht in der Nummer, das war alles, woran er sich erinnern konnte. Natürlich kam es im Grunde nicht darauf an – zumindest … Er warf einen beklommenen Blick auf die Brillanten. Womöglich würden die glauben – ach nein, das war ja ausgeschlossen … oder etwa doch nicht … dass er den Wagen und die Brillanten gestohlen hatte. Denn schließlich, wenn man sich's genau überlegte, würde wohl irgendein Mensch bei rechtem Verstand ein wertvolles Brillanthalsband nachlässig in das offene Seitenfach eines Autos stopfen?

Edward stieg aus und ging um den Wagen herum. Die Nummer war XRJ 0061. Abgesehen von der Tatsache, dass es sich dabei mit Sicherheit nicht um seine eigene Autonummer handelte, sagte ihm das gar nichts. Er ging nun daran, systematisch sämtliche Ablagefächer des Wagens zu untersuchen. Dort, wo er die Brillanten gefunden hatte, machte er eine weitere Entdeckung – einen kleinen Papierzettel, auf den in Bleistift ein paar Worte gekritzelt waren. Im Licht der Scheinwerfer konnte Edward sie leicht entziffern:

»Treffpunkt: Graene, Ecke Salter's Lane, zehn Uhr.«

Der Name Graene kam ihm bekannt vor. Er hatte ihn unterwegs auf einem Ortsschild gelesen. Eine Minute später stand sein Entschluss fest. Er würde zu dieser Ortschaft Graene fahren, die Salter's Lane suchen, dort auf die Person, die den Zettel geschrieben hatte, warten und die Situation erklären. Das wäre weitaus besser, als sich auf dem nächsten Polizeirevier unsterblich zu blamieren.

Fast vergnügt fuhr er los. Schließlich war dies ein Abenteuer, etwas, das nicht alle Tage passierte. Das Brillanthalsband machte das Ganze spannend und geheimnisvoll. Er hatte einige Schwierigkeiten, bis er Graene und dort die Salter's Lane fand, aber nachdem er in zwei Häusern nach dem Weg gefragt hatte, gelang es ihm schließlich.

Dennoch war es ein paar Minuten nach der angegebenen Zeit, als er vorsichtig eine enge Straße entlangfuhr und scharf nach links Ausschau hielt, wo, wie man ihm beschrieben hatte, die Salter's Lane abzweigen sollte.

Nach einer Straßenbiegung stieß er tatsächlich auf die Abzweigung, und schon als er stoppte, eilte eine Gestalt aus der Dunkelheit auf ihn zu.

»Endlich!«, rief eine Frauenstimme. »Das hat ja eine Ewigkeit gedauert, Gerald!«

Während die Frau sprach, trat sie mitten in das grelle Scheinwerferlicht, und Edward stockte der Atem. Sie war das schönste Geschöpf, das er je gesehen hatte.

Sie war noch ganz jung, mit nachtschwarzem Haar und wundervollen roten Lippen. Der schwere Pelzmantel, der sie umhüllte, klaffte vorne auseinander, und Edward sah, dass sie in großer Abendtoilette war – das eng anliegende, feuerrote Kleid betonte ihre makellose Figur. Um ihren Hals schloss sich eine Kette ausgesucht schöner Perlen.

Plötzlich fuhr die junge Frau erschrocken zusammen. »Oh!«, rief sie aus. »Sie sind ja gar nicht Gerald.«

»Nein«, sagte Edward hastig. »Ich möchte die Sache erklären.« Er zog das Brillanthalsband aus der Tasche und hielt es ihr entgegen. »Mein Name ist Edward …«

Weiter kam er nicht, denn das Mädchen klatschte in die Hände und fiel ihm ins Wort.

»Edward, ach, natürlich! Ich freue mich ja so. Aber Jimmy, dieser Idiot, hat mir am Telefon gesagt, er würde Gerald mit dem Wagen herüberschicken. Ich finde es wirklich fabelhaft anständig von dir, dass du gekommen bist. Vergiss nicht, ich habe dich zum letzten Mal gesehen, als ich sechs Jahre alt war. Aha, da hast du ja das Halsband. Steck's wieder ein. Der Dorfpolizist könnte vorbeikommen und es sehen. Brr, es ist eiskalt hier draußen! Lass mich rein.«

Wie im Traum öffnete Edward die Tür, und sie kletterte leichtfüßig zu ihm in den Wagen. Ihr Pelz streifte seine Wange, und ein flüchtiger Duft wie von regenfeuchten Veilchen stieg ihm in die Nase.

Er hatte keinen Plan, nicht einmal einen festen Gedanken. Ohne eine bewusste Entscheidung hatte er sich von der ersten Minute an mit Leib und Seele dem Abenteuer verschrieben. Die junge Frau hatte ihn Edward genannt – was tat es, dass er der falsche Edward war? Sie würde es schnell genug herausfinden. Er nahm den Fuß von der Kupplung, und sie fuhren los.

Nach kurzer Zeit fing die junge Frau an zu lachen. Ihr Lachen war genauso wunderbar wie alles Übrige an ihr.

»Man merkt, dass du nicht viel von Autos verstehst. Es gibt wohl keine da draußen?«

Was mochte mit »da draußen« gemeint sein, fragte sich Edward. Laut sagte er: »Nicht viele.«

»Lass lieber mich fahren«, schlug sie vor. »Es ist ziemlich kompliziert, sich in diesen engen Gassen zurechtzufinden, bis man wieder auf die Hauptstraße kommt.«

Er überließ ihr nur allzu gerne seinen Platz. Bald brausten sie mit einer halsbrecherischen Geschwindigkeit, die Edward insgeheim schaudern machte, durch die Nacht. Sie sah ihn von der Seite an.

»Ich fahre gern schnell. Du auch? Weißt du, du siehst Gerald kein bisschen ähnlich. Kein Mensch würde euch für Brüder halten. Du bist überhaupt ganz anders, als ich dich mir vorgestellt habe.«

»Zu gewöhnlich wohl, stimmt's?«

»Nicht gewöhnlich – anders. Ich werde nicht recht klug aus dir. Was macht unser armer Jimmy? Hat das Ganze wahrscheinlich tüchtig satt, wie?«

»Ach, Jimmy geht's ganz gut«, entgegnete Edward aufs Geratewohl.

»Das sagt sich so leicht – dabei ist so eine Knöchelzerrung schon ein gemeines Pech. Hat er dir die ganze Geschichte erzählt?«

»Kein Wort. Ich tappe völlig im Dunkeln. Wie ist es denn passiert?«

»Oh, das Ganze hat fabelhaft geklappt. Jimmy, schön herausstaffiert in seinen Frauenklamotten, ging zur Haustür hinein, und zwei Minuten später kletterte ich dann die Wand hinauf zum Fenster. Drinnen war die Zofe von Agnes Larella gerade dabei, ihr Kleid und ihren Schmuck herauszulegen. Dann gab's unten plötzlich großes Geschrei, der Knallfrosch ging los, und alle schrien Feuer. Das Mädchen raste hinaus, ich sprang hinein, packte das Halsband und war im Nu wieder unten. Dann rannte ich durch die Gartenpforte auf der Rückseite, nahm die Abkürzung durch die *Punch Bowl* und stopfte im Vorbeilaufen schnell das Halsband und die Nachricht mit unserem Treffpunkt ins Autofach. Und dann ging ich wieder ins Hotel zu Louise – nachdem ich erst die Pelzstiefel ausgezogen hatte natürlich. Sie hatte überhaupt nicht gemerkt, dass ich fort gewesen war. Ein perfektes Alibi.«

»Und was passierte mit Jimmy?«

»Na, davon weißt du bestimmt mehr als ich.«

»Er hat mir kein Wort gesagt«, erklärte Edward leichthin. »Ach, in dem ganzen Durcheinander hat er sich doch tatsächlich mit dem Fuß in seinem Rock verheddert und sich den Knöchel verrenkt. Man hat ihn zu seinem Wagen tragen müssen, und der Chauffeur von den Larellas fuhr ihn heim. Stell dir bloß vor, der Chauffeur hätte zufällig mit der Hand in das Seitenfach gefasst!«

Edward stimmte in ihr Gelächter ein, doch seine Gedanken arbeiteten emsig. Er verstand die Geschichte jetzt so ungefähr. Den Namen Larella hatte er schon gehört – es war ein Name, der gleichbedeutend mit Reichtum war. Das Mädchen hier und ein unbekannter Mann namens Jimmy hatten gemeinsam einen Plan ausgeheckt, um das Halsband zu stehlen, und es war ihnen geglückt. Wegen seines verstauchten Knöchels und der Anwesenheit des Chauffeurs der Larellas war Jimmy nicht in der Lage gewesen, in das Seitenfach des Wagens zu schauen, ehe er das Mädchen anrief – wahrscheinlich hatte er auch gar nicht die Absicht gehabt, es zu tun. Aber es war nahezu sicher, dass der andere Unbekannte namens Gerald dies bei nächster Gelegenheit nachholen würde. Und er würde darin Edwards Schal finden!

»Schnell gegangen«, bemerkte das Mädchen.

Eine hellerleuchtete Trambahn ratterte vorbei – sie befanden sich bereits in den Außenbezirken von London. Der Wagen schlängelte sich durch den Verkehr, dass Edward das Herz bis in den Hals hinauf schlug. Sie fuhr ausgezeichnet, diese junge Frau, aber wie riskant!

Eine Viertelstunde später hielten sie vor einem imposanten Haus an einem vornehmen kleinen Platz an.

»Wir können ein paar von unseren Klamotten hierlassen«, sagte das Mädchen, »ehe wir weiterfahren zu ›Ritson's‹.«

»›Ritson's‹?« Edward wiederholte fast ehrfürchtig den Namen des berühmten Nachtklubs.

»Ja, hat Gerald dir das nicht gesagt?«

»Das hat er nicht«, erwiderte Edward streng. »Was soll ich anziehen?«

Sie runzelte die Stirn. »Hat man dir denn gar nichts gesagt? Wir werden dich irgendwie ausstaffieren. Wir müssen die Sache durchziehen.«

Ein würdevoller Butler öffnete ihnen die Tür und trat beiseite, um sie hereinzulassen.

»Mr Gerald Champneys hat angerufen, Mylady. Er wollte Sie dringend sprechen, hat aber keine Nachricht hinterlassen wollen.«

Kein Wunder, dass er sie dringend sprechen wollte, dachte Edward. Auf jeden Fall kenne ich jetzt meinen vollen Namen. Edward Champneys. Aber wer ist sie? Der Butler hat sie mit Mylady angeredet. Wozu braucht sie dann ein Halsband zu klauen. Bridgeschulden?

In den Romanheften, die er gelegentlich las, wurde die schöne, adelige Heldin stets von Bridgeschulden zur Verzweiflung getrieben.

Edward wurde von dem würdigen Butler fortgeführt und einem geschniegelten Kammerdiener übergeben. Eine Viertelstunde später gesellte er sich wieder zu seiner Gastgeberin, angetan mit einem wundervoll sitzenden Abendanzug, der einem bekannten Schneideratelier in der Savile Row entstammte.

Herrgott, was für eine Nacht!

Sie fuhren mit dem Auto zum berühmten »Ritson's«. Wie alle, hatte auch Edward schon unzählige skandalträchtige Zeitungsgeschichten über das »Ritson's« gelesen. Jeder, der nur einen Namen hatte, kreuzte früher oder später im »Ritson's« auf. Edwards einzige Sorge war, dass jemand, der den echten Edward Champneys kannte, auftauchen würde. Er tröstete sich mit der Überlegung, dass der echte Edward offensichtlich seit einigen Jahren außerhalb von England gelebt hatte.

Sie saßen an einem kleinen Tisch an der Wand und tranken Cocktails. Cocktails! Für Edwards schlichtes Gemüt war dies die Quintessenz mondänen Lebens. Die junge Frau, die einen wundervollen bestickten Schal um sich geschlungen hatte, nippte lässig an ihrem Glas. Plötzlich ließ sie den Schal von ihren Schultern gleiten und stand auf.

»Wir wollen tanzen.«

Nun war Tanzen das Einzige, was Edward wirklich zur Vollkommenheit beherrschte. Wenn er und Maude auf der Tanzfläche im Palais de Danse erschienen, blieben die übrigen Paare stehen und schauten ihnen bewundernd zu.

»Beinahe hätte ich's vergessen«, sagte die junge Frau plötzlich. »Das Halsband.«

Sie streckte die Hand aus. Völlig verdattert zog Edward das Schmuckstück aus der Tasche und gab es ihr. Zu seinem fassungslosen Erstaunen legte sie es sich ungerührt um den Hals. Dann lächelte sie ihm berückend zu.

»Jetzt wollen wir tanzen«, sagte sie leise.

Sie tanzten. Und im ganzen »Ritson's« gab es kein vollkommeneres Paar.

Als sie schließlich an ihren Tisch zurückkehrten, trat ein dandyhafter alter Herr auf Edwards Begleiterin zu.

»Ah, Lady Noreen – die unermüdliche Tänzerin! Ja, ja. Ist Captain Folliot heute Abend hier?«

»Jimmy ist gestürzt – hat sich den Knöchel verstaucht.«
»Was Sie nicht sagen! Wie ist das passiert?«

»Weiß noch nichts Genaueres.«

Sie lachte und ging weiter.

Edward folgte ihr. In seinem Kopf drehte sich alles. Jetzt wusste er Bescheid. Lady Noreen Eliot, die berühmte Lady Noreen persönlich, wahrscheinlich die Frau in England, von der man am meisten sprach. Eine gefeierte Schönheit, berühmt für ihren Wagemut – Anführerin der Clique, die man die »Jungen Mondänen« nannte. Ihre Verlobung mit Captain James Folliot, VC, von der Household Cavalry, war erst kürzlich bekannt gegeben worden.

Aber das Halsband? Das mit dem Halsband verstand er noch immer nicht. Selbst auf die Gefahr hin, sich zu verraten, das musste er unbedingt herausfinden.

Als sie sich wieder an ihrem Tisch niederließen, deutete er darauf.

»Warum, Noreen?«, fragte er. »Das würde ich gern wissen.« Sie lächelte träumerisch, noch immer unter dem Zauber ihres Tanzes stehend.

»Wahrscheinlich ist das für dich schwer zu verstehen, aber man wird es so leid – immer das Gleiche, immer und ewig das Gleiche. Treasure Hunts waren ja ganz nett für eine Weile, aber man gewöhnt sich an alles. Das ›Einbruch-Spiel‹ war meine Idee. Fünfzig Pfund Einsatz, und es wird gelost. Das ist unser dritter. Jimmy und ich haben Agnes Larella gezogen. Du kennst die Spielregeln? Der Einbruch ist innerhalb von drei Tagen auszuführen und die Beute mindestens eine Stunde lang in der Öffentlichkeit zu tragen, andernfalls muss man hundert Pfund Strafe zahlen. Pech für Jimmy, dass er sich den Knöchel verstaucht hat, aber wir holen uns den Gewinn, das steht fest.«

»Ach so.« Edward holte tief Luft. »Ich verstehe.«

Noreen erhob sich plötzlich und legte ihren Schal um. »Fahr mich mit dem Auto irgendwohin. Hinunter zu den Docks. Irgendwohin, wo es scheußlich aufregend ist. Warte einen Moment …« Sie nahm die Brillanten vom Hals. »Hier, steck du das lieber wieder ein. Ich möchte nicht deswegen ermordet werden.«

Gemeinsam verließen sie das »Ritson's«. Der Wagen stand in einer engen dunklen Seitengasse. Als sie auf dem Weg dorthin um die Ecke bogen, hielt neben ihnen ein anderes Auto, und ein junger Mann sprang heraus.

»Gott sei Dank, Noreen, dass ich dich endlich finde«, rief der junge Mann. »Alles ist schiefgelaufen. Dieser Esel Jimmy ist mit dem falschen Wagen davongefahren, und kein Mensch weiß, wo diese verflixten Brillanten jetzt stecken. Wir sitzen ganz schön in der Tinte.«

Lady Noreen starrte den jungen Mann an.

»Wie meinst du das? Wir haben die Brillanten – das heißt, Edward hat sie.«

»Edward?«

»Ja.« Sie deutete mit einer knappen Bewegung auf ihren Begleiter.

Jetzt bin ich derjenige, der in der Tinte sitzt, dachte Edward. Ich wette zehn zu eins, das hier ist Bruder Gerald.

Der junge Mann starrte ihn an.

»Was soll das heißen?«, sagte er langsam. »Edward ist in Schottland.«

»Oh!«, stieß Noreen hervor. Sie blickte Edward mit weit aufgerissenen Augen an. »Oh!«

Ihr Gesicht wurde abwechselnd rot und blass.

»Dann sind Sie also echt?«, flüsterte sie.

Edward brauchte nur einen Augenblick, um die Situation

zu erfassen. Im Blick der jungen Frau lag Ehrfurcht – ja, etwas wie Bewunderung. Sollte er alles erklären? Nein, das wäre langweilig! Er würde das Spiel zu Ende spielen.

Er verneigte sich förmlich. »Ich danke Ihnen, Lady Noreen«, sagte er in schönster Raubrittermanier, »für diesen bezaubernden Abend.«

Dabei warf er einen schnellen Blick auf den Wagen, aus dem der andere soeben ausgestiegen war. Ein knallroter Wagen mit glänzender Motorhaube. Sein Wagen!

»Und damit möchte ich mich von Ihnen verabschieden!« Ein rascher Satz, und er saß im Auto, den Fuß auf der Kupplung. Der Wagen setzte sich in Bewegung. Gerald stand wie gelähmt da, doch Noreen war schneller. Als der Wagen an ihr vorbeiglitt, schwang sie sich blitzschnell auf das Trittbrett.

Der Wagen geriet ins Schleudern, schoss blindlings um die Ecke und stoppte. Außer Atem von der Anstrengung ihres Sprungs legte Noreen die Hand auf Edwards Arm.

»Sie müssen es mir wiedergeben – oh, bitte, geben Sie es mir. Ich muss es Agnes Larella zurückgeben. Seien Sie nett – wir hatten doch einen schönen Abend zusammen – wir haben getanzt – wir waren … Freunde. Sie geben es mir doch, ja? Bitte … für mich.«

Eine Frau, deren Schönheit einen berauschte. Es gab also wirklich solche Frauen …

Im Übrigen war Edward selbst brennend daran interessiert, das Halsband loszuwerden. Eine gottgesandte Gelegenheit für eine elegante Geste.

Er nahm das Halsband aus der Tasche und ließ es in Noreens ausgestreckte Hand gleiten.

»Wir waren … Freunde«, sagte er.

Ihre Augen leuchteten auf. Dann neigte sie sich unerwartet über ihn. Für einen Augenblick hielt er sie in den Armen, spürte ihre Lippen auf den seinen …

Dann sprang sie ab. Der rote Wagen tat einen Satz nach vorn und raste davon.

Romantik!

Abenteuer!

Am ersten Weihnachtstag um zwölf Uhr mittags betrat Edward Robinson das kleine Wohnzimmer eines Hauses in Clapham mit dem herkömmlichen Gruß: »Fröhliche Weihnachten.«

Maude, die damit beschäftigt war, einen Stechpalmenzweig neu aufzuhängen, empfing ihn kühl.

»Hast du einen angenehmen Tag auf dem Land verlebt, mit diesem Freund von dir?«, erkundigte sie sich.

»Hör zu«, sagte Edward. »Das war alles gelogen. Ich habe ein Preisausschreiben gewonnen, fünfhundert Pfund, und mir ein Auto davon gekauft. Ich hab dir nichts davon gesagt, weil ich wusste, dass du ein Mordstheater machen würdest. Das ist Punkt eins. Ich habe ein Auto gekauft, und damit ist jede weitere Diskussion überflüssig. Und der zweite Punkt wäre – ich gedenke nicht, noch jahrelang zu warten. Meine beruflichen Aussichten sind durchaus zufriedenstellend, und ich beabsichtige, dich nächsten Monat zu heiraten. Hast du verstanden?«

»Oh«, hauchte Maude.

War das – konnte das Edward sein, der in diesem herrischen Ton zu ihr sprach?

»Willst du?«, fragte Edward. »Ja oder nein?«

Sie starrte ihn fasziniert an. In ihren Augen standen Ehrfurcht und Bewunderung, und als Edward diesen Blick sah, fühlte er sich wie berauscht. Verschwunden war jene mütterliche Nachsicht, die ihn immer so in Rage gebracht hatte.

Genauso hatte ihn Lady Noreen gestern Abend angeblickt. Aber Lady Noreens Gestalt war in weite Ferne gerückt, entschwunden ins Reich der Romantik, wo sie Seite an Seite mit der Marchesa Bianca weilte. Dies hier war die Wirklichkeit. Dies hier war sein Weib.

»Ja oder nein?«, wiederholte er und trat einen Schritt näher. »J-ja«, stotterte Maude. »Aber, Edward, was ist bloß mit dir geschehen? Du bist heute so ganz anders.«

»Ja«, sagte Edward. »Vierundzwanzig Stunden lang war ich ein Mann an Stelle eines Wurmes – und, bei Gott, das hat sich gelohnt!«

Er schloss sie in die Arme, beinahe so, wie Bill, der Supermann, es getan haben könnte.

»Liebst du mich, Maude? Sag mir, liebst du mich?«

»Oh, Edward!«, hauchte Maude. »Ich bete dich an …«

Der Unfall

»Und ich sage Ihnen, es ist dieselbe Frau! Gar kein Zweifel.«

Kapitän Haydock blickte in das lebhaft interessierte Gesicht seines Freundes und seufzte. Er wünschte, Evans wäre mit seinem Urteil nicht immer so schnell bei der Hand. Während seiner vielen Jahre auf See hatte der alte Kapitän gelernt, die Dinge, die ihn nichts angingen, ruhen zu lassen.

Sein Freund Evans, ehemaliger Kriminalinspektor, hatte eine andere Philosophie. »Nach erhaltenen Informationen handeln«, das war sein Motto in früheren Tagen gewesen. Und er hatte es jetzt derart ausgeweitet, dass er sich die Informationen stets selbst beschaffte. Evans war ein tüchtiger Beamter gewesen und auch dementsprechend befördert worden. Sogar jetzt, da er pensioniert war und sich in einem Landhaus zur Ruhe gesetzt hatte, war er der Alte geblieben.

»Ich vergesse nicht leicht ein Gesicht«, wiederholte er immer wieder selbstzufrieden. »Mrs Anthony, ja, es ist ganz sicher Mrs Anthony. Als Sie sagten, Mrs Merrowdene, erkannte ich sie sofort.«

Kapitän Haydock rutschte unbehaglich in seinem Sessel hin und her. Die Merrowdenes waren, von Evans abgesehen, seine nächsten Nachbarn, und die Identifizierung von Mrs Merrowdene als Hauptperson eines früheren Sensationsprozesses war ihm unangenehm.

»Es ist schon lange her«, sagte er gedehnt.

»Neun Jahre«, entgegnete Evans, akkurat wie immer, »neun Jahre und drei Monate. Erinnern Sie sich an den Fall?«

»Ziemlich ungenau.«

»Es stellte sich heraus, dass Mr Anthony öfters kleinere Mengen Arsen zu sich genommen hatte«, erinnerte ihn Evans. »Deshalb wurde sie freigesprochen.«

»Warum hätte man das auch nicht tun sollen?«

»Es war das einzige Urteil, das man aufgrund des Beweismaterials fällen konnte. Durchaus korrekt.«

»Dann ist es ja in Ordnung«, entgegnete Haydock. »Und ich sehe nicht ein, weshalb wir uns noch damit herumquälen müssen.«

»Wer quält sich denn?«

»Ich dachte, Sie.«

»Aber keine Spur«, meinte Evans heiter.

»Die Geschichte ist vorbei und zu Ende«, fasste Haydock zusammen. »Wenn Mrs Merrowdene in ihrem Leben einmal das Unglück hatte, wegen Mordes vor Gericht gestellt und freigesprochen zu werden –«

»Normalerweise betrachtet man es nicht als Unglück, wenn man freigesprochen wird«, unterbrach ihn Evans.

»Sie verstehen schon, wie ich es meine«, entgegnete Haydock unwillig. »Wenn die arme Frau eine so schreckliche Geschichte durchstehen musste, kommt es uns nicht zu, die ganze Sache *wiederaufleben* zu lassen, nicht wahr?«

Evans schwieg.

»Aber Evans, die Frau war unschuldig. Sie haben es eben selbst gesagt.«

»Ich sagte nicht, sie war unschuldig, sondern, sie wurde freigesprochen.«

»Das ist doch dasselbe.«

»Nicht immer.«

Haydock hatte gerade begonnen, seine Pfeife in einem Aschenbecher auszuklopfen. Er unterbrach seine Tätigkeit und setzte sich mit einem Ruck auf.

»Hallo«, rief er. »Also daher weht der Wind. Sie glauben, dass sie nicht unschuldig war?«

»Das möchte ich nicht sagen. Ich ... nun, ich weiß es nicht. Anthony hatte die Angewohnheit, regelmäßig in kleinen Mengen Arsen zu nehmen. Seine Frau besorgte es für ihn. Eines Tages, durch ein Versehen, nahm er zu viel. War es sein Fehler oder der seiner Frau? Niemand konnte es sagen, und die Geschworenen entschieden zu ihren Gunsten. Das ist völlig richtig, und ich sehe keinen Fehler darin. Trotz alledem – ich würde es gern genau wissen.«

Kapitän Haydock beschäftigte sich wieder mit seiner Pfeife. »Nun«, meinte er behaglich, »das geht uns nichts an.«

»Da bin ich mir nicht so sicher.«

»Aber gewiss –«

»Hören Sie mir einen Augenblick zu«, bat Evans. »Sie erinnern sich, wie Mr Merrowdene neulich abends in seinem Laboratorium herumexperimentierte –«

»Ja. Er erwähnte den Marsh'schen Test für Arsen. Er sagte, *Sie* wüssten alles darüber, das läge auf *Ihrer* Linie – und er kicherte dabei. Er würde das nicht gesagt haben, wenn er auch nur einen Augenblick vermutet hätte –« Evans unterbrach ihn.

»Sie meinen, er hätte es nicht gesagt, wenn er etwas *wüsste*. Wie lange sind doch die beiden jetzt verheiratet? Sechs Jahre? Ich gehe jede Wette ein, dass er keine Ahnung hat, dass seine Frau einst die berüchtigte Mrs Anthony war.«

»Und er wird es von mir gewiss nicht erfahren«, sagte Haydock mit Nachdruck.

Evans kümmerte sich nicht darum, sondern fuhr fort:

»Sie haben mich gerade unterbrochen. Im Anschluss an den Marsh'schen Test erhitzte Merrowdene eine Substanz in einem Reagenzglas, den metallischen Rückstand löste er in Wasser und präzipitierte ihn durch Beifügung von Silbernitrat. Das war eine Probe auf Chlorate. Ein kleiner, bescheidener, hübscher Test. Aber ich konnte zufällig die Worte in einem Buch lesen, das offen auf dem Tisch lag: ›H_2SO_4 zersetzt Chlorate durch Entwicklung von CI_4O_2. Erhitzt man es, entstehen starke Explosionen. Die Mixtur sollte daher kühl gehalten und nur in kleinsten Mengen verwendet werden.‹«

Haydock starrte seinen Freund verständnislos an.

»Ja, und?«

»Nichts weiter. In meinem Beruf macht man auch Tests. Man zählt die Tatsachen zusammen, wägt sie ab, zerlegt den Rest, nachdem man Voreingenommenheit und durchschnittliche Ungenauigkeit von Zeugen berücksichtigt hat. Aber es gibt noch einen anderen Test, einen Mord nachzuweisen, einen, der ziemlich genau ist, aber auch ziemlich gefährlich. Ein Mörder gibt sich selten mit einem Verbrechen zufrieden. Lässt man ihm Zeit, und fühlt er sich unbeobachtet, wird er einen neuen verüben. Wie zum Beispiel bei einem Mann, den man des Mordes an seiner Frau verdächtigt. Vielleicht sähe der Fall gar nicht so schwarz für ihn aus. Dann schaut man sich seine Vergangenheit an. Findet man heraus, dass er schon öfter verheiratet war und dass alle seine Frauen starben, dann sagt man sich, recht eigenartig, nicht wahr? Dann *weiß* man es. Nicht juristisch, verstehen Sie? Ich spreche von einer inneren Gewissheit. Wenn man die hat, kann man anfangen, nach Beweisen zu suchen.«

»Und?«

»Ich komme schon zu dem entscheidenden Punkt. Es geht

in dieser Form natürlich nur, wenn es eine Vergangenheit gibt, in der man wühlen kann. Aber angenommen, Sie fangen Ihren Mörder bei seinem ersten Verbrechen? Dann wäre dieser Test sinnlos. Der Verdächtige wird freigesprochen. Er fängt das Leben unter einem anderen Namen neu an. Wird der Mörder das Verbrechen wiederholen, ja oder nein?«

»Das ist eine schreckliche Idee!«

»Sagen Sie immer noch, es ginge uns nichts an?« »Jawohl, das sage ich. Sie haben keinen Grund, Mrs Merrowdene zu verdächtigen.«

Der Ex-Inspektor schwieg einen Moment. Dann sagte er: »Ich erzählte Ihnen, dass wir uns mit ihrer Vergangenheit beschäftigten und nichts fanden. Das ist nicht ganz richtig. Sie hatte einen Stiefvater. Als Mädchen von achtzehn Jahren liebte sie einen jungen Mann, mit dem der Stiefvater nicht einverstanden war. Eines Tages ging sie mit ihrem Stiefvater an einem recht gefährlichen Teil der Klippen spazieren. Da passierte ein Unfall. Der Stiefvater ging zu nahe an den Rand, der bröckelte ab, und er fiel hinunter und war tot.«

»Sie glauben doch nicht etwa …«

»Es war ein *Unfall*! Anthonys Überdosis von Arsen war auch ein Unfall. Sie wäre nie vor Gericht gestellt worden, wenn damals nicht durchgesickert wäre, dass da noch ein anderer Mann existierte – machte sich aus dem Staub, nebenbei bemerkt. Es sah aus, als sei er nicht so ganz überzeugt, selbst wenn die Geschworenen es sein sollten. Ich sage Ihnen, Haydock, was diese Frau betrifft, befürchte ich einen neuen – Unfall!«

»Es sind neun Jahre seit dieser Affäre vergangen. Weshalb sollte es jetzt einen neuen Unfall geben, wie Sie es nennen?«

»Ich habe nicht gesagt, jetzt. Ich sagte, irgendwann. Wenn das erforderliche Motiv auftaucht.«

»Ich kann mir nicht vorstellen, wie Sie das verhindern wollen«, sagte Haydock.

»Ich auch nicht«, entgegnete Evans kleinlaut.

»Meiner Meinung nach sollte man die Sache auf sich beruhen lassen. Es ist noch nie etwas dabei herausgekommen, in anderer Leute Angelegenheiten herumzustochern«, brummte der Kapitän.

Dieser Rat war nicht nach dem Geschmack des Inspektors. Er war ein Mann der Geduld, aber auch des Entschlusses. Er verabschiedete sich von seinem Freund und begab sich hinunter ins Dorf. In Gedanken erwog er die Möglichkeiten, wie ein eventuelles Verbrechen verhindert werden könnte.

Bei der Post wollte er einige Briefmarken kaufen, und dort stieß er ausgerechnet mit George Merrowdene zusammen. Der ehemalige Chemieprofessor war ein kleiner, verträumt aussehender Mann, höflich und gütig in seiner Art, aber mit seinen Gedanken gewöhnlich woanders. Er erkannte Evans und begrüßte ihn freundlich. Dann bückte er sich, um die Briefe aufzusammeln, die durch den Zusammenstoß zu Boden gefallen waren. Evans war ihm behilflich und schielte dabei auf die Briefe. Die Adresse auf einem Umschlag verstärkte seinen Verdacht sofort. Er trug den Namen einer bekannten Versicherungsgesellschaft. Sofort stand sein Entschluss fest.

Der arglose Merrowdene merkte kaum, wie es kam, dass er nun zusammen mit dem Inspektor durch das Dorf ging, und noch weniger hätte er sagen können, weshalb er plötzlich von seiner Lebensversicherung sprach. Evans hatte keine Mühe, ihn für sich zu gewinnen. Merrowdene gab bereitwilligst Auskunft, dass er gerade sein Leben zugunsten seiner Frau versichert habe, und fragte nach Evans' Meinung über die Versicherungsgesellschaft, mit der er abgeschlossen hatte.

»Ich habe schon manch eine unüberlegte Investition gemacht«, erklärte er, »mit dem Resultat, dass mein Vermögen zusammengeschrumpft ist. Sollte mir etwas passieren, wäre meine Frau schlecht versorgt. Die Versicherung soll das verhindern.«

»Hat sie gegen diese Idee keinen Einspruch erhoben?«, erkundigte sich Evans beiläufig. »Manche Frauen tun das, wissen Sie. Sie meinen, es brächte Unglück oder so etwas.«

»Ach, Margaret ist sehr praktisch«, entgegnete Merrowdene lächelnd. »Überhaupt nicht abergläubisch. Ich glaube, es war sogar ursprünglich ihre eigene Idee. Sie wollte nicht, dass ich mir Sorgen mache.«

Evans hatte die Information, die er wollte. Er verließ den Professor kurz darauf. Sein Gesicht spiegelte grimmige Entschlossenheit wider. Der verstorbene Mr Anthony hatte auch eine Lebensversicherung zugunsten seiner Frau abgeschlossen – gerade ein paar Wochen vor seinem Tod.

Für Evans gab es keinen Zweifel mehr. Aber was er unternehmen konnte, stand auf einem anderen Blatt. Er wollte keinen auf frischer Tat ertappten Verbrecher verhaften, sondern ein Verbrechen verhindern. Und das war etwas ganz anderes und viel schwieriger.

Den ganzen Tag über war er sehr nachdenklich. Am Nachmittag gab der Primelzüchterverein ein Fest auf dem Besitz des örtlichen Gutsherrn, und Evans ging hin. Er spielte beim *Penny dip* mit, einer Art Lotterie, und warf mit Bällen nach leeren Blechdosen. In Gedanken aber war er ständig bei seinem Problem. Er ließ sich sogar von Sarah, der Wahrsagerin, für eine halbe Krone die Zukunft deuten und musste über sich selbst lächeln, als er sich erinnerte, wie er während seiner Amtszeit gegen diese Wahrsager vorgegangen war.

Er war nicht so richtig bei der Sache, bis das Ende eines Satzes seine Aufmerksamkeit erregte.

»... und Sie werden in Kürze, in allernächster Kürze in einer Sache stecken, bei der es um Tod oder Leben geht ... Leben oder Tod eines Menschen.«

»Ha? Wie war das?«, fragte er.

»Einen Beschluss. Sie werden einen Beschluss zu fassen haben. Sie müssen sehr vorsichtig sein, sehr, sehr vorsichtig. Wenn Sie einen Fehler machen, den kleinsten Fehler auch nur ...« Die Wahrsagerin erschauderte. Inspektor Evans wusste, dass das alles Unsinn war, trotzdem war er beeindruckt.

»Ich warne Sie. Sie dürfen keinen Fehler machen. Wenn Sie es doch tun, sehe ich die Folgen ganz klar – den Tod.«

Komisch, verflixt komisch. Tod. Dass ihre Phantasie sie darauf gebracht hatte!

»Wenn ich einen Fehler mache, wird das einen Todesfall zur Folge haben? Ist es so?«

»Ja.«

»Aus diesem Grunde«, meinte Evans trocken und reichte ihr das Geldstück hinüber, »darf ich also keinen Fehler machen, was?«

Er sprach zwar unbekümmert, war aber auch fest entschlossen, aufzupassen. Leichter gesagt als getan! Er durfte keinen Schnitzer machen. Ein Leben, ein kostbares menschliches Leben hing davon ab. Und niemand war da, der ihm helfen konnte.

Er blickte hinüber zu seinem Freund Haydock, der in einiger Entfernung stand. Von ihm konnte er keine Hilfe erwarten. »Lass die Dinge auf sich beruhen«, war Haydocks Devise.

Haydock unterhielt sich mit einer Frau. Sie verabschiedete sich jetzt von ihm und kam auf Evans zu. Der Inspektor erkannte sie. Es war Mrs Merrowdene. Impulsiv stellte er sich ihr genau in den Weg.

Mrs Merrowdene war eine sehr gut aussehende Frau. Sie hatte eine breite, gerade Stirn und einen sanften Gesichtsausdruck. Mit ihren wunderschönen braunen Augen glich sie einer italienischen Madonna, und das unterstrich sie noch dadurch, dass sie ihr Haar in der Mitte gescheitelt trug. Ihre Stimme war warm und dunkel.

Sie lächelte Evans zu.

»Ich dachte mir doch, dass Sie es waren, Mrs Anthony – ich meine, Mrs Merrowdene«, sagte er hintergründig.

Diesen Fehler hatte er absichtlich gemacht, und er beobachtete sie dabei, ohne es sich anmerken zu lassen. Er sah, wie sich ihre Augen weiteten und wie sie kurz den Atem anhielt. Aber sie zuckte mit keiner Wimper. Sie betrachtete ihn würdevoll.

»Ich suche meinen Mann«, sagte sie ruhig. »Haben Sie ihn irgendwo gesehen?«

»Er war dort drüben, als ich ihn zuletzt sah.«

Sie gingen Seite an Seite in der bezeichneten Richtung und plauderten. Der Inspektor fühlte, wie seine Bewunderung wuchs. Welch eine Frau! Diese Selbstbeherrschung! Dieses wunderbare Gleichgewicht! Ein bemerkenswerter Mensch – und sehr gefährlich.

Er fühlte sich unbehaglich, obgleich er mit seinem ersten Schritt zufrieden war. Er hatte sie wissen lassen, dass er sie erkannt hatte. Sie würde auf der Hut sein und es nicht wagen, irgendetwas Übereiltes zu tun. Blieb noch Merrowdene. Wenn man ihn nur warnen könnte!

Sie fanden den kleinen Mann, wie er abwesend eine Porzellanpuppe betrachtete, die er gewonnen hatte. Seine Frau schlug vor, nach Hause zu gehen, und er stimmte freudig zu. Mrs Merrowdene wandte sich an den Inspektor.

»Wollen Sie nicht mitkommen und eine Tasse Tee bei uns trinken, Mr Evans?«

Lag da nicht ein leichter Ton von Herausforderung in ihrer Stimme? Er meinte, ihn bemerkt zu haben.

»Vielen Dank, Mrs Merrowdene. Gern.«

Auf dem Weg unterhielten sie sich über alltägliche Dinge. Die Sonne schien, und ein leichter Wind wehte. Die Welt schien ruhig und friedlich.

Ihr Hausmädchen sei auch bei dem Fest, erklärte Mrs Merrowdene, als sie in dem hübschen Landhaus ankamen. Sie ging in ihr Zimmer, um ihren Hut abzusetzen. Dann kam sie zurück und begann den Tee bereitzustellen. Auf einem kleinen silbernen Kocher brachte sie Wasser zum Sieden. Aus einem Fach neben dem Kamin nahm sie drei hauchdünne Schalen und Untertassen.

»Wir haben einen ganz speziellen chinesischen Tee«, sagte sie. »Und wir trinken ihn immer auf chinesische Weise, aus Schalen, nicht aus Tassen.«

Sie brach ab, blickte in eine der Schalen und tauschte sie mit einem Ausdruck von Verärgerung gegen eine andere aus.

»George, das ist nicht nett von dir. Du hast schon wieder eine dieser Schalen benutzt«, schalt sie ihren Mann.

»Es tut mir leid, Liebes«, antwortete der Professor entschuldigend. »Sie haben eine so brauchbare Größe. Die anderen, die ich bestellt habe, sind noch nicht angekommen.«

»Eines schönen Tages wirst du uns alle vergiften«, meinte seine Frau mit einem halben Lachen. »Mary findet sie im Labor und bringt sie mit herauf. Wenn nicht etwas sehr Auffälliges darin ist, macht sie sich nicht die Mühe, sie abzuwaschen. Neulich hast du sogar eine davon für Zyankali benutzt. Wirklich, George, es ist höchst gefährlich.«

Merrowdene schien etwas ärgerlich.

»Mary hat überhaupt nichts aus meinem Labor wegzunehmen. Sie darf dort nichts anfassen.«

»Aber wir lassen oft unsere Tassen nach dem Tee dort stehen. Woher soll sie das wissen? Sei doch vernünftig, Lieber.«

Der Professor ging in sein Laboratorium und murmelte vor sich hin. Lächelnd goss Mrs Merrowdene kochendes Wasser über den Tee und blies die Flamme auf dem silbernen Kocher aus.

Evans war überrascht. Aus irgendeinem Grund ließ sich Mrs Merrowdene in die Karten blicken. Sollte das der »Unfall« werden? Sprach sie bewusst von all dem, um sich von vornherein ein Alibi zu verschaffen? Er wäre gezwungen, zu ihren Gunsten auszusagen, wenn der »Unfall« eines Tages passierte. Wie dumm von ihr, denn bevor …

Plötzlich hielt er den Atem an. Sie hatte den Tee in drei Schalen gegossen. Eine setzte sie vor sich hin, eine vor ihn und die dritte auf einen kleinen Tisch beim Feuer, in der Nähe des Sessels, in dem gewöhnlich ihr Mann saß. Als sie diese letzte Schale auf den Tisch stellte, verzog ein eigenartiges Lächeln ihren Mund.

Dieses Lächeln gab den Ausschlag.

Eine bemerkenswerte Frau – eine gefährliche Frau. Kein Warten, keine Vorbereitungen. Heute Nachmittag, genau heute Nachmittag – mit ihm hier als Zeugen. Diese Kühnheit verschlug ihm den Atem. Es war raffiniert, verdammt raffiniert. Er würde ihr nichts beweisen können. Sie baute darauf, dass er nichts ahnte – einfach weil es noch so früh war. Eine Frau, die blitzschnell dachte und handelte.

Er holte tief Luft und beugte sich vor.

»Mrs Merrowdene, ich bin ein Mann mit sonderbaren Einfällen. Würden Sie so liebenswürdig sein und bei einem davon mitmachen?«

Sie blickte ihn fragend an.

Er stand auf, nahm die Schale, die vor ihr stand, und ging hinüber zu dem kleinen Tisch, wo er sie gegen die andere vertauschte. Diese brachte er zurück und stellte sie vor sie hin.

»Ich möchte sehen, wie Sie das trinken!«

Ihre Blicke trafen sich. Sie sah ihn fest und unergründlich an. Langsam wich die Farbe aus ihrem Gesicht.

Sie streckte die Hand aus und hob die Schale hoch. Er hielt den Atem an. Angenommen, er hatte sich von Anfang an geirrt?

Sie führte die Schale an die Lippen. Im letzten Moment lehnte sie sich vor und goss den Inhalt in einen Blumentopf. Dann richtete sie sich auf und sah ihn herausfordernd an.

Er stieß einen langen Seufzer der Erleichterung aus und setzte sich wieder hin.

»Nun?«, fragte sie. Ihre Stimme klang verändert. Sie war leicht spöttisch und herausfordernd.

Er antwortete bedächtig. »Sie sind eine sehr kluge Frau, Mrs Merrowdene. Ich glaube, Sie verstehen mich. Es darf kein zweites Mal geben. Wissen Sie, was ich meine?«

»Ja, ich weiß«, sagte sie.

Er nickte zufrieden mit dem Kopf. Sie war sehr vorsichtig. Sie wollte nicht gehängt werden.

»Auf Ihr langes Leben und das Ihres Gatten«, sagte er bedeutungsvoll und hob die Schale mit dem Tee an die Lippen.

Dann veränderte sich sein Gesicht. Es verzog sich grauenvoll … er musste aufstehen … hinausschreien. Sein Körper wurde steif, sein Gesicht lief rot an. Er fiel hin, stürzte über den Stuhl. Seine Glieder verkrampften sich.

Mrs Merrowdene lehnte sich vor und beobachtete ihn. Ein leichtes Lächeln umspielte ihre Lippen. Sie sprach zu ihm, ganz sanft und liebenswürdig.

»Sie haben einen Fehler gemacht, Mr Evans. Sie glaubten, ich wollte George töten … Wie dumm von Ihnen, wie furchtbar dumm.«

Sie saß noch eine Minute lang da und blickte auf den toten Mann – den dritten, der gedroht hatte, ihren Weg zu kreuzen und sie von dem Mann zu trennen, den sie liebte.

Ihr Lächeln vertiefte sich. Mehr denn je glich sie einer Madonna. Dann hob sie ihre Stimme und rief:

»George! George! … Oh, bitte, komm her. Ich fürchte, ein schrecklicher Unfall ist passiert! Armer Mr Evans!«

Jane sucht Arbeit

Jane Cleveland raschelte mit der Zeitung und stieß einen tiefen Seufzer aus, der aus dem Innersten ihrer Seele zu steigen schien. Angewidert betrachtete sie die marmorne Tischplatte vor sich, auf der sich ein Teller mit einer Toastscheibe, garniert mit einem verlorenen Ei, sowie ein Kännchen Tee befanden. Nicht etwa, weil sie keinen Hunger hatte. Das war keineswegs der Fall, Jane hatte einen Bärenhunger. Sie hätte in diesem Augenblick gut und gern ein riesengroßes Steak mit Bratkartoffeln und einer Portion Butterbohnen vertilgen und dazu ein etwas aufregenderes Getränk als den faden Tee trinken können.

Aber junge Frauen, in deren Kasse totale Ebbe herrscht, können nicht wählerisch sein. Jane durfte sich schon glücklich schätzen, dass sie in der Lage war, ein verlorenes Ei und ein Kännchen Tee zu bestellen. Morgen würde sie sich vermutlich nicht einmal mehr das leisten können, es sei denn …

Sie wandte sich wieder dem Anzeigenteil im *Daily Leader* zu. Um es klar und deutlich zu sagen, Jane war arbeitslos, und ihre Lage wurde allmählich brenzlig. Die Wirtin ihrer schäbigen Pension hatte sie bereits mehrmals mit schrägen Blicken gemustert.

»Und dabei«, sagte Jane zu sich selbst, wobei sie, wie es ihre Gewohnheit war, trotzig das Kinn hob, »und dabei bin ich intelligent, sehe gut aus und habe eine anständige Erziehung genossen. Was wollen die Leute eigentlich noch mehr?«

Nach dem *Daily Leader* zu schließen, wollten die Leute Stenotypistinnen mit reichlicher Berufserfahrung, Geschäftsführerinnen mit etwas Eigenkapital, Interessentinnen an lukrativen Hühnerzuchtbetrieben (auch hier war ein bisschen Eigenkapital erforderlich) sowie unzählige Köchinnen, Zimmermädchen und Putzfrauen – insbesondere Putzfrauen.

»Es würde mir ja gar nichts ausmachen, mich als Putzfrau zu verdingen«, sagte Jane zu sich, »aber selbst hier würde man mich nicht ohne Berufserfahrung nehmen. Wahrscheinlich könnte ich irgendwo eine Stelle als Hausmädchen finden, aber Hausmädchen zahlt man nun mal kein nennenswertes Gehalt.«

Sie seufzte abermals tief auf, legte die Zeitung vor sich hin und machte sich mit dem gesunden Appetit der Jugend über das verlorene Ei her.

Als sie den letzten Bissen verschlungen hatte, trank sie ihren Tee und blätterte dabei die Zeitung durch bis zu den Kleinanzeigen. Das war immer ihre letzte Hoffnung.

Hätte sie bloß zweitausend Pfund besessen, so wäre alles kinderleicht. Es gab da mindestens sieben einmalige Anlagemöglichkeiten, die alle nicht weniger als dreitausend Pfund im Jahr abwarfen. Jane schnitt eine Grimasse.

»Wenn ich zweitausend Pfund hätte«, murmelte sie, »würde ich mich bestimmt nicht so leicht davon trennen.«

Sie ließ ihre Augen rasch bis zum Ende der Spalte gleiten und dann mit der Gewandtheit langer Übung wieder daran emporwandern.

Da war die Dame, die so wunderbar hohe Preise für abgelegte Kleidung bezahlte, wobei sie zur Besichtigung von

»Damengarderobe« sogar zu einem nach Hause kam. Da war der Herr, der *alles* kaufte, aber sich vorzugsweise für *Zähne* interessierte. Da waren die Damen »von Stand«, die unbedingt verreisen mussten und daher ihre Pelzmäntel zu geradezu spottbilligen Preisen abgeben wollten. Da waren der verarmte Geistliche, die schwer arbeitende Witwe, der kriegsversehrte Offizier, die alle unbedingt Beträge zwischen fünfzig und zweihundert Pfund benötigten. Und dann hielt Jane abrupt inne. Sie stellte ihre Teetasse hin und las die Annonce ein zweites Mal.

»Es ist natürlich ein Haken dabei«, murmelte sie. »Hinter dieser Art von Angeboten steckt immer ein Haken. Ich muss vorsichtig sein. Aber trotzdem …«

Die Anzeige, die Jane Cleveland so interessierte, lautete folgendermaßen:

»*Wenn* Sie – *junge Dame, Alter zwischen fünfundzwanzig und dreißig, dunkelblaue Augen, hellblonde Haare, schwarze Augenbrauen und Wimpern, gerade Nase, schlanke Figur, Größe ein Meter achtundsechzig, mit Schauspieltalent und französischen Sprachkenntnissen – sich heute zwischen 17 und 18 Uhr bei der Adresse Endersleigh Street 7 melden, haben wir ein interessantes Angebot für Sie.*«

»›Die Unschuld vom Lande‹ oder ›Wie man auf die schiefe Bahn gerät‹«, spöttelte Jane halblaut. »Auf jeden Fall ist Vorsicht geboten. Aber eigentlich werden für so was zu viele besondere Eigenschaften verlangt. Ob vielleicht … gehen wir die Bedingungen noch einmal durch.«

Sie fing von vorne an.

»Alter fünfundzwanzig bis dreißig – ich bin sechsundzwanzig. Augen dunkelblau – stimmt. Haare hellblond, Augenbrauen und Wimpern schwarz – stimmt alles. Gerade Nase? Na ja – ziemlich gerade, jedenfalls keine Haken- und keine

Himmelfahrtsnase. Und eine schlanke Figur hab ich – selbst für heutzutage. Groß bin ich zwar nur ein Meter siebenundsechzig – aber ich könnte ja Schuhe mit hohen Absätzen tragen. Schauspieltalent hab ich auch, nicht überwältigend vielleicht, aber ich kann gut anderer Leute Stimmen imitieren, und Französisch spreche ich wie ein Engel oder eine geborene Französin. Kurz und gut, ich bin genau die Richtige. Die müssten vor Freude schier in die Luft springen, wenn ich mich dort melde. Also los, Jane, auf in den Kampf.«

Entschlossen riss Jane die Anzeige aus der Zeitung und steckte sie in ihre Handtasche. Dann rief sie mit neu erwachter Energie in der Stimme nach ihrer Rechnung.

Um zehn Minuten vor fünf war Jane bereits in der Gegend der Endersleigh Street, um sich ein wenig umzusehen. Die Endersleigh Street selbst war eine kleine, zwischen zwei größere Straßen eingezwängte Nebenstraße nicht weit vom Oxford Circus entfernt. Die graubraunen Häuserfronten wirkten eintönig, aber respektabel.

Nummer 7 schien sich durch nichts von den Nachbarhäusern zu unterscheiden. Es bestand ebenfalls ausschließlich aus Büroetagen. Doch während Jane an der Fassade emporblickte, dämmerte es ihr zum ersten Mal, dass sie nicht das einzige blauäugige, blondhaarige, mit einer geraden Nase ausgestattete schlanke Mädchen zwischen fünfundzwanzig und dreißig Jahren war. In London wimmelte es offensichtlich von derartigen weiblichen Wesen, und mindestens vierzig bis fünfzig davon hatten sich vor der Endersleigh Street 7 versammelt.

»Die Konkurrenz«, seufzte Jane. »Ich reihe mich am besten schleunigst in die Warteschlange ein.«

Sie tat es genau in dem Moment, als drei weitere Mädchen um die Straßenecke bogen. Hinter ihnen tauchten noch andere auf. Jane vertrieb sich die Zeit, indem sie ihre unmittelbaren Nachbarinnen genau unter die Lupe nahm. Bei allen entdeckte sie glücklicherweise etwas, das nicht stimmte – blonde statt dunkle Wimpern; Augen, die mehr grau als blau waren; blonde Haare, die ihre Farbe der Kunst eines Friseurs und nicht der Natur verdankten, interessante Nasenformen und Figuren, die man nur mit größter Nachsicht als schlank bezeichnen konnte. Jane fasste wieder Mut.

»Ich glaube, ich habe geradeso gut eine Chance wie alle anderen hier«, murmelte sie vor sich hin. »Bin gespannt, um was es sich bei der Sache dreht. Ein Statistinnenjob hoffentlich.«

Die Warteschlange rückte langsam, aber stetig voran. Nach einer Weile setzte, aus dem Haus kommend, ein zweiter Strom von Mädchen ein. Einige von ihnen warfen verächtlich die Köpfe zurück, andere grinsten spöttisch.

»Abgelehnt«, frohlockte Jane. »Ich hoffe zu Gott, es ist noch nicht alles besetzt, bis ich drinnen bin.«

Und die Schlange rückte immer noch vorwärts. Ängstliche Blicke senkten sich auf winzige Taschenspiegel, Nasen wurden frisch gepudert, Lippenstifte gezückt.

Ich wünschte, ich hätte einen fescheren Hut, dachte Jane betrübt.

Endlich war sie an der Reihe. Im Hausflur befand sich auf der einen Seite eine Glastür mit der Aufschrift »Messrs. Cuthbertsons«. Durch diese Tür wurden die Bewerberinnen einzeln eingelassen. Nun kam Jane dran. Sie holte tief Luft und ging hinein.

Sie gelangte in ein Vorzimmer, das offensichtlich für das Büropersonal bestimmt war. An seinem Ende war eine weitere Glastür. Jane wurde angewiesen, durch diese Tür zu gehen. Sie tat es und sah sich nun in einem wesentlich kleineren Raum. Darin stand ein riesiger Schreibtisch, und hinter diesem saß ein Mann mittleren Alters mit scharfen Augen und einem dichten, ziemlich fremdländisch wirkenden Schnurrbart. Sein Blick glitt über Jane hinweg, dann deutete er auf eine Tür zur Linken.

»Bitte, warten Sie dort drinnen«, sagte er knapp.

Jane gehorchte. In dem Raum, den sie nun betrat, waren schon mehrere Personen. In steifer Haltung saßen dort fünf Mädchen, die sich alle untereinander mit bösen Blicken maßen. Es war Jane klar, dass man sie unter die aussichtsreichsten Kandidatinnen eingereiht hatte, und sie schöpfte neue Hoffnung. Nichtsdestoweniger musste sie zugeben, dass diese fünf Mädchen hier den in der Annonce geforderten Bedingungen ebenso entsprachen wie sie selbst.

Die Zeit verging. Durch das Büro nebenan strömten offenbar weitere Scharen von Mädchen. Die meisten wurden durch eine andere Tür, die zum Korridor ging, wieder nach draußen geschleust, aber hin und wieder gesellte sich ein Neuankömmling zur Gruppe der Auserwählten. Um halb sieben waren schließlich vierzehn junge Damen in dem Nebenzimmer versammelt.

Jane hörte Stimmengemurmel aus dem Büro, und kurz darauf trat der ausländisch aussehende Herr, den sie im Geist wegen seines martialischen Schnurrbarts den »Oberst« getauft hatte, in die Tür.

»Meine Damen, ich würde mich nun gern einzeln mit Ihnen unterhalten«, sagte er. »In der Reihenfolge, in der Sie gekommen sind, bitte.«

Jane war demnach die Sechste auf der Liste. Zwanzig Minuten verstrichen, ehe sie hereingerufen wurde. Der »Oberst« stand aufrecht im Zimmer, die Hände auf dem Rücken verschränkt, und stellte ihr rasch hintereinander einige Fragen.

Er prüfte ihre Französischkenntnisse und maß schließlich ihre Größe.

»Es wäre möglich, Mademoiselle«, sagte er dann auf Französisch, »dass Sie den Anforderungen entsprechen. Ich weiß es noch nicht. Aber es wäre möglich.«

»Um was für einen Posten handelt es sich denn, wenn ich fragen darf«, erkundigte sich Jane ohne Umschweife.

Er zuckte mit den Achseln.

»Das kann ich Ihnen noch nicht sagen. Wenn die Wahl auf Sie fällt – dann werden Sie es erfahren.«

»Das scheint mir alles sehr geheimnisvoll«, wandte Jane ein. »Ich kann unmöglich eine Tätigkeit annehmen, ohne genau darüber Bescheid zu wissen. Darf ich fragen, ob es etwas mit dem Film zu tun hat?«

»Dem Film? Nein, absolut nicht.«

»Ach!«, stieß Jane verblüfft hervor.

Der »Oberst« musterte sie aufmerksam.

»Sie besitzen Intelligenz, ja? Und Diskretion?«

»Ich besitze jede Menge Intelligenz und Diskretion«, entgegnete Jane ruhig. »Wie steht's mit der Bezahlung?«

»Die Bezahlung wird zweitausend Pfund betragen – für eine Arbeitsdauer von zwei Wochen.«

»Oh!«, hauchte Jane.

Die Höhe der genannten Summe überwältigte sie derart, dass sie im Augenblick kein weiteres Wort herausbrachte.

»Ich habe noch eine weitere junge Dame in die engere Wahl gezogen«, fuhr der Oberst fort. »Sie sind beide gleich gut geeignet. Vielleicht gibt es unter den verbleibenden Damen noch andere, die infrage kommen. Ich werde Ihnen nun weitere Anweisungen geben. Sie kennen das Hotel ›Harridge's‹?«

Jane rang nach Luft. Wer in England kannte nicht das »Harridge's«, jenes berühmte Haus in einer bescheidenen

Nebenstraße von Mayfair, wo regelmäßig Mitglieder regierender Häuser und andere Berühmtheiten abzusteigen pflegten. Erst heute Morgen hatte Jane von der Ankunft der Großherzogin Pauline von Ostrowa gelesen. Sie war nach England gekommen, um einen großen Wohltätigkeitsbasar zur Unterstützung russischer Flüchtlinge zu eröffnen, und sie wohnte natürlich im »Harridge's«.

»Ja«, antwortete Jane auf die Frage des Obersten.

»Schön. Begeben Sie sich dorthin. Fragen Sie nach Graf Streptitsch. Schicken Sie Ihre Visitenkarte hinauf – Sie haben doch eine Visitenkarte?«

Jane holte eine aus der Tasche. Der Oberst nahm sie und kritzelte in eine Ecke davon ein winziges P. Dann gab er Jane die Karte zurück.

»Das garantiert Ihnen, dass der Graf Sie auch bestimmt empfängt. Er wird daraus ersehen, dass ich Sie geschickt habe. Die endgültige Entscheidung liegt bei ihm – und bei einer anderen Person. Sollte er Sie für geeignet halten, wird er Ihnen erklären, um was es sich handelt, und Sie können dann sein Angebot annehmen oder ablehnen. Sind Sie damit einverstanden?«

»Vollkommen«, erwiderte Jane.

Vorläufig wenigstens, dachte sie, als sie auf die Straße trat. Ich kann keinen Haken an der Geschichte entdecken. Und doch muss es einen geben. Für nichts kriegt man nichts. Es muss sich um irgendeine illegale Sache handeln! Etwas anderes bleibt gar nicht übrig.

Sie wurde ganz vergnügt bei dem Gedanken. Die Idee einer illegalen Beschäftigung schien ihr nicht so übel, vorausgesetzt natürlich, diese hielt sich im Rahmen. Die Zeitungen waren in letzter Zeit voll von den »Heldentaten« verschiedener »Gangsterbräute« gewesen, und Jane hatte sich schon ernstlich überlegt, ob sie sich, sollte alles andere schiefgehen, nicht auch auf dieses Metier verlegen sollte.

Mit leichtem Schaudern trat sie durch das geheiligte Portal des »Harridge's«. Mehr als je zuvor wünschte sie, sie hätte einen neuen Hut.

Aber sie marschierte tapfer zur Rezeption, holte ihre Karte heraus und fragte ohne jedes Zaudern in der Stimme nach Graf Streptitsch. Ihr schien, als sehe der Portier sie recht neugierig an, doch er nahm ihre Karte und gab sie einem kleinen Hotelpagen, wobei er diesem leise einige Anweisungen erteilte, die Jane nicht verstand. Nach einer Weile kehrte der Page zurück und forderte Jane auf, ihm zu folgen. Sie fuhren mit dem Lift nach oben und gingen einen Korridor entlang bis zu einer breiten Doppeltür. Der Page klopfte an. Einen Augenblick später fand sich Jane in einem großen Raum einem hochgewachsenen, schlanken Herrn mit blondem Bart gegenüber, der lässig ihre Visitenkarte zwischen langen weißen Fingern hielt.

»Miss Jane Cleveland«, las er langsam. »Ich bin Graf Streptitsch.«

Seine Lippen öffneten sich zu etwas, das wohl ein Lächeln darstellen sollte, und entblößten zwei Reihen weißer ebenmäßiger Zähne. Das Resultat erweckte jedoch keineswegs den Eindruck von Heiterkeit.

»Wenn ich recht verstehe, haben Sie sich auf unsere Annonce hin beworben«, fuhr der Graf fort. »Unser guter Oberst Kranin hat Sie dann zu uns geschickt.«

Er ist also doch ein Oberst, dachte Jane, erfreut über ihre Menschenkenntnis, doch sie nickte bloß.

»Sie werden es mir nicht übel nehmen, wenn ich Ihnen nun ein paar Fragen stelle?«

Er wartete ihre Antwort nicht ab, sondern unterzog Jane

sofort einem Verhör, das demjenigen des Obersten Kranin fast aufs Haar glich. Ihre Antworten schienen ihn zu befriedigen. Er nickte ein- oder zweimal mit dem Kopf.

»Ich möchte Sie nun bitten, Mademoiselle, langsam bis zur Tür und wieder zurück zu gehen.«

Vielleicht wollen die mich als Mannequin, dachte Jane, während sie gehorchte. Aber nein, einem Mannequin würden sie nicht zweitausend Pfund bezahlen. Trotzdem, ich stelle vorläufig lieber noch keine Fragen.

Graf Streptitsch runzelte die Stirn. Er trommelte mit seinen weißen Fingern auf die Tischplatte. Plötzlich erhob er sich, öffnete die Tür zu einem Nebenzimmer und sprach mit jemandem dort drinnen.

Er kehrte zu seinem Platz zurück, und gleich darauf erschien eine kleine ältere Dame aus dem Nebenzimmer, dessen Tür sie hinter sich schloss. Sie war dick und auffallend hässlich, dennoch merkte man ihrem Auftreten an, dass sie eine bedeutende Persönlichkeit war.

»Nun, Anna Michaelowna«, sagte der Graf. »Was halten Sie von ihr?«

Die Dame musterte Jane von oben bis unten, als wäre das Mädchen eine Wachsfigur in einem Panoptikum. Sie machte nicht die geringsten Anstalten, Jane zu begrüßen.

»Sie könnte passen«, meinte sie schließlich. »Eine Ähnlichkeit im buchstäblichen Sinn ist zwar kaum vorhanden. Aber die Figur und die Farben sind sehr gut, besser als bei den anderen. Was meinen Sie, Feodor Alexandrowitsch?«

»Ich bin ganz Ihrer Meinung, Anna Michaelowna.«

»Spricht sie Französisch?«

»Ihr Französisch ist ausgezeichnet.«

Jane kam sich mehr und mehr wie eine Wachspuppe vor. Keiner dieser beiden merkwürdigen Leute schien auf den

Gedanken zu kommen, dass sie ein menschliches Wesen war.

»Aber wird sie auch schweigen können?«, fragte die Dame, indem sie Jane stirnrunzelnd betrachtete.

»Das ist die Prinzessin Poporensky«, wandte sich Graf Streptitsch auf Französisch an Jane. »Sie möchte wissen, ob Sie schweigen können.«

Jane richtete ihre Antwort an die Prinzessin.

»Ehe man mir nicht erklärt, um welche Tätigkeit es sich handelt, kann ich schwerlich irgendetwas versprechen.«

»Es ist richtig, was sie da sagt, die Kleine«, meinte die Dame. »Ich glaube, sie ist intelligent, Feodor Alexandrowitsch, intelligenter als die anderen. Sagen Sie mir, Kleine, haben Sie auch Mut?«

»Ich weiß nicht«, antwortete Jane verwirrt. »Ich hab's nicht gerade besonders gern, wenn man mir Schmerzen zufügt, aber ich kann's ertragen.«

»Oh, das habe ich nicht gemeint. Sie haben keine Angst vor Gefahren, nein?«

»Ach so!«, rief Jane. »Gefahren! Nein, das nicht. Gefahren, die liebe ich.«

»Und Sie sind arm? Würden Sie gern viel Geld verdienen?«

»Und ob«, rief Jane schon beinahe enthusiastisch.

Graf Streptitsch und Prinzessin Poporensky wechselten einen Blick. Dann nickten sie beide gleichzeitig.

»Soll ich erklären, Anna Michaelowna?«, fragte Streptitsch. Die Prinzessin schüttelte den Kopf.

»Ihre Hoheit möchte das selbst tun.«

»Das ist unnötig – und unklug.«

»Dennoch, so lautet ihr Befehl. Ich soll das Mädchen zu ihr bringen, sobald Sie mit Ihrem Interview fertig sind.«

Streptitsch zuckte die Achseln. Er war sichtlich nicht erbaut darüber. Aber ebenso sichtlich verspürte er keine Neigung, sich dem Befehl zu widersetzen. Er wandte sich zu Jane.

»Die Prinzessin Poporensky wird Sie nun Ihrer Hoheit, der Großherzogin Pauline vorstellen. Haben Sie keine Angst.«

Jane hatte absolut keine Angst. Sie war von dem Gedanken entzückt, einer echten, lebendigen Großherzogin vorgestellt zu werden. Ihr Wesen war nicht von sozialistischen Ideen angekränkelt. Für den Augenblick machte sie sich nicht einmal mehr Sorgen wegen ihres Hutes.

Prinzessin Poporensky watschelte Jane gewichtigen Schritts voraus, wobei sie es trotz widriger Umstände fertigbrachte, ihrem Gang eine gewisse Würde zu verleihen. Sie durchschritten den Nebenraum, eine Art Vorzimmer, und die Prinzessin klopfte an eine Tür in der gegenüberliegenden Wand. Eine Stimme von drinnen antwortete. Die Prinzessin öffnete die Tür und trat über die Schwelle, dicht gefolgt von Jane.

»Madame«, begann sie in feierlichem Ton, »gestatten Sie, dass ich Ihnen Miss Jane Cleveland vorstelle.«

Eine junge Frau, die in einem tiefen Sessel im Hintergrund des Raums gesessen hatte, sprang auf und eilte auf die beiden zu. Ein oder zwei Minuten lang starrte sie Jane wie gebannt an, dann brach sie in fröhliches Lachen aus.

»Aber das ist ja phantastisch, Anna«, rief sie. »Ich hätte nie geglaubt, dass es so gut funktionieren würde. Kommen Sie, wir wollen uns Seite an Seite betrachten.«

Sie ergriff Jane beim Arm und zog sie mit sich durchs Zimmer bis zu einem mannshohen Spiegel an der Wand.

»Sehen Sie?«, rief sie entzückt. »Das perfekte Ebenbild.« Schon beim ersten Anblick der Großherzogin Pauline hatte Jane angefangen zu begreifen. Die Großherzogin war eine junge Frau, vielleicht ein oder zwei Jahre älter als Jane. Sie hatte Haare vom gleichen Blondton wie Jane und die gleiche schlanke Figur. Sie war lediglich eine Spur größer. Jetzt, da sie beide nebeneinander standen, war die Ähnlichkeit wirklich frappant.

Die Großherzogin klatschte in die Hände. Sie schien eine außergewöhnlich heitere junge Frau zu sein.

»Es könnte nicht besser sein«, rief sie aus. »Sie müssen Feodor Alexandrowitsch in meinem Namen beglückwünschen, Anna. Er hat wirklich großartige Arbeit geleistet.«

»Bisher, Madame«, entgegnete die Prinzessin mit gedämpfter Stimme, »weiß diese junge Frau noch nicht, was von ihr verlangt wird.«

»Stimmt.« Die Großherzogin beruhigte sich ein wenig. »Das habe ich ganz vergessen. Nun, ich werde sie aufklären. Lassen Sie uns allein, Anna Michaelowna.«

»Aber, Madame –«

»Lassen Sie uns allein, habe ich gesagt.«

Die Großherzogin stampfte ärgerlich mit dem Fuß auf. Mit merklichem Widerstreben verließ Anna Michaelowna den Raum. Die Großherzogin setzte sich und bedeutete Jane, das Gleiche zu tun.

»Sie sind schon lästig, diese alten Frauen«, bemerkte Pauline. »Aber sie gehören nun einmal dazu. Anna Michaelowna ist noch besser als die meisten anderen. Nun, Miss ... ach ja, Miss Jane Cleveland. Der Name gefällt mir. Sie übrigens auch. Sie sind sympathisch. Ich merke sofort, ob Menschen sympathisch sind.«

»Das ist sehr klug von Ihnen, Madame.« Jane tat zum ersten Mal den Mund auf.

»Ich bin klug«, gab Pauline ruhig zurück. »So, und nun will ich Ihnen alles erklären. Zwar gibt es da nicht viel zu erklären. Sie kennen die Geschichte von Ostrowa. Praktisch meine ganze Familie ist tot – von den Kommunisten ausgerottet worden. Ich bin wahrscheinlich die Letzte meiner Linie. Und ich bin eine Frau, wir haben keine weibliche Erbfolge. Man möchte daher meinen, sie würden mich in Ruhe lassen. Aber nein, wohin ich gehe, werden Attentatsversuche gegen mich unternommen. Absurd, nicht wahr? Diesen Leuten geht eben jeder Sinn für das rechte Maß ab.«

»Ich verstehe«, murmelte Jane in dem unbestimmten Gefühl, es werde eine Antwort von ihr erwartet.

»Die meiste Zeit lebe ich in strenger Zurückgezogenheit – wo ich Vorkehrungen für meinen Schutz treffen kann. Aber hin und wieder muss ich an öffentlichen Feierlichkeiten teilnehmen. Während meines Aufenthalts hier zum Beispiel muss ich mehrere halb öffentliche Veranstaltungen besuchen. Und ebenso in Paris, auf meinem Rückweg. Ich habe nämlich einen Besitz in Ungarn, wissen Sie. Man kann dort wunderbar Sport treiben.«

»Tatsächlich?«, sagte Jane.

»Ja, fabelhaft. Ich liebe Sport. Außerdem – eigentlich dürfte ich Ihnen das gar nicht erzählen, aber ich tu's doch, weil Sie so ein sympathisches Gesicht haben –, also, es werden dort gewisse Vorbereitungen getroffen in aller Stille, verstehen Sie. Kurz gesagt, es ist sehr wichtig, dass ich während der nächsten zwei Wochen nicht umgebracht werde.«

»Aber bestimmt ist die Polizei …«, begann Jane.

»Die Polizei? O ja, die ist sicherlich ausgezeichnet. Und wir selbst haben auch unsere Spione. Es ist gut möglich, dass ich vor einem Attentatsversuch gewarnt werde. Aber vielleicht eben auch nicht.«

Sie zuckte die Achseln.

»Langsam verstehe ich«, sagte Jane bedächtig. »Sie wünschen, dass ich Ihren Platz einnehme?«

»Nur bei bestimmten Gelegenheiten«, sprudelte die Großherzogin hervor. »Sie müssten sich irgendwo zu meiner Verfügung halten, verstehen Sie? Ich werde Sie während der nächsten vierzehn Tage vielleicht zweimal, dreimal oder auch viermal brauchen. Das wird jedes Mal anlässlich irgendeiner öffentlichen Veranstaltung sein. Bei intimen Geselligkeiten jeder Art können Sie mich natürlich nicht vertreten.«

»Natürlich nicht«, bestätigte Jane.

»Sie eignen sich wirklich ausgezeichnet für diese Aufgabe. Es war ein kluger Einfall von Feodor Alexandrowitsch, diese Annonce, finden Sie nicht?«

»Und angenommen, ich werde ermordet?«

Die Großherzogin hob die Schultern.

»Dieses Risiko besteht natürlich, aber laut unseren eigenen geheimen Informationen möchte man mich entführen, nicht sofort umbringen. Aber ich will ganz ehrlich sein – es besteht natürlich immer die Möglichkeit, dass ein Bombenattentat auf mich geplant ist.«

»Aha«, murmelte Jane in einem Versuch, die unbeschwerte Art von Pauline zu imitieren. Sie hätte zu gerne die Frage der Bezahlung zur Sprache gebracht, wusste jedoch nicht so recht, wie sie das Thema anschneiden sollte. Aber Pauline enthob sie ihrer Sorge.

»Wir werden Sie natürlich gut dafür bezahlen«, bemerkte sie leichthin. »Ich kann mich momentan nicht genau erinnern, wie viel Feodor Alexandrowitsch vorgeschlagen hat. Wir sprachen von Francs oder Kronen, glaube ich.«

»Oberst Kranin«, sagte Jane, »sagte etwas von zweitausend Pfund.«

»Genau«, entgegnete Pauline lebhaft. »Jetzt erinnere ich mich wieder. Es ist hoffentlich genug, ja? Oder würden Sie lieber dreitausend haben?«

»Tja«, meinte Jane, »wenn es Ihnen nichts ausmacht, so hätte ich lieber dreitausend.«

»Sie verstehen sich auf geschäftliche Dinge, wie ich sehe«, sagte die Großherzogin freundlich. »Ich wünschte, ich täte es auch. Aber ich habe überhaupt keinen Begriff von Geld. Was ich mir wünsche, muss ich haben, und damit basta.«

Jane schien das eine schlichte, aber bewundernswerte Lebenseinstellung.

»Und dann besteht natürlich, wie Sie sagen, eine gewisse Gefahr«, fuhr Pauline nachdenklich fort. »Obwohl Sie mir nicht so aussehen, als ob Sie die Gefahr fürchteten. Ich selbst tue es auch nicht. Ich hoffe, Sie denken nicht, es geschehe aus Feigheit, dass ich Sie meine Rolle spielen lassen will? Sehen Sie, es ist für Ostrowa von allergrößter Wichtigkeit, dass ich heirate und mindestens zwei Söhne bekomme. Danach kommt es nicht mehr darauf an, was mit mir geschieht.«

»Ich verstehe«, sagte Jane.

»Und Sie sind einverstanden?«

»Ja«, erklärte Jane fest, »ich bin einverstanden.«

Pauline klatschte mehrmals heftig in die Hände. Sofort erschien Prinzessin Poporensky im Zimmer.

»Ich habe ihr alles erzählt, Anna«, verkündete die Großherzogin. »Sie wird sich nach unseren Wünschen richten, und sie soll dreitausend Pfund bekommen. Sagen Sie Feodor, er soll es sich notieren. Sie ist mir wirklich sehr ähnlich, meinen Sie nicht? Allerdings sieht sie besser aus, finde ich.«

Die Prinzessin watschelte aus dem Zimmer und kehrte mit Graf Streptitsch zurück.

»Wir haben alles geregelt, Feodor Alexandrowitsch«, sagte die Großherzogin.

Er verbeugte sich.

»Wird sie ihre Rolle aber auch spielen können?«, fragte er mit einem zweifelnden Blick auf Jane.

»Ich werd's Ihnen zeigen«, sagte Jane plötzlich. »Sie gestatten, Madame?«, wandte sie sich zur Großherzogin.

Diese nickte erfreut.

Jane erhob sich. »Aber das ist ja phantastisch, Anna«, rief sie. »Ich hätte nie geglaubt, dass es so gut funktionieren würde. Kommen Sie, wir wollen uns Seite an Seite betrachten.«

Und wie Pauline es schon getan hatte, zog sie ihrerseits die Großherzogin vor den Spiegel.

»Sehen Sie? Das perfekte Ebenbild!«

Es war in Wort, Bewegung und Mimik eine ausgezeichnete Imitation von Paulines Begrüßung, und die Prinzessin nickte beifällig.

»Das war gut«, meinte Anna. »Die meisten Menschen würden sich davon täuschen lassen.«

»Sie sind wirklich sehr geschickt«, lobte Pauline. »Ich könnte niemals einen anderen Menschen nachmachen, und wenn es um mein Leben ginge.«

Jane glaubte ihr aufs Wort. Ihr war bereits aufgefallen, dass Pauline eine sehr egozentrische Persönlichkeit war.

»Anna wird nun alle Einzelheiten mit Ihnen besprechen«, fuhr die Großherzogin fort. »Führen Sie sie in mein Schlafzimmer, Anna, und probieren Sie ihr ein paar von meinen Kleidern an.«

Ein liebenswürdiges Nicken, und Jane war entlassen. Prinzessin Poporensky geleitete sie hinaus.

»Dieses hier wird Ihre Hoheit zur Eröffnung des Basars tragen«, erläuterte die alte Dame, während sie eine gewagte Kreation in Weiß und Schwarz emporhielt. »Das wird in drei Tagen sein. Es könnte sich die Notwendigkeit ergeben, dass Sie sie dort vertreten müssen. Wir wissen es noch nicht, weil wir noch keine Informationen darüber haben.« Auf Annas Geheiß streifte Jane ihre eigenen abgetragenen Kleidungsstücke ab und schlüpfte in das Kleid. Es passte ausgezeichnet. Anna Michaelowna nickte beifällig.

»Es passt genau – nur ein bisschen zu lang, da Sie etwa zwei Zentimeter kleiner sind als Ihre Hoheit.«

»Dem kann man leicht abhelfen«, sagte Jane rasch. »Die Großherzogin trägt Schuhe mit flachen Absätzen, wie ich bemerkt habe. Wenn ich die gleiche Art von Schuhen trage, aber mit hohen Absätzen, stimmt die Länge.«

Anna Michaelowna zeigte ihr die Schuhe, die die Großherzogin gewöhnlich zu dem Kleid trug – Sandaletten aus Eidechsenleder mit gekreuzten Zehenriemen. Jane prägte sich die Form ein, um sich ein möglichst ähnliches Modell zu besorgen, nur mit anderen Absätzen.

»Es wäre ratsam«, fuhr Anna Michaelowna fort, »wenn Sie außerdem ein Kleid kaufen würden, das in Farbe und Material von dem Ihrer Hoheit vollständig absticht. Sollte es sich dann kurzfristig ergeben, dass Sie an ihre Stelle treten müssen, würde der Austausch wahrscheinlich weniger auffallen.«

Jane überlegte einen Moment.

»Wie wär's mit leuchtend rotem Marocain? Und vielleicht trage ich dazu eine Brille. Das verändert das Aussehen sehr stark.«

Beide Vorschläge fanden Beifall, und man besprach weitere Einzelheiten.

Jane verließ das Hotel mit Banknoten im Wert von hundert Pfund in der Handtasche sowie mit der Anweisung, sich die notwendigen Kleidungsstücke zu besorgen und sich sodann unter dem Namen Miss Montresor aus New York ein Zimmer im Hotel »Blitz« zu nehmen.

Am zweiten Tag nach diesen Ereignissen stattete ihr Graf Streptitsch dort einen Besuch ab.

»Welch eine Verwandlung«, bemerkte er, während er sich verbeugte.

Jane antwortete mit einer spöttischen Verneigung. Ihre neue Garderobe und das Luxusdasein, das sie jetzt führte, machten ihr großen Spaß.

»Das ist ja alles wunderschön«, seufzte sie. »Aber ich fürchte, Ihr Besuch bedeutet, dass ich nunmehr an die Arbeit gehen und mir mein Geld verdienen muss.«

»Das ist richtig. Wir haben Informationen erhalten. Demnach scheint die Möglichkeit zu bestehen, dass man den Versuch unternehmen wird, Ihre Hoheit auf dem Rückweg von dem Wohltätigkeitsbasar zu entführen. Dieser Basar soll, wie Sie wissen, in ›Orion House‹ stattfinden, welches ungefähr zehn Meilen außerhalb von London liegt. Ihre Hoheit wird an dem Basar leider in eigener Person teilnehmen müssen, da die Gräfin von Anchester, die ihn organisiert, sie persönlich kennt. Aber ich habe folgenden Plan ausgearbeitet.«

Jane hörte ihm aufmerksam zu. Sie stellte ein paar Fragen und erklärte schließlich, sie habe die Rolle, die sie spielen sollte, genau verstanden.

Am nächsten Morgen strahlte die Sonne vom wolkenlosen Himmel – das ideale Wetter für eines der großen gesellschaftlichen Ereignisse der Londoner Saison, dem Wohltätigkeitsbasar, der unter Leitung der Gräfin von Anchester zugunsten der in England lebenden Flüchtlinge aus Ostrowa in »Orion House« stattfinden sollte.

Mit Rücksicht auf die Unberechenbarkeit des englischen Klimas wurde der Basar selbst in den weitläufigen Salons von »Orion House« abgehalten, das sich seit fünfhundert Jahren im Besitz der Grafen von Anchester befand. Es waren unter anderem verschiedene Privatsammlungen zu besichtigen, und als eine besonders hübsche Idee hatten hundert Damen der Londoner Gesellschaft jeweils eine Perle aus ihren eigenen Kolliers gestiftet, die am folgenden Tag einzeln versteigert werden sollten. Außerdem fanden im Schlosspark zahlreiche Theaterveranstaltungen und andere Vorführungen statt.

Jane in ihrer Rolle als Miss Montresor war frühzeitig zur Stelle. Sie trug ein Kleid aus leuchtend rotem Marocain und dazu ein eng anliegendes rotes Hütchen. Ihre Füße steckten in hochhackigen Sandaletten aus Eidechsenleder. Die Ankunft der Großherzogin Pauline war ein großes Ereignis. Sie wurde zur Rednertribüne geleitet, und ein kleines Mädchen überreichte ihr den obligaten Rosenstrauß. Sie hielt eine kurze, liebenswürdige Ansprache und erklärte sodann den Wohltätigkeitsbasar für eröffnet. Sie wurde von Graf Streptitsch und Prinzessin Poporensky begleitet. Sie trug das Kleid, das Jane schon kannte, weiß mit einem auffallenden schwarzen Muster, und dazu einen kleinen schwarzen Hut, über dessen Krempe üppige weiße Straußenfedern wallten. Ein zarter Spitzenschleier fiel ihr tief in die Stirn. Jane lächelte in sich hinein.

Die Großherzogin machte einen Rundgang durch den Basar, wobei sie vor jedem Stand kurz anhielt, etwas kaufte und ein paar liebenswürdige Worte sprach. Dann traf sie Anstalten, sich zu verabschieden.

Das war der Moment für Janes Auftritt. Sie wandte sich an Prinzessin Poporensky und bat, der Großherzogin vorgestellt zu werden.

»Ach ja!«, rief Pauline mit heller Stimme. »Miss Montresor, ich erinnere mich an den Namen. Eine amerikanische Journalistin, wenn ich mich nicht irre. Sie hat viel für unsere

Sache getan. Es wäre mir ein Vergnügen, ihr ein kurzes Interview für ihre Zeitung zu geben. Gibt es hier irgendwo einen Platz, wo wir ungestört sind?«

Sofort wurde der Großherzogin ein kleines Vorzimmer zur Verfügung gestellt, und man schickte Graf Streptitsch aus, um Miss Montresor hereinzuholen. Sobald er seinen Auftrag ausgeführt und sich wieder zurückgezogen hatte, fand mit Hilfe von Prinzessin Poporensky ein blitzschneller Kleidertausch statt.

Drei Minuten später öffnete sich die Tür, und die Großherzogin erschien, ihren Rosenstrauß dicht vors Gesicht haltend.

Mit einem liebenswürdigen Neigen des Kopfes und ein paar französischen Abschiedsworten an die Gräfin von Anchester rauschte sie hinaus und bestieg ihren wartenden Wagen. Prinzessin Poporensky nahm den Platz neben ihr ein, und der Wagen fuhr davon.

»So«, sagte Jane, »das war's. Wie es wohl Miss Montresor ergehen mag?«

»Auf sie wird niemand achten. Sie kann unbemerkt hinausschlüpfen.«

»Das stimmt«, gab Jane zu. »Ich habe meine Sache gut gemacht, nicht wahr?«

»Sie haben Ihre Rolle ausgezeichnet gespielt, ja.«

»Warum ist der Graf nicht mit uns gekommen?«

»Er musste dort bleiben, denn jemand muss über die Sicherheit Ihrer Hoheit wachen.«

»Hoffentlich wirft niemand eine Bombe«, meinte Jane besorgt. »He! Wir biegen ja von der Hauptstraße ab. Was soll das?«

Der Wagen raste mit zunehmender Geschwindigkeit eine Nebenstraße hinunter.

Jane fuhr hoch und redete protestierend auf den Chauffeur ein. Dieser lachte bloß und erhöhte das Tempo. Jane ließ sich wieder in den Sitz zurücksinken.

»Ihre Spione hatten recht«, lachte sie. »Da haben wir den Salat. Ich denke, je länger ich meine Rolle spiele, desto besser ist es für die Sicherheit der Großherzogin. Auf alle Fälle müssen wir genug Zeit gewinnen, dass sie heil nach London kommt.«

Die drohende Gefahr ließ Janes Herz höherschlagen. Der Gedanke an ein Bombenattentat hatte ihr missfallen, doch diese Art Abenteuer appellierte an ihre sportlichen Instinkte.

Plötzlich hielt der Wagen mit quietschenden Reifen. Ein Mann sprang auf das Trittbrett. Er hielt einen Revolver in der Hand.

»Hände hoch«, zischte er.

Prinzessin Poporenskys Hände fuhren blitzschnell in die Höhe, Jane hingegen blickte den Mann bloß verächtlich an und ließ die Hände im Schoß ruhen.

»Fragen Sie ihn, was dieses empörende Benehmen zu bedeuten hat«, sagte sie auf Französisch zu ihrer Begleiterin.

Ehe diese jedoch dazu kam, zu antworten, fiel ihr der Mann ins Wort und überschüttete die beiden Frauen mit einem Redeschwall in irgendeiner fremden Sprache.

Jane, die kein Wort verstand, zuckte bloß die Achseln und schwieg. Der Chauffeur war unterdessen von seinem Sitz geklettert und neben den anderen Mann getreten.

»Würde sich die hochedle Dame bitte herausbemühen?«, fragte er grinsend.

Den Blumenstrauß wieder dicht vor ihr Gesicht haltend, stieg Jane aus dem Wagen. Prinzessin Poporensky folgte ihr.

»Würde die hochedle Dame nun bitte hier langkommen?«

Jane nahm keine Notiz von dem unverschämten Ton des Mannes, sondern ging aus freien Stücken auf ein niedriges, verwinkeltes Haus zu, das etwa hundert Meter entfernt von der Stelle, wo der Wagen gehalten hatte, stand. Die Straße war eine Sackgasse, die in der Zufahrt zu diesem offensichtlich unbewohnten Gebäude mündete.

Der Mann, der noch immer mit seinem Revolver herumfuchtelte, marschierte dicht hinter den beiden Frauen her. Als sie die Vortreppe hinaufstiegen, drängte er sich an ihnen vorbei und riss links eine Tür auf. Sie führte in ein leeres Zimmer, in das man lediglich einen Tisch und zwei Stühle gestellt hatte.

Jane trat ein und setzte sich. Anna Michaelowna folgte ihr. Der Mann schlug die Tür zu und drehte den Schlüssel im Schloss.

Jane ging zum Fenster und blickte hinaus.

»Ich könnte natürlich hinausspringen«, meinte sie, »aber ich würde nicht weit kommen. Nein, vorläufig müssen wir wohl hier bleiben und uns mit unserer Lage abfinden. Ob die uns wohl etwas zu essen bringen werden?«

Etwa eine halbe Stunde später wurde ihre Frage beantwortet. Eine große Terrine dampfender Suppe wurde hereingebracht und vor sie auf den Tisch gestellt. Dazu gab es zwei Stück trockenes Brot.

»Nicht gerade ein fürstliches Mahl«, bemerkte Jane fröhlich, während die Tür wieder von außen verschlossen wurde. »Wollen Sie anfangen oder soll ich?«

Die Prinzessin Poporensky winkte schon bei dem Gedanken an Essen entsetzt ab.

»Wie könnte ich einen Bissen hinunterbringen? Wer weiß, in welcher Gefahr sich meine Herrin womöglich befindet?«

»Ach, der passiert nichts«, entgegnete Jane trocken. »Ich

mache mir eher Sorgen um meine eigene Person. Wissen Sie, diese Leute werden ganz und gar nicht erfreut sein, wenn sie merken, dass sie die Falsche erwischt haben. Ja, sie könnten sogar ausgesprochen unangenehm werden. Nun, ich werde eben so lange wie möglich die hoheitsvolle Großherzogin mimen und, falls sich eine Gelegenheit bietet, schleunigst verschwinden.«

Jane hatte Hunger und aß die Suppe allein auf. Sie hatte einen etwas komischen Beigeschmack, aber sie war heiß und gut gewürzt.

Hinterher fühlte sich Jane schläfrig. Die Prinzessin Poporensky schien lautlos vor sich hin zu weinen. Jane setzte sich möglichst bequem auf dem unbequemen Stuhl zurecht und ließ den Kopf auf die Brust sinken.

Nach wenigen Minuten war sie fest eingeschlafen.

Jane schreckte aus ihrem Schlaf hoch. Irgendwie war ihr zumute, als hätte sie sehr lange geschlafen. Sie spürte einen unangenehmen, dumpfen Druck im Kopf.

Und dann sah sie plötzlich etwas, das sie ruckartig hellwach werden ließ. Sie hatte das leuchtend rote Kleid an.

Sie richtete sich auf und schaute sich um. Ja, sie saß noch immer in dem Zimmer in dem leeren Haus. Alles war noch genauso wie zu dem Zeitpunkt, als sie eingeschlafen war mit Ausnahme von zwei Tatsachen. Erstens, die Prinzessin Poporensky saß nicht mehr auf dem anderen Stuhl. Und Tatsache Nummer zwei, ihre eigene unerklärliche Verwandlung.

Ich kann das Ganze nicht geträumt haben, dachte Jane, denn hätte ich es geträumt, dann wäre ich nicht hier.

Als sie einen Blick zum Fenster warf, kam ihr ein weiterer bedeutsamer Umstand zu Bewusstsein. Bei ihrer Ankunft hatte strahlende Sonne durchs Fenster geschienen. Jetzt warf das Haus einen langen Schatten auf die sonnenbeschienene Einfahrt.

Das Haus blickt nach Westen, überlegte sie. Als ich einschlief, war es Nachmittag. Also muss es jetzt frühmorgens sein. Also war ein Schlafmittel in der Suppe. Also – ach, ich weiß nicht. Das Ganze ist verrückt.

Sie erhob sich und ging zur Tür. Diese war unversperrt. Jane durchsuchte das Haus. Es war still und leer.

Jane drückte die Handflächen gegen ihren schmerzenden Kopf und versuchte nachzudenken. Da fiel ihr Blick auf eine zerrissene Zeitung, die neben der Eingangstür lag. Eine dicke Schlagzeile stach ihr ins Auge.

Amerikanische Gangsterbraut in England, las sie. Das Mädchen im roten Kleid. Sensationeller Überfall beim Wohltätigkeitsbasar in »Orion House«.

Mit wankenden Knien trat Jane in die Sonne hinaus und ließ sich auf den Eingangsstufen nieder. Während sie las, wurden ihre Augen immer größer.

Der Bericht schilderte knapp folgenden Tatbestand: Unmittelbar nach der Abfahrt der Großherzogin Pauline hatten drei Männer und eine junge Frau in einem roten Kleid plötzlich Schusswaffen gezogen und damit die Menge in Schach gehalten. Sie hatten die hundert Perlen an sich genommen und in einem schnellen Sportwagen die Flucht ergriffen. Bisher war noch keine Spur von ihnen gefunden worden. Wie verlautet, habe die junge Frau im roten Kleid zuvor unter dem Namen einer Miss Montresor aus New York im Hotel »Blitz« gewohnt.

»Ich bin erledigt«, stöhnte Jane. »Absolut erledigt. Ich habe ja von Anfang an gewusst, dass ein Haken dran war.«

Und dann zuckte sie zusammen. Ein sonderbares Geräusch durchschnitt die Stille. Es war die Stimme eines Mannes, der in kurzen Abständen immer wieder das gleiche Wort hervorstieß.

»Verdammt«, schimpfte die Stimme. »Verdammt.« Und gleich darauf wieder: »Verdammt!«

Jane durchrieselte es kalt. Das Wort drückte so haargenau ihre eigenen Gefühle aus. Sie lief die Stufen hinunter. Am Fuß der Treppe lag ein junger Mann, der sich mühte, den Kopf vom Erdboden zu erheben. Sein Gesicht erschien Jane als eines der nettesten, die sie je gesehen. Es war voller Sommersprossen und trug einen liebenswürdig-ironischen Zug.

»Verdammt, mein Kopf«, stöhnte der junge Mann. »Verdammt –«

Er unterbrach sich plötzlich und starrte zu Jane hinauf. »Ich muss träumen«, sagte er schwach.

»Das Gleiche habe ich auch gesagt«, entgegnete Jane. »Aber wir träumen nicht. Was ist mit Ihrem Kopf los?«

»Jemand hat mir einen Schlag über den Schädel gegeben. Gott sei Dank habe ich einen ziemlich harten Schädel.«

Er setzte sich mühsam auf und verzog das Gesicht. »Mein Gehirn wird hoffentlich auch bald wieder funktionieren. Ich bin noch immer am gleichen Ort, wie ich sehe.«

»Wie sind Sie denn hierhergekommen?«, fragte Jane neugierig.

»Das ist eine lange Geschichte. Übrigens, sind Sie nicht diese Großherzogin Dingsda? Hab ich nicht recht?«

»Nein, die bin ich nicht. Ich heiße schlicht Jane Cleveland.« »Na, immerhin sehen Sie nicht schlicht aus«, witzelte der junge Mann, wobei er sie jedoch mit unverhohlener Bewunderung musterte.

Jane wurde rot.

»Ich sollte Ihnen wohl ein Glas Wasser bringen, nicht wahr?«, fragte sie unsicher.

»Ich glaube, das ist in solchen Fällen üblich«, stimmte der junge Mann zu. »Trotzdem würde ich eigentlich lieber einen Schluck Whisky haben, falls Sie einen auftreiben können.«

Jane fand keinen Whisky. Der junge Mann trank stattdessen einen großen Schluck Wasser und verkündete hinterher, nun fühle er sich besser.

»Soll ich Ihnen jetzt mein Abenteuer erzählen, oder wollen Sie mir Ihres erzählen?«, fragte er dann.

»Sie zuerst.«

»Meins ist eigentlich eher banal. Ich bemerkte zufällig, dass die Großherzogin bei dem bewussten Basar mit flachen Schuhen in ein Zimmer hineinging und mit hochhackigen Schuhen wieder herauskam. Das fand ich irgendwie sonderbar. Und sonderbare Dinge reizen meine Neugier.

Ich fuhr also mit meinem Motorrad hinter ihrem Wagen her. Ich sah, wie Sie in dieses Haus gebracht wurden. Etwa zehn Minuten später kam ein großer Sportwagen angerast. Eine junge Frau in Rot und drei Männer stiegen aus. Die Frau trug tatsächlich flache Schuhe. Die vier gingen ins Haus. Kurz darauf kam die Frau in einem schwarz-weiß gemusterten Kleid heraus und fuhr, begleitet von einer alten Weibsperson und einem großen Mann mit blondem Bart, in dem ersten Wagen davon. Die anderen fuhren im Sportwagen ab. Ich dachte, jetzt seien alle weg, und wollte gerade durch das Fenster dort klettern, um Sie zu retten, als mir irgendjemand von hinten eins über den Schädel gab. Das ist alles. Jetzt sind Sie dran.«

Jane erzählte, was ihr widerfahren war.

»Und es ist ein Riesenglück für mich, dass Sie hinter uns hergefahren sind«, schloss sie. »Denn denken Sie nur, in was für einer schrecklichen Situation ich sonst wäre. Die Großherzogin hätte ein hieb- und stichfestes Alibi. Sie verließ den Basar vor dem Überfall und kam in ihrem Wagen in London an. Würde mir da irgendein Mensch auf der Welt meine total unmögliche Geschichte geglaubt haben?«

»Nie im Leben«, versicherte der junge Mann.

Die beiden waren so in ihre gegenseitigen Erzählungen vertieft, dass sie ihre Umgebung völlig vergessen hatten. Nun blickten sie auf und sahen erschrocken einen hochgewachsenen, grämlich blickenden Mann an der Hauswand lehnen. Er nickte ihnen zu.

»Sehr interessant«, bemerkte er.

»Wer sind Sie?«, fragte Jane scharf.

Der grämlich blickende Mann blinzelte leicht belustigt. »Kriminalinspektor Farrell«, sagte er sanft. »Es wäre uns wohl tatsächlich ein bisschen schwer gefallen, Ihrer Erzählung Glauben zu schenken, wenn sich da nicht ein oder zwei Dinge ereignet hätten.«

»Nämlich?«

»Ja, sehen Sie, wir haben zum Beispiel heute Morgen erfahren, dass die echte Großherzogin in Paris mit einem Chauffeur durchgebrannt ist.«

Jane schnappte nach Luft.

»Außerdem wussten wir, dass sich diese bewusste amerikanische Gangsterbraut seit kurzem in England aufhielt, und haben mit einem Coup von ihr gerechnet. Wir werden die Bande sehr schnell geschnappt haben, verlassen Sie sich darauf. Entschuldigen Sie mich bitte einen Moment.«

Er lief die Stufen hinauf ins Haus.

»So was!«, stieß Jane hervor. Nach einer Pause erklärte sie unvermittelt: »Ich finde es riesig intelligent von Ihnen, dass Sie den Trick mit den Schuhen bemerkt haben.«

»Durchaus nicht«, entgegnete der junge Mann. »Ich bin im Schuhgeschäft groß geworden. Mein Vater ist so eine Art Schuhkönig. Er wollte, dass ich in seine Fußstapfen trete, ein solides Leben führe und heirate und so. Niemand Spezielles – bloß im Prinzip. Aber ich wollte lieber Künstler werden.« Er seufzte.

»Ach, das tut mir aber leid«, erklärte Jane mitfühlend.

»Seit sechs Jahren versuche ich es nun. Und es hat keinen Zweck, sich etwas vorzumachen: Ich bin ein miserabler Maler. Ich hätte gute Lust, das Ganze hinzuwerfen und wie der verlorene Sohn nach Hause zurückzukehren. Dort wartet ein guter Job auf mich.«

»Ach ja, ein Job ist etwas Fabelhaftes«, seufzte Jane. »Glauben Sie, Sie könnten mir vielleicht einen besorgen – als Schuhverkäuferin oder so?«

»Ich wüsste einen besseren für Sie – falls Sie ihn annehmen wollen.«

»Oh, was für einen?«

»Egal, das erzähle ich Ihnen später. Wissen Sie, bis gestern bin ich noch nie einem Mädchen begegnet, das ich hätte heiraten mögen.«

»Gestern?«

»Bis zu dem Wohltätigkeitsbasar. Da habe ich sie gesehen – diejenige welche!«

Er blickte Jane fest an.

»Wie hübsch der Rittersporn blüht«, stotterte Jane errötend. »Das sind Lupinen«, verbesserte der junge Mann.

»Macht nichts«, sagte Jane.

»Macht überhaupt nichts«, stimmte er zu. Und er rückte ein bisschen näher an Jane heran.

Sonntag

Also, das nenn ich mir ein Vergnügen!«, flötete Miss Dorothy Pratt zum vierten Mal. »Ich wünschte bloß, diese alte Ziege könnte mich jetzt sehen. Die und ihre Janes!«

Mit der »alten Ziege«, von der hier so unfreundlich die Rede war, war Miss Pratts Gnädige, Mrs Mackenzie Jones, gemeint, welche sehr bestimmte Ansichten hinsichtlich der angemessenen Rufnamen für Stubenmädchen besaß und den Namen Dorothy zugunsten von Miss Pratts verabscheutem zweiten Taufnamen Jane verworfen hatte.

Miss Pratts Begleiter antwortete nicht sogleich – aus gutem Grund. Wenn man erst kürzlich für die Summe von zwanzig Pfund einen Austin Mini aus vierter Hand erworben hatte und mit diesem gerade zum zweiten Mal unterwegs war, so musste man seine ganze Aufmerksamkeit notgedrungen auf die knifflige Aufgabe konzentrieren, beide Hände und Füße so zu gebrauchen, wie es die momentane Situation erforderte.

»Ah!«, murmelte Mr Edward Palgrove und meisterte eine verkehrstechnische Krise unter fürchterlichem Protest des Getriebes, bei welchem jedem routinierten Autofahrer die Haare zu Berge gestanden hätten.

»Du bist ja nicht sehr gesprächig«, beklagte sich Dorothy.

Mr Palgrove blieb eine Antwort erspart, da gerade in diesem Augenblick der Fahrer eines Autobusses ihn ebenso nachdrücklich wie lautstark beschimpfte.

»Also, so eine Unverschämtheit.« Miss Pratt warf den Kopf in den Nacken.

»Ich wünschte bloß, diese Fußbremse funktionierte«, sagte ihr Verehrer bitter.

»Ist etwas damit nicht in Ordnung?«

»Da kannst du drauftreten, bis du schwarz wirst«, entgegnete Mr Palgrove. »Es passiert überhaupt nichts.«

»Na ja, Ted, für zwanzig Pfund kannst du schließlich nicht alles verlangen. Immerhin, hier sitzen wir, in einem richtigen Auto, und fahren am Sonntagnachmittag ins Grüne, genau wie alle anderen Menschen auch.«

Wieder ließen sich kratzende und knirschende Töne vernehmen.

»Ah«, rief Ted triumphierend. »Das war schon besser geschaltet.«

»Du fährst vielleicht gut!«, sagte Dorothy bewundernd.

Durch dieses Lob aus weiblichem Mund ermutigt, wagte Mr Palgrove einen Blitzstart quer über den Hammersmith Broadway, was ihm eine ernste Ermahnung seitens eines Verkehrspolizisten eintrug.

»Also wirklich«, entrüstete sich Dorothy, während sie in gemäßigterem Tempo auf die Hammersmith Bridge zusteuerten, »ich weiß nicht, was neuerdings in diese Polizisten gefahren ist. Man möchte meinen, die würden ein bisschen höflicher sein, bei all den Geschichten, die einem in letzter Zeit zu Ohren gekommen sind.«

»Und außerdem wollte ich gar nicht hier lang fahren«, bemerkte Edward traurig. »Ich wollte runter zur Great West Road und da mal richtig auf die Tube drücken.«

»Und höchstwahrscheinlich dabei erwischt werden«, gab Dorothy zurück. »Genau das ist unlängst dem Herrn passiert. Fünf Pfund plus Gebühren.«

»Die Polizei ist eben doch nicht so beschränkt«, räumte Edward ein. »Die schröpfen auch die Reichen. Keine Extrawurst. Ich kriege es richtig mit der Wut, wenn ich an diese Lackaffen denke, die in einen Autosalon gehen und sich seelenruhig zwei Rolls-Royce kaufen können, ohne dass es ihnen eine Spur ausmacht. Das gibt doch keinen Sinn. Ich bin genauso gut wie die.«

»Und Schmuck«, seufzte Dorothy. »Diese Geschäfte in der Bond Street. Diamanten und Perlen und was weiß ich noch alles! Und ich mit meiner Perlenkette von Woolworth.«

Sie verstummte, während sie in Gedanken diesem betrüblichen Thema nachhing. Edward konnte seine Aufmerksamkeit wieder ungeteilt dem Chauffieren widmen. Es gelang ihnen, ohne weiteres Missgeschick Richmond zu durchqueren. Der Zusammenstoß mit dem Polizisten hatte Edwards Wagemut einen Dämpfer aufgesetzt. Er wählte nunmehr den Weg des geringsten Widerstandes, indem er bei jeder Straßenkreuzung blindlings hinter seinem Vordermann herfuhr.

Auf diese Weise befanden sie sich schließlich auf einem schattigen Feldweg, den zu finden manch erfahrener Autoausflügler seine rechte Hand gegeben hätte.

»Gute Idee, dass ich da hinten von der Straße abgebogen bin«, bemerkte Edward, sich mit fremden Federn schmückend.

»Wunderbar«, lobte Miss Pratt. »Und was seh ich, dort ist doch tatsächlich ein Mann mit einem Obststand.«

Und wahrhaftig, an einer Wegbiegung stand ein kleiner Tisch aus Weidengeflecht und darauf Körbe voll Obst, sowie eine Tafel mit der Aufschrift: »Esst mehr Obst.«

»Wie viel?«, erkundigte sich Edward besorgt, nachdem ein verzweifelter Ruck an der Handbremse das gewünschte Resultat erzielt hatte.

»Herrliche Erdbeeren«, rief der Händler.

Er war ein unangenehm aussehender Mensch mit stechendem Blick.

»Genau das Richtige für die Dame. Reife Früchte, ganz frisch gepflückt. Kirschen hab ich auch. Echt englische Kirschen. Ein Körbchen Kirschen gefällig, Lady?«

»Die sehn wirklich schön aus«, meinte Dorothy.

»Prima Ware, jawohl«, krächzte der Mann. »Es wird Ihnen Glück bringen, das Körbchen, Lady.« Endlich ließ er sich herab, auf Edwards Frage zu antworten. »Zwei Shilling, Sir, und spottbillig dafür. Das würden Sie auch finden, wenn Sie wüssten, was in dem Korb ist.«

»Sie sehen wirklich ganz herrlich aus«, sagte Dorothy. Edward seufzte und bezahlte die geforderten zwei Shilling. Dabei rechnete er fieberhaft. Später der Tee, dazu Benzin – so ein Sonntagsausflug kam einen nicht gerade billig. Das war das Ärgste daran, wenn man Mädchen ausführte. Sie wollten immer gleich alles haben, was sie sahen.

»Danke, Sir«, sagte der unangenehm aussehende Mann. »Da haben Sie ein gutes Geschäft gemacht mit diesem Korb Kirschen.«

Edward trat heftig aufs Pedal, und der Austin Mini schoss mit einem Satz, wie ein wütender Schäferhund, auf den Kirschenverkäufer zu.

»Entschuldigung«, sagte Edward. »Hatte ganz vergessen, dass der Gang drin war.«

»Du solltest ein bisschen aufpassen, mein Lieber«, mahnte Dorothy, »du hättest ihn verletzen können.« Edward gab keine Antwort. Nach einer weiteren Meile kamen sie zu einem idealen Platz am Ufer eines Flüsschens. Der Austin wurde am Straßenrand abgestellt, und Edward und Dorothy ließen sich einträchtig am Flussufer nieder und aßen Kirschen.

Zu ihren Füßen lag unbeachtet eine Sonntagszeitung.

»Was gibt's Neues?«, fragte Edward schließlich, während er sich flach auf dem Rücken ausstreckte und den Hut zum Schutz gegen die Sonne über die Augen zog. Dorothy überflog die Schlagzeilen.

»Die unglückliche Gattin – spannender Tatsachenbericht. Achtundzwanzig Menschen ertrunken. Todessturz eines Fliegers. Sensationeller Juwelenraub. Rubinhalsband im Wert von fünfzigtausend Pfund verschwunden. Oh, Ted! Stell dir bloß vor, fünfzigtausend Pfund!« Sie las weiter. »Das Halsband besteht aus einundzwanzig platingefassten Steinen und war mit der Post per Einschreiben von Paris geschickt worden. Bei der Ankunft enthielt das Paket lediglich ein paar Kieselsteine; die Rubine waren verschwunden.«

»Unterwegs geklaut«, stellte Edward fest. »Die Post in Frankreich ist furchtbar, glaube ich.«

»So ein Halsband würde ich gern mal sehen«, sagte Dorothy.

»So richtig blutrot glänzende Steine – Taubenblut nennt man diese Farbe. Wie es sich wohl anfühlen mag, wenn man so ein Ding am Hals baumeln hat?«

»Das wirst *du* sicher nie erfahren, meine Liebe«, scherzte Edward.

Dorothy warf den Kopf in den Nacken.

»Wieso eigentlich nicht, möchte ich mal wissen. Frauen können die erstaunlichsten Karrieren machen. Vielleicht geh ich zum Theater.«

»Anständige Mädchen machen keine Karriere«, sagte Edward trocken.

Dorothy öffnete den Mund zu einer Antwort, besann sich dann eines Besseren und sagte bloß: »Gib mir mal die Kirschen rüber. Ich hab mehr gegessen als du. Den Rest teilen wir uns und – nanu, was liegt denn da zuunterst im Korb?« Während sie sprach, zog sie das Ding heraus – eine lange glitzernde Kette aus blutroten Steinen.

Beide starrten sie erstaunt an.

»Und das lag im Korb, sagtest du?«, fragte Edward schließlich.

Dorothy nickte. »Ganz zuunterst – unter den Kirschen.«

Sie wechselten einen langen Blick.

»Wie, glaubst du, ist es da hineingekommen?«

»Keine Ahnung. Ist doch komisch, Ted, gerade nachdem wir das in der Zeitung gelesen haben – das mit den Rubinen.«

Edward lachte. »Du glaubst doch nicht etwa, du hältst da fünfzigtausend Pfund in der Hand, was?«

»Ich hab bloß gesagt, dass es komisch ist. Platingefasste Rubine. Platin, das ist so ein stumpfes silbernes Zeug wie das hier. Schau mal, wie die glänzen. Ist das nicht eine herrliche Farbe? Mal sehen, wie viele es sind?« Sie zählte. »Du, Ted, es sind genau einundzwanzig.«

»Nein!«

»Doch. Dieselbe Zahl, die in der Zeitung genannt wird. Oh, Ted, du glaubst doch nicht …«

»Unmöglich.« Aber seine Stimme klang unentschlossen. »Es gibt irgendeine Methode, wie man das feststellen kann – auf Glas damit kratzen.«

»Das gilt für Diamanten. Aber weißt du, Ted, das war eben schon ein sehr seltsam aussehender Mann – der Mann am Obststand – direkt ekelhaft hat er ausgesehen. Und er hat so komisch geredet – wir hätten ein gutes Geschäft gemacht mit dem Korb Kirschen.«

»Ja, aber sieh mal, Dorothy, weshalb sollte der uns fünfzigtausend Pfund schenken?«

Miss Pratt schüttelte entmutigt den Kopf.

»Es klingt unlogisch«, gab sie zu. »Es sei denn, die Polizei wäre hinter ihm her.«

»Die Polizei?« Edward wurde ein wenig blass.

»Ja. In der Zeitung heißt es weiter, die Polizei hätte schon eine Spur.«

Edward lief ein kalter Schauer über den Rücken.

»Die Sache gefällt mir nicht, Dorothy. Angenommen, die Polizei ist plötzlich hinter *uns* her?«

Dorothy starrte ihn mit offenem Mund an.

»Aber wir haben doch gar nichts getan, Ted. Wir haben das Ding doch nur in dem Korb gefunden.«

»Die Geschichte würde uns kein Mensch abkaufen. Sie klingt nicht gerade sehr wahrscheinlich.«

»Ist sie auch nicht«, gab Dorothy zu. »Oh, Ted, glaubst du wirklich, das ist es? Das wäre ja wie in einem Märchen!«

»Das finde ich eigentlich nicht«, entgegnete Edward. »Ich finde, das klingt mehr wie eine von den Geschichten, wo der Held unschuldig zu vierzehn Jahren Zuchthaus verurteilt wird.«

Aber Dorothy hörte ihm nicht zu. Sie hatte das Halsband angelegt und begutachtete die Wirkung in einem kleinen Taschenspiegel.

»Wie eine Herzogin«, murmelte sie verzückt.

»Ich glaub's einfach nicht«, stieß Edward hervor. »Das ist eine Imitation. Das muss eine Imitation sein.«

»Ja, Liebling«, sagte Dorothy, noch immer in die Betrachtung ihres Spiegelbilds versunken. »Höchstwahrscheinlich.«

»Alles andere wäre ein zu großer – zu großer Zufall.«

»Taubenblut«, flüsterte Dorothy versonnen.

»Es ist absurd, sage ich. Ganz absurd. Sag mal, Dorothy, hörst du mir überhaupt zu?«

Dorothy legte den Spiegel beiseite und drehte sich zu ihm um. Ihre eine Hand ruhte auf den Rubinen um ihren Hals.

»Wie sehe ich aus?«, fragte sie.

Edward starrte sie an. All sein Ärger war verflogen. So hatte er Dorothy noch nie gesehen. Etwas Triumphierendes strahlte von ihr aus, eine Art hoheitsvoller Schönheit, die ihm vollständig unbekannt war. Die Überzeugung, dass sie Juwelen im Wert von fünfzigtausend Pfund um den Hals trug, hatte aus Dorothy Pratt eine neue Frau gemacht. Sie sah unverschämt überlegen aus, gleichsam Kleopatra, Semiramis und Zenobia in einer Person.

»Du ... Du siehst einfach toll aus«, sagte Edward demütig.

Dorothy lachte, und auch ihr Lachen war völlig anders als sonst.

»Pass auf«, sagte Edward. »Wir müssen etwas tun. Wir müssen das Ding zur Polizei bringen oder so.«

»Unsinn«, erwiderte Dorothy. »Du hast eben selbst gesagt, die würden uns nicht glauben. Die würden dich wahrscheinlich als Dieb ins Gefängnis stecken.«

»Aber – aber was sollen wir denn sonst tun?«

»Es behalten«, sagte die neue Dorothy Pratt.

Edward sah sie aus aufgerissenen Augen an.

»Es behalten? Du bist verrückt.«

»Wir haben es schließlich gefunden, nicht wahr? Woher sollten wir wissen, dass es wertvoll ist? Wir behalten es, und ich werde es tragen.«

»Und die Polizei wird dich schnappen.«

Dorothy überlegte einen Augenblick.

»Also gut«, sagte sie dann, »wir verkaufen es. Und du kannst dir einen Rolls-Royce kaufen oder meinetwegen auch zwei, und ich kaufe mir so ein Dingsda auf den Kopf aus Brillanten und dazu ein paar Ringe.«

Edward starrte sie noch immer entgeistert an. Dorothy wurde ungeduldig.

»Da hast du deine Chance – es liegt jetzt an dir, ob du sie nutzt oder nicht. Wir haben das Ding nicht gestohlen – von so was halte ich nichts. Es ist uns in den Schoß gefallen, und wahrscheinlich werden wir nie wieder im Leben die Chance haben, alles das zu kriegen, wovon wir träumen. Hast du denn überhaupt keinen Mumm, Edward Palgrove?«

Edward fand endlich seine Sprache wieder.

»Verkaufen, sagst du? Das ist nicht so einfach. Jeder Juwelier würde wissen wollen, woher ich das verflixte Ding habe.«

»Du bringst es auch nicht zu einem Juwelier. Liest du denn nie Kriminalromane, Ted? So was bringt man natürlich zu einem Hehler.«

»Und woher, bitte, soll ich einen Hehler kennen? Ich bin anständig erzogen worden.«

»Männer sollten alles wissen«, entgegnete Dorothy.

»Dafür sind sie da.«

Er schaute sie an. Sie war gelassen und unerschütterlich.

»Das hätte ich nie von dir gedacht«, sagte er schwach.

»Und ich hätte gedacht, du hättest mehr Schneid.«

Eine Weile herrschte Schweigen. Dann erhob sich Dorothy.

»Na ja«, sagte sie leichthin, »fahren wir jetzt lieber nach Hause.«

»Und du mit dem Ding um den Hals?«

Dorothy nahm das Halsband ab, betrachtete es ehrfürchtig und ließ es in ihre Handtasche gleiten.

»Jetzt hör mal zu«, sagte Edward. »Du gibst mir das Ding!«

»Nein.«

»O doch. Ich bin anständig erzogen worden, meine Liebe.«

»Dann bleib anständig. Du brauchst ja nichts damit zu tun zu haben.«

»Ach, gib schon her«, rief Edward in einem plötzlichen Entschluss. »Ich tu's. Ich werde einen Hehler ausfindig machen. Wie du sagst, es ist die einzige Chance, die wir je im Leben kriegen. Wir haben das Ding ehrlich erworben – für zwei Shilling. Es ist genau das Gleiche, was die feinen Herren tagtäglich in Antiquitätenläden tun und worauf sie nachher auch noch stolz sind.«

»Genau!«, erklärte Dorothy. »Oh, Edward, du bist fabelhaft!«

Sie gab ihm das Halsband, und er steckte es in die Tasche. Er fühlte sich erregt, über sich selbst hinausgehoben, ein rechter Teufelskerl! In dieser Stimmung startete er den Austin. Beide waren sie zu aufgeregt, um wie ursprünglich geplant noch irgendwo eine Tasse Tee zu trinken. Sie fuhren schweigend nach London zurück. Einmal, bei einer Straßenkreuzung, trat ein Polizist auf den Wagen zu, und Edwards Herzschlag setzte aus. Durch ein Wunder gelangten sie heil nach Hause.

Edwards Abschiedsworte zu Dorothy waren durchdrungen von Tatendurst.

»Wir machen es! Fünfzigtausend Pfund! Das ist die Sache wert!«

In dieser Nacht träumte er vom Zuchthaus Dartmoor, und als er frühmorgens aufstand, fühlte er sich schlapp und übernächtigt. Er musste einen Hehler ausfindig machen – und hatte nicht die geringste Ahnung, wie er das anstellen sollte!

Bei seiner Arbeit im Büro schlampte er, was ihm noch vor der Mittagspause zwei scharfe Rügen eintrug.

Wie fand man einen Hehler? Wahrscheinlich war Whitechapel die richtige Gegend dafür – oder Stepney?

Bei seiner Rückkehr ins Büro kam ein Anruf für ihn. Es war Dorothy – sie sprach mit leiser, tränenerstickter Stimme.

»Bist du's, Ted? Ich benutze unser Telefon hier, aber meine

Gnädige kann jeden Augenblick kommen, und dann muss ich aufhören. Ted, du hast doch noch nichts unternommen, oder?«

Edward verneinte.

»Hör zu, Ted, du darfst es nicht tun. Ich bin die ganze Nacht wach gelegen. Es war schrecklich. Ich habe fortwährend daran denken müssen, dass es in der Bibel heißt, du sollst nicht stehlen. Ich muss verrückt gewesen sein gestern – einfach verrückt. Du wirst es nicht tun, nein, Ted?«

Fühlte sich Mr Palgrove heimlich erleichtert? Möglich – doch dergleichen würde er nie zugeben.

»Wenn ich sage, ich mache etwas, dann mache ich es auch«, erklärte er mit stahlharter Stimme, wie sie einem Mann von eisernem Willen anstand.

»Ach nein, Ted, tu's bitte nicht. Du lieber Gott, da kommt sie. Hör zu, Ted, sie geht heute Abend zum Essen aus. Da kann ich unbemerkt fort und dich treffen. Tu nichts, ehe du mit mir gesprochen hast. Acht Uhr. Warte auf mich an der Ecke.« Ihre Stimme wurde zu einem sanften Flöten. »Ja, gnädige Frau; ich glaube, da hat jemand falsch gewählt. Er wollte Bloomsbury 0243.«

Als Edward um sechs Uhr abends aus dem Büro kam, fiel ihm eine riesige Schlagzeile ins Auge.

Das Neueste vom Juwelenraub

Hastig kramte er einen Penny hervor. Als er endlich sicher in der U-Bahn saß, wo er sich mit Geschick einen Sitzplatz ergattert hatte, überflog er eilig das Extrablatt. Er brauchte nicht lange zu suchen.

»Also, da hol mich doch der …« Er stieß einen halblauten Pfiff aus.

Und dann fiel sein Auge auf eine weitere Meldung. Er las sie und ließ dann die Zeitung achtlos zu Boden fallen.

Pünktlich um acht Uhr wartete er am vereinbarten Treffpunkt. Dorothy, die blass, aber hübsch aussah, kam atemlos auf ihn zugeeilt.

»Du hast doch noch nichts unternommen, Ted?«

»Ich habe nichts unternommen.« Er zog das Rubinhalsband aus der Tasche. »Du kannst es anziehen.«

»Aber, Ted …«

»Die Polizei hat die Rubine bereits – und auch den Kerl, der sie geklaut hat. Und jetzt lies mal das!«

Er hielt Dorothy einen Zeitungsartikel unter die Nase.

Neuer Werbetrick

»Mit einem geschickten neuen Werbetrick versucht derzeit All English Fivepenny Fair der berühmten Woolworth Konkurrenz zu machen. Beginnend mit dem gestrigen Sonntag werden landesweit Körbchen mit Obst verkauft, von denen jeweils eines von fünfzig ein Halsband aus imitierten verschiedenfarbigen Edelsteinen enthält. Mit diesen Halsbändern macht der glückliche Käufer ein ausgezeichnetes Geschäft. Die Erste dieser Verkaufsaktionen, die gestern unter dem Motto ›Esst mehr Obst‹ gestartet wurde, rief daher allgemein große Aufregung und Heiterkeit hervor, und die nächste Aktion am kommenden Sonntag wird sich zweifellos eines kräftigen Zulaufs erfreuen. Wir gratulieren Fivepenny Fair zu ihrem Einfall und wünschen ihnen viel Glück für ihren Werbefeldzug ›Kauft britisch‹.«

»Also wirklich …« murmelte Dorothy und nach kurzem Schweigen noch einmal lauter: »Also wirklich!«

»Tja«, sagte Edward. »Das fand ich auch.«

Ein Mann drückte ihnen im Vorübergehen einen Zettel in die Hand.

»Nehmt eines, Bruder«, sagte er.

»Eine tugendhafte Frau steht weit höher im Wert als alle Rubine«, las Edward. »Da siehst du! Ich hoffe, das heitert dich wieder auf.«

»Ich weiß nicht«, meinte Dorothy zweifelnd. »Eigentlich möchte ich wenigstens nicht so *aussehen* wie eine tugendhafte Frau.«

»Tust du auch nicht«, tröstete sie Edward. »Deshalb hat der Mann mir ja das Blatt gegeben. Mit diesen Rubinen um den Hals siehst du nicht die Spur aus wie eine tugendhafte Frau.«

Dorothy lachte.

»Du bist schon ein lieber Kerl, Ted«, sagte sie. »Komm, gehen wir ins Kino.«

Gurke

Mr Eastwood blickte zur Decke. Dann blickte er auf den Fußboden. Vom Fußboden wanderte sein Blick langsam zur rechten Wand hinüber. Ernst und entschlossen richtete er den Blick plötzlich auf die vor ihm stehende Schreibmaschine.

Das jungfräuliche Weiß des Bogens war lediglich durch eine Überschrift verunstaltet, die in großen Buchstaben niedergeschrieben worden war.

DAS GEHEIMNIS DER ZWEITEN GURKE lautete sie. Ein angenehmer Titel. Anthony Eastwood hatte das Gefühl, dass jeder, der diesen Titel läse, sofort von ihm angezogen und gefesselt sein würde. »Das Geheimnis der zweiten Gurke«, würden die Leute sagen. »Was kann das nur bedeuten? Eine richtige Gurke? Die zweite Gurke? Ich muss diese Geschichte unbedingt lesen.« Und sie würden von der vollendeten Leichtigkeit, mit der dieser Meister der Detektivgeschichte eine erregende Handlung um diese schlichte Gartenfrucht gewoben hatte, hingerissen und verzaubert werden.

Das alles war schön und gut. Wie jedermann wusste auch er genau, wie die Geschichte sein sollte – die Schwierigkeit war nur, dass er irgendwie mit ihr nicht zurechtkam. Die beiden wesentlichen Bestandteile einer Geschichte waren Titel und Handlung; der Rest war reines Handwerk. Manchmal führte der Titel von ganz allein zu einer Handlung, und dann ging alles Weitere automatisch. In diesem Fall schmückte der Titel jedoch nur den Anfang des Bogens, und nicht eine Spur von Handlung kam dabei zum Vorschein.

Wieder suchte Mr Eastwoods Blick Inspiration bei der Decke, beim Fußboden und bei der Tapete, und immer noch nahm nichts feste Gestalt an.

»Die Heldin werde ich Sonja nennen«, sagte Anthony, um endlich einen Schritt weiterzukommen. »Sonja oder möglicherweise auch Dolores – ihre Haut wird die Färbung des Elfenbeins haben, aber nicht in der Art, wie sie durch Krankheit entsteht, und ihre Augen werden grundlosen Teichen ähneln. Der Held wird George heißen, oder vielleicht auch John – zumindest soll es ein kurzer und typisch englischer Name sein. Und der Gärtner – einen Gärtner werde ich wahrscheinlich auch brauchen, denn irgendwie muss diese verdammte Gurke schließlich geerntet werden; der Gärtner könnte Schotte sein, und im Hinblick auf die ersten Nachtfröste sollte er vielleicht in amüsanter Weise pessimistisch sein.«

Diese Methode funktionierte zwar manchmal, aber an diesem Vormittag schien dem nicht so zu sein. Obgleich Anthony nicht nur Sonja, sondern auch George und den Gärtner ganz deutlich vor sich sah, zeigten sie doch nicht die geringste Bereitwilligkeit, aktiv zu werden und irgendetwas zu unternehmen.

»Natürlich könnte ich auch eine Banane daraus machen«, überlegte Anthony verzweifelt. »Oder einen Salatkopf, oder Rosenkohl – wie wäre es eigentlich mit Rosenkohl? Brüsseler Kohl heißt er auch, und das könnte ein Codewort für Brüssel sein – gestohlene Namensaktien – ein zwielichtiger belgischer Baron.« Für einen kurzen Augenblick schien ein

Lichtstrahl aufzuleuchten, aber dann erlosch er wieder. Der belgische Baron blieb im Dunkeln, und plötzlich erinnerte Anthony sich, dass erste Nachtfröste und Gurken unvereinbar waren; und damit fiel auch der Vorhang für die amüsanten Bemerkungen des schottischen Gärtners.

»Verdammt noch mal«, sagte Mr Eastwood.

Er erhob sich und griff nach der *Daily Mail.* Immerhin bestand die Möglichkeit, dass irgendjemand auf eine Art und Weise zu Tode gekommen war, die einen transpirierenden Autor inspirieren könnte. Aber die Nachrichten dieses Vormittags waren größtenteils politisch und stammten aus dem Ausland. Angewidert schleuderte Mr Eastwood die Zeitung von sich.

Nachdem er einen Roman vom Tisch genommen hatte, schloss er die Augen und stieß mit dem Zeigefinger auf die aufgeschlagene Seite hinunter. Das auf diese Weise vom Schicksal ausgesuchte Wort lautete »Schaf«. Unverzüglich entfaltete sich in Mr Eastwoods Gedanken mit verblüffender Brillanz eine ganze Geschichte. Bezauberndes Mädchen – Liebhaber im Krieg umgekommen, ihr Verstand umnachtet, hütet Schafe in den schottischen Bergen – mystische Begegnung mit totem Liebhaber, Endeffekt – wie auf einem akademischen Bild mit Schafen und Mondschein, Mädchen liegt tot im Schnee, und *zwei Fußspuren …*

Es war eine wunderschöne Geschichte. Mit einem Seufzer und betrübtem Kopfschütteln tauchte Anthony aus seinen Phantasievorstellungen auf. Er wusste nur zu gut, dass der betreffende Redakteur eine Geschichte dieser Art nicht wollte – mochte sie auch noch so wunderschön sein. Jene Art von Geschichte, die dieser Mann haben wollte und auf der er hartnäckig bestand – zufälligerweise bezahlte er auch sehr anständig dafür –, musste von geheimnisvollen dunkelhaarigen Frauen handeln: mit einem Stich ins Herz umgebracht, ein junger Held ungerechterweise verdächtigt, und dann plötzlich die Aufdeckung des Geheimnisses und dank völlig unangemessener Hinweise der Beweis, dass die am wenigsten verdächtigte Person der Täter war – tatsächlich also *Das Geheimnis der zweiten Gurke.*

Obgleich, überlegte Anthony, ich zehn zu eins wette, dass er den Titel ändert und irgendeinen völlig verrückten, etwa *Mord ist meistens gemeint,* nehmen wird – und das, ohne mich zu fragen! Zum Teufel mit dem verdammten Telefon! Ärgerlich schlenderte er hinüber und nahm den Hörer ab. Zweimal war er innerhalb der letzten Stunde bereits gestört worden: Einmal war es eine falsche Nummer, und das andere Mal war er von einer leichtfertigen Dame der Gesellschaft, die er bitterlich hasste, die jedoch zu hartnäckig war, als dass er sie abweisen konnte, mit einer Einladung zum Mittagessen überfallen worden.

»Hallo!«, knurrte er in den Hörer. Eine weibliche Stimme antwortete ihm, eine zärtliche Stimme mit leichtem ausländischem Akzent.

»Bist du es, Geliebter?«, sagte die Stimme sanft.

»Ich – äh – ich weiß nicht«, sagte Mr Eastwood vorsichtig.

»Wer ist am Apparat?«

»Ich – Carmen. Hör zu, Geliebter. Ich werde verfolgt – bin in Gefahr – du musst sofort kommen. Es geht jetzt um Leben und Tod.«

»Verzeihung«, sagte Mr Eastwood höflich. »Aber ich fürchte, Sie haben die falsche Nummer …« Bevor er den Satz beenden konnte, unterbrach sie ihn.

»*Madre de Dios!* Sie kommen. Wenn sie merken, was ich tue, bringen sie mich um. Lass mich nicht im Stich. Komm sofort! Wenn du nicht kommst, bedeutet das für mich den

Tod. Du weißt: Kirk Street 320. Das Kennwort ist Gurke … Schnell …«

Er hörte ein leises Klicken, als sie am anderen Ende der Leitung den Hörer auflegte. »Verdammt noch mal«, sagte Mr Eastwood äußerst erstaunt. Er nahm seine Tabaksdose und stopfte sich sorgfältig eine Pfeife.

Vermutlich, grübelte er, war es irgendeine merkwürdige Auswirkung meines unbewussten Ichs. Gurke – das kann sie einfach nicht gesagt haben. Die ganze Geschichte ist sehr ungewöhnlich. Hat sie nun Gurke gesagt, oder hat sie es nicht gesagt?

Unentschlossen wanderte er hin und her.

Kirk Street 320. Ich möchte nur wissen, was das alles zu bedeuten hat. Wahrscheinlich wartet sie jetzt darauf, dass der andere auftaucht. Wenn ich es ihr doch nur hätte erklären können. Kirk Street 320. Das Kennwort ist Gurke – o Gott, unmöglich, absurd – Halluzinationen eines strapazierten Gehirns!

Böse blickte er zu der Schreibmaschine hinüber.

Was hast du eigentlich für einen Sinn – das wüsste ich nun wirklich gern! Den ganzen Vormittag habe ich dich angestarrt, und was ist dabei herausgekommen? Ein Schriftsteller soll seine Handlungen aus dem Leben nehmen – aus dem Leben, verstehst du? Und das werde ich jetzt tun!

Er stülpte sich einen Hut auf den Kopf, blickte liebevoll auf seine unbezahlbare Sammlung alter Emaillen und verließ die Wohnung.

Wie die meisten Londoner wissen, ist die Kirk Street eine lange und ziemlich bunte Durchgangsstraße; in der Hauptsache voller antiquarischer Läden, wo alle Arten imitierter Waren zu Phantasiepreisen angeboten werden. Außerdem gibt es dort Altmessing-Läden, Glasläden sowie verkommene Gebrauchtwarengeschäfte und Läden mit getragener Bekleidung.

Nr. 320 war ein Geschäft, das sich ganz dem Verkauf alten Glases widmete. Gläserne Gegenstände aller Art füllten den Laden bis zum Überfluss. Anthony war gezwungen, sich vorsichtig zu bewegen, als er den Mittelgang entlangging, der von Weingläsern flankiert war, während Lüster und Kronleuchter leise klirrend über seinem Kopf pendelten. Eine sehr alte Dame saß im hinteren Teil des Ladens. Sie hatte einen knospenden Schnurrbart, um den so mancher Jüngling sie beneidet hätte, und ein grausames Benehmen.

Sie blickte Anthony an und sagte mit abweisender Stimme: »Na?«

Anthony war ein junger Mann, der sich leicht aus der Fassung bringen ließ. Unverzüglich erkundigte er sich nach dem Preis einiger Weißweingläser.

»Sechs Stück fünfundvierzig Shilling.«

»Ach – wirklich?«, sagte Anthony. »Sehr nett, nicht? Und was kosten die hier?«

»Wunderschöne Stücke, altes Waterford. Die lasse ich Ihnen für achtzehn Guineen das Paar.«

Mr Eastwood merkte, dass er sich selbst in Schwierigkeiten brachte: Noch eine Minute, und wie hypnotisiert von den Augen der boshaften alten Frau, würde er irgendetwas kaufen. Und dennoch konnte er es nicht über sich bringen, den Laden wieder zu verlassen.

»Und der da?«, fragte er und deutete auf einen Kronleuchter. »Fünfunddreißig Guineas.«

»Aha!«, sagte Mr Eastwood bedauernd. »Das ist leider mehr, als ich mir leisten kann.«

»Was suchen Sie denn?«, fragte die alte Dame. »Irgendein Hochzeitsgeschenk?«

»Richtig«, sagte Anthony und klammerte sich an diese Erklärung. »Aber es ist so schwer, das Passende zu finden.«

»So ist das also«, sagte die Dame und stand auf, als wäre sie zu einem Entschluss gekommen. »Hübsches altes Glas ist eigentlich nie verkehrt. Hier habe ich ein Paar alte Weinkaraffen – und hier ist ein hübsches kleines Likörservice, genau das Richtige für eine junge Frau …«

In den nächsten zehn Minuten litt Anthony Höllenqualen. Die Dame hatte ihn völlig in der Hand. Jedes nur denkbare Exemplar der Glasbläserkunst zog an seinen Augen vorüber. Er verzweifelte.

»Wunderschön, wunderschön«, rief er fast mechanisch aus, während er einen großen goldenen Kelch abstellte, der seiner Aufmerksamkeit aufgezwungen worden war. Dann platzte er heraus:

»Übrigens – haben Sie vielleicht Telefon?«

»Nein, wir nicht. Gegenüber im Postamt ist eine Telefonzelle.

Na, wie finden Sie den Kelch oder wie wäre es mit diesen schönen alten Römern?«

Da Anthony keine Frau war, war er auch völlig unbewandert in der gelassenen Kunst, ein Geschäft zu verlassen, ohne etwas gekauft zu haben.

»Ich nehme lieber das Likörservice«, sagte er düster.

Mit Verbitterung im Herzen bezahlte er. Aber als die alte Dame das Päckchen einpackte, kehrte plötzlich sein Mut zurück. Schließlich würde sie ihn allerhöchstens für exzentrisch halten, und außerdem – was, zum Teufel, kümmerte es ihn, was sie dachte? »Gurke«, sagte er deutlich und bestimmt.

Unvermittelt unterbrach die alte Frau das Verpacken des Likörservices. »Wie? Was haben Sie gesagt?«

»Nichts«, log Anthony schnell.

»Ach so! Ich dachte schon, Sie hätten ›Gurke‹ gesagt.«

»Das habe ich auch«, erwiderte Anthony herausfordernd.

»Soso«, meinte die alte Dame. »Warum haben Sie das denn nicht gleich gesagt? Einfach mir meine Zeit zu stehlen! Durch die Tür da drüben und die Treppe hoch. Sie wartet schon.«

Wie im Traum ging Anthony durch die Tür und stieg eine äußerst schmutzige Treppe hoch. Oben stand eine Tür ein Stück offen und gab den Blick in ein winziges Wohnzimmer frei.

Auf einem Stuhl saß, die Augen auf die Tür gerichtet und auf dem Gesicht einen Ausdruck gespannter Erwartung, ein Mädchen.

Und was für ein Mädchen! Sie hatte tatsächlich jene elfenbeinerne Haut, die Anthony so oft geschildert hatte. Und ihre Augen! So etwas von Augen! Engländerin war sie nicht, das sah er auf den ersten Blick. Vielmehr machte sie einen fremden exotischen Eindruck, der sich selbst in der kostbaren Schlichtheit ihres Kleides zeigte.

Anthony blieb im Türrahmen stehen; er war verlegen. Es schien an der Zeit zu sein, irgendwelche Erklärungen abzugeben. Aber mit einem Schrei des Entzückens sprang das Mädchen auf und warf sich in seine Arme.

»Du bist gekommen!«, rief sie. »Du bist gekommen! Oh, gelobt seien die Heiligen und die heilige Madonna!«

Anthony, der nie eine günstige Gelegenheit ungenutzt verstreichen ließ, reagierte genauso inbrünstig. Schließlich entwand sie sich ihm und blickte mit bezaubernder Schüchternheit zu seinem Gesicht hoch.

»Hätte ich dich doch nur nie kennengelernt«, erklärte sie. »Hätte ich es doch nur nie getan.«

»Bereust du es?«, fragte Anthony matt.

»Nein, selbst deine Augen wirken anders – und du bist zehnmal hübscher, als ich es für möglich gehalten habe.«

»Wirklich?«

Sich selbst redete Anthony jedoch ein: Ruhig bleiben, mein Junge, ruhig bleiben. Die Situation entwickelt sich zwar sehr nett, aber verliere jetzt bloß nicht den Kopf.

»Ich darf dich noch einmal küssen, ja?«

»Selbstverständlich«, sagte Anthony überzeugt. »So oft du willst.«

Es folgte ein sehr erfreuliches Zwischenspiel.

Wenn ich bloß wüsste, wer – zum Teufel – ich bin, überlegte Anthony. Ich flehe nur zum Himmel, dass der Wirkliche jetzt nicht auftaucht. Wie süß sie ist!

Plötzlich trat das Mädchen einen Schritt zurück, und auf seinem Gesicht zeigte sich vorübergehend Entsetzen.

»Hat man dich hierher verfolgt?«

»Um Himmels willen – nein!«

»Aber sie sind fürchterlich gerissen. Du kennst sie nicht so genau, wie ich sie kenne. Boris ist ein Schuft.«

»Die Sache mit Boris werde ich für dich regeln.«

»Du bist ein Löwe – jawohl, ein richtiger Löwe. Und die anderen, die sind nur *canaille* – alle! Übrigens: Ich habe es! Wenn sie es wüssten, würden sie mich sofort umbringen. Ich hatte solche Angst – ich wusste nicht, was ich tun sollte, und dann fielst du mir ein … Psst, was war das?«

Es war ein Geräusch unten im Laden. Mit einer Kopfbewegung andeutend, dass er bleiben sollte, wo er wäre, schlich sie auf Zehenspitzen zur Treppe. Mit blassem Gesicht und aufgerissenen Augen kehrte sie zurück.

»*Madre de Dios!* Die Polizei. Sie kommt herauf. Hast du ein Messer? Einen Revolver? Oder eine andere Waffe?«

»Mein liebes Kind, du erwartest doch nicht im Ernst von mir, dass ich einen Polizisten umbringe?«

»Ach, du bist wahnsinnig – wahnsinnig! Sie nehmen dich mit und hängen dich auf, bis du tot bist.«

»Was werden sie?«, fragte Mr Eastwood, und ein sehr unangenehmes Gefühl kroch an seiner Wirbelsäule empor.

Auf der Treppe erklangen Schritte.

»Jetzt kommen sie«, flüsterte das Mädchen. »Bestreite alles. Das ist die einzige Möglichkeit.«

»Das dürfte mir nicht schwerfallen«, murmelte Mr Eastwood *sotto voce.*

Nach kaum einer Minute betraten zwei Männer das Zimmer. Sie trugen zwar unauffällige Anzüge, hatten jedoch ein offizielles Gehabe, das auf lange Ausbildung schließen ließ. Der kleinere der beiden, ein dunkler Mann mit ruhigen grauen Augen, war der Sprecher.

»Ich verhafte Sie, Conrad Fleckman«, sagte er, »wegen Mordes an Anna Rosenburg. Alles, was Sie sagen, wird als Beweis gegen Sie verwendet. Hier ist der Haftbefehl. Es ist das Beste, Sie kommen ohne viel Federlesens mit.«

Ein halberstickter Aufschrei entrang sich den Lippen des Mädchens. Mit gefasstem Lächeln trat Anthony einen Schritt vor.

»Sie unterliegen einem Irrtum, mein Herr«, sagte er scherzhaft. »Ich heiße Anthony Eastwood.«

Seine Feststellung schien auf die beiden Kriminalbeamten nicht die geringste Wirkung zu haben.

»Darüber können wir uns noch später unterhalten«, sagte der Dunkle – derjenige, der vorhin schon geredet hatte. »Inzwischen kommen Sie mit.«

»Conrad«, jammerte das Mädchen. »Conrad, lass dich nicht einfach so mitnehmen.«

Anthony blickte die Kriminalbeamten an.

»Sie werden sicherlich nichts dagegen haben, dass ich mich von dieser jungen Dame verabschiede?«

Mit mehr Gefühl und Anstand, als er es erwartet hatte, gingen die beiden Männer zur Tür. Anthony zog das Mädchen in die Ecke neben dem Fenster und redete schnell und kaum vernehmbar auf es ein.

»Hör zu. Was ich eben sagte, ist wahr. Ich bin nicht Conrad Fleckman. Als du heute Vormittag bei mir anriefst, muss man dir eine falsche Nummer gegeben haben. Ich heiße Anthony Eastwood. Ich bin auf deine Bitte hin gekommen, weil – eben, ich bin gekommen.«

Ungläubig starrte sie ihn an.

»Du bist nicht Conrad Fleckman?«

»Nein.«

»Oh!«, rief sie in einem Ton tiefster Not. »Und ich habe dich geküsst!«

»Daran war nichts verkehrt«, versicherte Mr Eastwood. »Die ersten Christen haben den Kuss als festes Brauchtum eingeführt. Was äußerst vernünftig war. Jetzt pass auf: Ich werde also mit diesen Leuten mitfahren. Binnen kurzem werde ich beweisen, wer ich wirklich bin. Bis dahin werden sie dich in Ruhe lassen, sodass du deinen kostbaren Conrad noch rechtzeitig warnen kannst. Später …«

»Ja?«

»Ach Gott – nur Folgendes: Meine Telefonnummer ist Northwestern 1743. Und gib Acht, dass man dich nicht wieder falsch verbindet.«

Sie warf ihm einen bezaubernden Blick zu, halb trauernd, halb lächelnd.

»Ich werde es nicht vergessen – ich werde es bestimmt nicht vergessen.«

»Also gut. Auf Wiedersehen. Und wenn …«

»Ja?«

»Um noch einmal auf die ersten Christen zurückzukommen: Einmal mehr würde doch nicht allzu viel ausmachen, nicht wahr?«

Sie schlang die Arme um seinen Nacken. Ihre Lippen berührten die seinen kaum.

»Ich mag dich gern – ja, ich mag dich. Du wirst immer daran denken, was auch passiert, nicht wahr?«

Widerstrebend löste Anthony sich von ihr und näherte sich seinen Häschern.

»Ich bin bereit, mit Ihnen zu kommen. Wie ich annehme, haben Sie nicht die Absicht, diese junge Dame ebenfalls festzunehmen, nicht wahr?«

»Nein, Sir – das geht uns nichts an«, sagte der Kleine. Anständige Burschen, diese Männer von Scotland Yard, überlegte Anthony, als er den beiden die schmale Treppe hinunter folgte.

Von der alten Frau im Laden war nichts zu sehen. Anthony hörte jedoch, wie es hinter einer Tür im rückwärtigen Teil des Ladens schnaufte, und vermutete, dass sie die Ereignisse mit Vorsicht beobachtete.

Wieder auf der schmutzigen Kirk Street, holte Anthony tief Luft und richtete sich an den kleineren der beiden Männer.

»Also, Inspector – Sie sind doch wohl Inspector?«

»Ja, Sir. Detective Inspector Verrall. Das hier ist Detective Sergeant Carter.«

»Also, Inspector Verrall, jetzt ist wohl der Zeitpunkt gekommen, dass wir vernünftig miteinander reden – und auch, dass Sie mich anhören. Ich bin nicht dieser Conrad – wie hieß er noch? Mein Name ist Anthony Eastwood, wie ich bereits sagte, und von Beruf bin ich Schriftsteller. Wenn Sie mich zu meiner Wohnung begleiten wollen, werde ich in der Lage sein, meine Identität Ihnen gegenüber nachzuweisen.«

Irgendetwas an der sachlichen Art, in der Anthony sprach, schien die Beamten zu beeindrucken. Zum ersten Mal huschte ein zweifelnder Ausdruck über Verralls Gesicht. Carter war offenbar nicht so leicht zu überzeugen.

»Das könnte Ihnen so passen«, fauchte er. »Vielleicht erinnern Sie sich, dass die junge Dame Sie mit ›Conrad‹ anredete.«

»Aber das hat doch damit nichts zu tun. Ich gebe ja zu, dass ich mich aus – äh – persönlichen Gründen der Dame gegenüber als Conrad ausgab. Eine rein private Angelegenheit, verstehen Sie?«

»Und das sollen wir glauben, was?«, bemerkte Carter. »Nein, Sir, Sie kommen mit. Halt mal das Taxi an, Joe.«

Ein vorüberfahrendes Taxi wurde gestoppt, und die drei Männer stiegen ein. Anthony machte einen letzten Versuch und wandte sich dabei direkt an Verrall als den leichter zu Überzeugenden.

»Hören Sie, mein lieber Inspector, wem schadet es eigentlich, wenn Sie mit in meine Wohnung kommen und sich überzeugen, dass ich die Wahrheit sage? Sie können das Taxi warten lassen, wenn Sie wollen – das ist doch ein großzügiges Angebot. Keine fünf Minuten wird es dauern.« Verrall blickte ihn forschend an.

»Also gut«, sagte er plötzlich. »Es klingt zwar merkwürdig, aber ich glaube, dass Sie die Wahrheit sagen. Schließlich wollen wir uns auf der Wache nicht blamieren, weil wir den Falschen verhaftet haben. Wie ist die Adresse?«

»Brandenburg Mansions 48.«

Verrall beugte sich vor und rief dem Taxifahrer die Adresse

zu. Schweigend saßen die drei im Wagen, bis sie an ihrem Ziel angekommen waren, Carter aus dem Wagen sprang und Anthony von Verrall mit einer Handbewegung aufgefordert wurde, dem Sergeant zu folgen.

»Für Unannehmlichkeiten besteht kein Grund«, erklärte Verrall, als er ebenfalls ausstieg. »Wir werden so tun, als käme Mr Eastwood mit zwei Freunden nach Hause.«

Anthony war für diesen Vorschlag ausgesprochen dankbar, und seine Achtung vor der Kriminalbehörde stieg von Minute zu Minute.

Im Hausflur hatten sie das Glück, Rogers, dem Portier, zu begegnen. Anthony blieb stehen.

»Ah – guten Abend, Rogers«, bemerkte er beiläufig. »Guten Abend, Mr Eastwood«, erwiderte der Portier respektvoll.

Er war Anthony zugetan, der ein Beispiel für liberale Gesinnung gab, welches man von seinen Nachbarn nicht immer sagen konnte.

An der Treppe blieb Anthony stehen.

»Übrigens, Rogers«, sagte er beiläufig, »wie lange wohne ich eigentlich jetzt schon hier? Ich habe mich mit meinen Freunden gerade darüber gestritten.«

»Warten Sie, Sir – es müssten jetzt wohl bald vier Jahre sein.«

»Dasselbe habe ich gesagt.«

Anthony warf den beiden Beamten einen triumphierenden Blick zu. Carter knurrte, aber Verrall lächelte strahlend.

»Gut, Sir, aber noch nicht genug«, bemerkte er. »Gehen wir nach oben?«

Anthony öffnete die Tür seiner Wohnung mit dem Wohnungstürschlüssel. Dankbar war er, dass ihm noch rechtzeitig einfiel, dass Seamark, sein Diener, nicht zu Hause war. Je weniger Zeugen bei dieser Katastrophe, desto besser.

Die Schreibmaschine stand noch so, wie er sie verlassen hatte.

Carter schlenderte zum Tisch und studierte den auf dem Papier stehenden Titel. »Das Geheimnis der zweiten Gurke«, verkündete er mit verdrossener Stimme.

»Eine Geschichte von mir«, erklärte Anthony gleichgültig. »Auch nicht schlecht, Sir«, sagte Verrall kopfnickend, und seine Augen blinzelten. »Übrigens – wovon handelt sie? Was war denn nun das Geheimnis der zweiten Gurke?«

»Jetzt haben Sie mich festgenagelt«, sagte Anthony. »Anlass zu diesen ganzen Schwierigkeiten war nämlich diese zweite Gurke.«

Carter sah ihn gespannt an. Plötzlich schüttelte er den Kopf und klopfte sich bedeutungsvoll gegen die Stirn.

»Schön blöde, mein armer Freund«, murmelte er deutlich vor sich hin.

»Und jetzt, Gentlemen«, sagte Mr Eastwood lebhaft, »an die Arbeit. Hier sind an mich adressierte Briefe, mein Scheckheft und die Mitteilungen meiner Verleger. Was wünschen Sie sonst noch?«

Verrall prüfte die Papiere, die Anthony ihm hingeschoben hatte. »Ich für meinen Teil, Sir«, sagte er respektvoll, »brauche nichts mehr. Ich bin überzeugt. Ich kann jedoch nicht die Verantwortung auf mich nehmen, Sie freizulassen. Verstehen Sie – obgleich alles dafür spricht, dass Sie seit einigen Jahren hier als Mr Eastwood wohnen, ist es dennoch möglich, dass Conrad Fleckman und Anthony Eastwood ein und dieselbe Person sind. Ich muss daher die Wohnung durchsuchen, Ihnen die Fingerabdrücke abnehmen und mit der Zentrale telefonieren.«

»Anscheinend ein ziemlich umfassendes Programm«, bemerkte Anthony. »Ich kann Ihnen versichern, dass Ihnen alle strafbaren Geheimnisse, die Ihnen in die Hände fallen, zur Verfügung stehen.«

Der Inspector grinste. Für einen Kriminalbeamten war er ungewöhnlich human.

»Wenn Sie vielleicht mit Carter in das kleine Zimmer am Ende des Korridors gehen wollen, Sir, solange ich zu tun habe.«

»Einverstanden«, sagte Anthony widerwillig. »Umgekehrt wird es wohl nicht möglich sein, nicht wahr?«

»Was soll das heißen?«

»Dass Sie und ich und ein paar Whisky mit Soda im kleinen Zimmer verschwinden, während unser Freund, der Sergeant, die schwere Aufgabe des Durchsuchens übernimmt.«

»Wenn Ihnen das lieber ist, Sir?«

»Es ist mir lieber.«

Sie überließen es Carter, den Inhalt des Schreibtisches mit geschäftsmäßiger Gewandtheit zu überprüfen. Als sie den Raum verließen, hörten sie, wie er den Hörer abnahm und Scotland Yard anrief.

»Es könnte schlimmer sein«, sagte Anthony, als er sich mit einem Whisky Soda hinsetzte, nachdem er die Wünsche des Inspectors Verrall gastfreundlich erfüllt hatte.

»Soll ich zuerst trinken, nur um Ihnen zu beweisen, dass der Whisky nicht vergiftet ist?«

Der Inspector lächelte. »Das alles verstößt gegen die Vorschriften«, bemerkte er. »Aber wir kennen uns in unserem Beruf einigermaßen aus. Von Anfang an war mir klar, dass wir einen Fehler begangen hatten. Aber man muss natürlich die üblichen Vorschriften einhalten. Sie können auch nicht so einfach vom roten Teppich runter, nicht wahr, Sir?«

»Wahrscheinlich nicht«, sagte Anthony bedauernd. »Außerdem sieht der Sergeant auch nicht allzu umgänglich aus, nicht?«

»Ach, im Grunde ist Detective Sergeant Carter ein feiner Kerl. So leicht kann dem keiner etwas vormachen.«

»Das habe ich bereits festgestellt«, sagte Anthony. »Übrigens, Inspector«, fügte er hinzu, »spricht irgendetwas dagegen, dass ich ein paar Einzelheiten über mich erfahre?«

»Welcher Art, Sir?«

»Mann Gottes, merken Sie denn nicht, dass ich vor Neugierde platze? Wer war Anna Rosenburg, und warum habe ich sie ermordet?«

»Das alles werden Sie morgen in der Zeitung lesen, Sir.«

»›Was du heute kannst besorgen, das verschiebe nicht auf morgen‹«, zitierte Anthony. »Ich bin überzeugt, dass Sie meine völlig legale Neugierde befriedigen dürfen. Lassen Sie Ihre offizielle Zurückhaltung einmal beiseite und erzählen Sie!«

»Das ist gegen die Vorschriften, Sir.«

»Mein lieber Inspector, wo wir uns so schnell angefreundet haben.«

»Also gut, Sir. Anna Rosenburg war eine deutsche Jüdin, die in Hampstead wohnte. Ohne sichtlich etwas dafür zu tun, wurde sie Jahr für Jahr ständig reicher.«

»Bei mir ist es genau umgekehrt«, bemerkte Anthony dazu. »Ich tue sichtlich etwas und werde dafür von Jahr zu Jahr ärmer. Vielleicht ginge es mir besser, wenn ich in Hampstead wohnte. Ich höre immer wieder, dass Hampstead ausgesprochen anregend sein soll.«

»Es gab eine Zeit«, fuhr Verrall fort, »wo sie mit gebrauchter Kleidung handelte …«

»Das erklärt alles«, unterbrach Anthony ihn. »Ich erinnere mich, dass ich nach dem Krieg meine Uniform verkaufte –

nicht die aus Khaki, sondern die andere. Die ganze Bude hing voller roter Hosen und goldener Litzen, die äußerst vorteilhaft ausgebreitet waren. Es erschien ein dicker Mann in einem karierten Anzug mit seinem Rolls-Royce und einem Faktotum nebst Koffer. Ein Pfund zehn Shilling bot er für das ganze Zeug. Schließlich legte ich noch einen Jagdmantel und ein paar Zeissgläser dazu, um auf zwei Pfund zu kommen, und auf ein Zeichen hin klappte das Faktotum den Koffer auf, schaufelte alles hinein, und der Dicke reichte mir eine Zehnpfundnote und fragte, ob ich herausgeben könne.«

»Vor etwa zehn Jahren«, fuhr der Inspector fort, »lebten in London verschiedene politische Flüchtlinge aus Spanien, unter ihnen ein gewisser Don Fernando Ferrarez mit seiner jungen Frau und einem Kind. Sie waren sehr arm, und die Frau war krank. Anna Rosenburg kam in das Haus, wo die Leute wohnten, und fragte, ob sie etwas zu verkaufen hätten. Don Fernando war nicht da, und seine Frau fasste den Entschluss, sich von einem kostbaren spanischen Schal zu trennen, der wunderbar bestickt war und zu den letzten Sachen gehört hatte, die Don Fernando ihr vor ihrer Flucht aus Spanien geschenkt hatte. Als Don Fernando heimkehrte, bekam er einen fürchterlichen Wutanfall, als er hörte, dass der Schal verkauft sei, und versuchte vergeblich, ihn zurückzukaufen. Als es ihm wenigstens gelang, die fragliche Frau, die alte Kleidungsstücke gekauft hatte, wiederzufinden, erklärte diese, sie hätte den Schal an eine Frau verkauft, deren Namen sie nicht kenne. Don Fernando war verzweifelt. Zwei Monate später wurde er mitten auf der Straße mit einem Dolch angegriffen und starb später an den Verletzungen. Von dieser Zeit an schien Anna Rosenburg merkwürdigerweise in Geld zu schwimmen. In den folgenden zehn Jahren wurde nicht weniger als achtmal in ihr Haus eingebrochen. Vier der Versuche wurden vereitelt und nichts kam abhanden; bei den übrigen viermal befand sich unter der Beute auch ein bestickter Schal.«

Der Inspector verstummte, und erst einer drängenden Geste Anthonys folgend, fuhr er fort: »Vor einer Woche traf Carmen Ferrarez, die junge Tochter Don Fernandos, aus einem französischen Kloster kommend, hier ein. Ihre erste Handlung bestand darin, Anna Rosenburg in Hampstead aufzusuchen. Angeblich hat sie der alten Frau eine heftige Szene gemacht, und als sie das Haus verließ, wurden ihre Abschiedsworte von einem der Diener mitgehört.

›Sie haben ihn noch!‹, schrie sie. ›Die ganzen Jahre hindurch sind Sie durch ihn reich geworden aber eines verspreche ich Ihnen feierlich: Letzten Endes wird er Ihnen Unglück bringen. Sie haben kein moralisches Recht auf ihn, und der Tag wird kommen, an dem Sie sich wünschen, Sie hätten den Schal der tausend Blüten nie gesehen.‹

Drei Tage später verschwand Carmen Ferrarez auf mysteriöse Weise aus dem Hotel, in dem sie wohnte. In ihrem Zimmer wurde ein Zettel mit einem Namen und einer Adresse gefunden – der Name lautete Conrad Fleckman. Ferner fand man eine Notiz von einem Mann, der behauptete, mit gebrauchter Kleidung zu handeln, und anfragte, ob sie die Absicht hätte, einen bestickten Schal zu verkaufen, von dem er annahm, dass sie ihn besaß. Die auf der Notiz angegebene Adresse war falsch.

Es ist klar, dass der Schal den Mittelpunkt dieser ganzen mysteriösen Geschichte bildet. Gestern Morgen erschien Conrad Fleckman nun bei Anna Rosenburg. Sie schloss sich mit ihm für gut eine Stunde ein, und als er sie verließ, musste sie sich zu Bett legen, so blass und erschüttert war sie durch die Unterhaltung. Sie ordnete jedoch noch an, dass

Fleckman jederzeit vorgelassen würde, wenn er sich meldete. Gestern Abend stand Anna Rosenburg auf und verließ gegen neun Uhr ihre Wohnung; seitdem ist sie nicht zurückgekehrt. Heute Morgen wurde sie in dem Haus, in dem dieser Conrad Fleckman wohnt, erstochen aufgefunden. Neben ihr auf dem Fußboden lag – was glauben Sie wohl?«

»Der Schal?«, keuchte Anthony. »Der Schal der tausend Blüten.«

»Etwas viel Entsetzlicheres. Etwas, das die ganze mysteriöse Geschichte mit dem Schal erklärt und seinen geheimen Wert deutlich macht … Entschuldigen Sie, aber ich glaube, das ist der Chef …«

Tatsächlich hatte es draußen geläutet. Anthony zügelte seine Ungeduld, so gut es ihm möglich war, und wartete auf die Rückkehr des Inspectors. Soweit es seine eigene Lage betraf, war er jetzt erleichtert. Sobald man ihm die Fingerabdrücke abgenommen hätte, würde man den Irrtum feststellen.

Und dann würde vielleicht Carmen anrufen …

Der Schal der tausend Blüten! Was für eine seltsame Geschichte – genau die, die einen angemessenen Hintergrund für die atemberaubende dunkle Schönheit des Mädchens abgeben würde.

Carmen Ferrarez …

Er riss sich aus seinen Phantastereien. Wie lange dieser Inspector nur brauchte. Er stand auf und riss die Tür auf. In der Wohnung war es merkwürdig still. Waren sie etwa schon gegangen? Doch bestimmt nicht, ohne sich von ihm zu verabschieden.

Er schlenderte in das nächste Zimmer. Es war leer – und das Wohnzimmer war ebenfalls leer. Seltsam leer! Irgendwie wirkte alles kahl und wüst. Du lieber Himmel! Seine Emaillensammlung – das Silber!

Wie von Sinnen rannte er durch die Wohnung. Überall das Gleiche. Alles war ausgeplündert. Jedes Stück von Wert war verschwunden – und Anthony hatte beim Sammeln einen sehr guten Geschmack bewiesen.

Mit einem Aufstöhnen taumelte Anthony in einen Sessel und verbarg den Kopf in den Händen. Erst das Läuten der Wohnungsklingel schreckte ihn hoch. Er öffnete die Tür und stand Rogers gegenüber.

»Entschuldigen Sie, Sir«, sagte Rogers. »Aber die Herren meinten, Sie brauchten vielleicht irgendetwas.«

»Die Herren?«

»Ihre beiden Freunde, Sir. So gut ich konnte, habe ich ihnen beim Verpacken geholfen. Glücklicherweise hatte ich zufällig zwei Kisten im Keller stehen.« Seine Augen blickten zu Boden. »So gut ich konnte, habe ich auch das Stroh zusammengefegt, Sir.«

»Hier oben haben Sie die Sachen eingepackt?«, stöhnte Anthony.

»Ja, Sir. War das denn nicht Ihr eigener Wunsch, Sir? Der große Herr forderte mich dazu auf, und da Sie hinten in dem kleinen Zimmer mit dem anderen Herrn sprachen, wollte ich nicht stören.«

»Nicht ich sprach mit ihm«, sagte Anthony. »Er redete vielmehr mit mir – zum Teufel mit ihm.«

Rogers hüstelte. »Und es tut mir aufrichtig leid, dass es nötig war, Sir«, murmelte er.

»Nötig?«

»Dass Sie sich von Ihren Schätzen trennen mussten, Sir.«

»Was? Ach ja! Ha, ha!« Er lachte verbissen auf. »Wahrschein lich sind sie mittlerweile schon weggefahren, was? Diese – meine Freunde, meine ich.«

»O ja, Sir, schon vor einiger Zeit. Ich verstaute die Kisten im Taxi, und der große Herr ging noch einmal nach oben, und dann kamen beide heruntergelaufen und fuhren sofort weg ... Verzeihung, Sir, aber stimmt irgendetwas nicht, Sir?«

Rogers hatte gut fragen. Das ächzende Stöhnen, das Anthony von sich gab, hätte überall Argwohn erweckt.

»Gar nichts stimmt – vielen Dank, Rogers. Aber ich bin mir völlig im Klaren, dass man Ihnen nicht den geringsten Vorwurf machen kann. Lassen Sie mich allein – ich muss schnell mal telefonieren.«

Fünf Minuten später war zu beobachten, wie Anthony seine Geschichte Inspector Driver, der mit einem Notizblock in der Hand ihm gegenüber saß, ausführlich berichtete. Ein unsympathischer Mann, dieser Inspector Driver, und (wie Anthony überlegte) einem wirklichen Inspector so gar nicht ähnlich! Ziemlich theatralisch, wenn man genau hinsah. Wieder einmal ein schlagender Beweis dafür, dass die Kunst der Natur überlegen ist. Anthony kam zum Ende seines Berichtes. Der Inspector klappte sein Notizbuch zu.

»Und?«, fragte Anthony besorgt.

»Sonnenklar«, sagte der Inspector. »Das war die Patterson Bande. In letzter Zeit hat sie sich verschiedene derart gerissene Sachen geleistet. Großer blonder Mann, kleiner dunkler Mann, und das Mädchen.«

»Das Mädchen?«

»Ja ebenfalls dunkel und verdammt gut aussehend. Tritt gewöhnlich als Lockvogel auf.«

»Ein – ein spanisches Mädchen?«

»Vielleicht bezeichnet sie sich als Spanierin. Geboren wurde sie jedenfalls in Hampstead.«

»Habe ich nicht gesagt, dass Hampstead eine anregende Gegend ist?«, murmelte Anthony.

»Ja, der Fall ist also sonnenklar«, sagte der Inspector und erhob sich, um zu gehen. »Sie hat hier angerufen und Sie mit ihrer Geschichte geleimt – in der Annahme, Sie würden dann auch bestimmt kommen. Dann geht sie zur alten Mutter Gibson, die nichts dagegen hat, ihr Zimmer gegen ein Trinkgeld vorübergehend an Leute zu vermieten, die es schrecklich finden, sich vor aller Augen zu treffen – Liebhaber, verstehen Sie, nichts Kriminelles. Sie fallen prompt darauf herein, die beiden fahren mit Ihnen hierher, und während der eine Ihnen einen Bären aufbindet, verschwindet der andere mit der Beute. Das waren todsicher die Pattersons – genauso arbeiten sie immer.«

»Und meine Sachen?«, fragte Anthony besorgt.

»Wir werden tun, was wir können, Sir. Aber die Pattersons sind ungewöhnlich gerissen.«

»Diesen Eindruck habe ich auch«, sagte Anthony verbittert. Der Inspector verabschiedete sich, und kaum war er gegangen, läutete es bereits wieder an der Tür. Anthony öffnete. Ein kleiner Junge mit einem Paket im Arm stand vor ihm.

»Für Sie, Sir.«

Mit einer gewissen Überraschung nahm Anthony es an sich. Eigentlich rechnete er nicht mit einem Paket irgendwelcher Art. Als er es in das Wohnzimmer gebracht hatte, schnitt er die Schnur auf.

Es war das Likörservice!

»Verdammt!«, sagte Anthony.

Dann erst fiel ihm auf, dass sich am Fuß eines der Gläser eine winzige kunstvolle Rose befand. Seine Gedanken eilten in jenes Zimmer im ersten Stock zurück, das in der Kirk Street lag.

»Ich mag dich gern – ja, ich mag dich. Du wirst immer daran denken, was auch passiert, nicht wahr?«

Das hatte sie gesagt. *Was auch passiert …* Hatte sie damit etwa gemeint …

Anthony nahm sich wieder nachdrücklich zusammen. »Das genügt nicht«, ermahnte er sich.

Sein Blick fiel auf die Schreibmaschine, und mit entschlossenem Gesicht setzte er sich hin.

DAS GEHEIMNIS DER ZWEITEN GURKE

Sein Gesicht wirkte wieder verträumt. Der Schal der tausend Blüten. Was hatte man eigentlich auf dem Fußboden neben ihrem leblosen Körper gefunden? Jenes entsetzliche Ding, das das ganze Geheimnis erklärte?

Nichts, natürlich, da es sich nur um eine erfundene Geschichte gehandelt hatte, die seine Aufmerksamkeit fesseln sollte, und der Erzähler hatte nur jenen alten Trick aus Tausendundeiner Nacht angewandt: die Geschichte zu unterbrechen, wenn sie am spannendsten war. Aber war es denn so unmöglich, dass tatsächlich irgendetwas Entsetzliches existierte, was das ganze Geheimnis erklärte? Dass es immer noch existierte? Vielleicht, wenn man sich gründlich damit beschäftigte?

Anthony zog den Bogen aus der Schreibmaschine und ersetzte ihn durch einen neuen. Dann tippte er die Überschrift:

DAS GEHEIMNIS DES SPANISCHEN SCHALS

Schweigend schaute er sie eine Weile an.

Dann begann er, rasend schnell auf die Maschine einzuhämmern …

Die goldene Kugel

George Dundas stand mitten in der City von London und dachte nach.

Rings um ihn wogten die werktätigen und lohnabhängigen Massen gleich einer alles verschlingenden Flut. Aber George in seinem eleganten Anzug, mit makellos gebügelten Hosen, nahm keine Notiz davon. Er war vollauf mit der Überlegung beschäftigt, was er jetzt anfangen sollte.

Es war etwas vorgefallen! Zwischen George und seinem reichen Onkel (Ephraim Leadbetter von der Firma Leadbetter & Gilling) hatte es etwas gegeben, was man gemeinhin einen Wortwechsel zu nennen pflegt. Um genau zu sein, waren die Worte allerdings fast ausschließlich von Mr Leadbetters Seite gekommen. In einem ununterbrochenen Strom bitterer Entrüstung waren sie von seinen Lippen geflossen, und dass es sich dabei hauptsächlich um Wiederholungen ein und desselben Themas handelte, schien ihn nicht im Geringsten gestört zu haben. Einen Tatbestand einmal präzise zu formulieren und es dann dabei bewenden zu lassen, solches gehörte nicht zu Mr Leadbetters Gepflogenheiten.

Dabei ging es um ein sehr einfaches Thema – die verwerfliche Torheit und Gottlosigkeit eines aufstrebenden jungen Mannes, der sich mitten in der Woche einen Tag freigenommen hatte, ohne auch nur um Erlaubnis zu fragen. Als Mr Leadbetter alles gesagt hatte, was ihm dazu in den Sinn kam, und etliches auch zweimal, machte er eine Atempause und fragte George, was er sich dabei eigentlich gedacht habe. George antwortete schlicht, er habe einfach Lust auf einen freien Tag gehabt. Einen Urlaubstag sozusagen. Und für was, erkundigte sich Mr Leadbetter, halte er Samstagnachmittag und Sonntag? Ganz zu schweigen von den Pfingsttagen unlängst und dem bevorstehenden Bankfeiertag im August?

Samstagnachmittage, Sonntage und Bankfeiertage, aus denen mache er sich nichts, erwiderte George. Er meine einen richtigen Tag, an welchem eventuell die Möglichkeit bestehe, einen Platz zu finden, wo nicht bereits halb London versammelt sei. Mr Leadbetter erklärte daraufhin, er persönlich habe für den Sohn seiner verstorbenen Schwester wahrhaftig sein Bestes getan – niemand könnte behaupten, er habe ihm keine Chance gegeben. Aber wie sich nun leider herausstelle, sei dies vergebliche Liebesmüh gewesen. In Zukunft stünden George daher außer Samstag und Sonntag weitere fünf richtige Wochentage zur Verfügung, die er ganz nach Belieben verbringen könne.

»Das Schicksal hat dir seine goldene Kugel zugeworfen, mein Junge«, schloss Mr Leadbetter in einer letzten dichterischen Anwandlung. »Und du hast sie nicht aufgefangen.«

Eigentlich, so scheine ihm, habe er doch genau das getan, wandte George ein, worauf Mr Leadbetters poetische Stimmung in Zorn umschlug und er ihm kurzerhand die Tür wies.

Dies war der Grund für Georges derzeitige Nachdenklichkeit. Würde sein Onkel einlenken oder nicht?

Wohnte in seiner Brust noch ein Rest von Zuneigung für George oder bloß kalte Verachtung? Genau in diesem Moment geschah es, dass eine Stimme – eine höchst unerwartete Stimme – laut »Hallo!« rief.

Ein knallroter Sportwagen mit unglaublich langer Kühlerhaube hatte neben ihm am Straßenrand angehalten. Am Steuer saß die »wunderschöne und bekannte junge Dame der Gesellschaft«, Mary Montresor. (Die Beschreibung entstammte den Illustrierten, die mindestens viermal im Monat ein Foto von ihr veröffentlichten.) Sie schenkte George ein berückendes Lächeln.

»Ich habe nie geahnt, dass ein Mann derartig einer einsamen Insel im Meer gleichen kann«, sagte sie. »Möchtest du vielleicht bei mir einsteigen?«

»Nichts, was ich lieber täte«, entgegnete George, ohne zu zögern und kletterte auf den Nebensitz.

Sie fuhr langsam, da ihr bei dem Verkehr nichts anderes übrig blieb.

»Ich bin die Großstadt leid«, erklärte Mary Montresor. »Ich wollte bloß mal wieder sehen, wie es hier ist. Ich werde nach London zurückfahren.«

George unterließ es, ihre geographischen Vorstellungen zu berichtigen, und sagte bloß, er halte das für eine glänzende Idee. Sie setzten ihre Fahrt fort, manchmal langsam, dann wieder in halsbrecherischem Tempo, sobald Mary Montresor eine Lücke im Verkehr zu erspähen meinte. George kam diese Meinung zumeist etwas optimistisch vor, aber er dachte sich, man könne schließlich nur einmal sterben. Immerhin hielt er es für besser, keine Konversation vom Zaun zu brechen, um seine schöne Fahrerin nicht von ihrer Tätigkeit abzulenken.

Es war Mary Montresor selbst, die die Unterhaltung wieder aufnahm, wofür sie genau den Augenblick wählte, in welchem sie mit quietschenden Reifen um Hyde Park Corner herumschlitterten.

»Würdest du mich gern heiraten?«, erkundigte sie sich beiläufig.

George rang nach Luft, doch das mochte auch an dem riesigen Bus liegen, der sie mit dem sicheren Tod zu bedrohen schien. Er war stolz auf seine geistesgegenwärtige Reaktion.

»Wahnsinnig gern«, antwortete er leichthin.

»So«, bemerkte Mary Montresor unbestimmt. »Na, vielleicht tust du's eines Tages.«

Sie hatten unversehrt die geradeaus führende Fahrbahn erreicht, als George neben der U-Bahn-Station am Hyde Park Corner einige Zeitungsanschläge mit dicken Schlagzeilen erblickte. Zwischen *Politische Krise* und *Oberst vor Gericht* verkündete die eine: *Junge Dame der Gesellschaft heiratet Herzog,* und die andere: *Herzog von Edgehill und Miss Montresor.*

»Was ist mit dir und dem Herzog von Edgehill?«, fragte George streng.

»Mit mir und Bingo? Wir sind verlobt.«

»Aber dann – du sagtest doch eben …«

»Ach das«, meinte Mary Montresor wegwerfend. »Weißt du, ich habe mich noch nicht entschieden, wen ich tatsächlich heiraten werde.«

»Warum hast du dich dann mit ihm verlobt?«

»Bloß um zu sehen, ob ich's schaffe. Alle Welt schien zu glauben, es wäre schrecklich schwierig, und dabei war's überhaupt nicht schwer!«

»Pech für – äh – Bingo.« George überwand mannhaft seine Verlegenheit darüber, einen leibhaftigen Herzog beim Spitznamen zu nennen.

»Ganz und gar nicht«, erwiderte Mary Montresor. »Es wird Bingo guttun, falls ihm überhaupt etwas guttun kann – was ich bezweifle.«

George machte schon wieder eine Entdeckung – abermals mit Hilfe eines Zeitungsanschlags.

»Aber natürlich«, rief er. »Heute ist doch das Pokalrennen in Ascot. Ich hätte gedacht, bei so etwas würdest du unter gar keinen Umständen fehlen.«

Mary Montresor seufzte.

»Ich wollte einmal einen freien Tag haben«, sagte sie kläglich.

»Genau das wollte ich auch«, rief George entzückt. »Und die Folge war, dass mich mein Onkel rausgeworfen und dem Hungertod überliefert hat.«

»Dann kämen dir, falls wir heiraten, meine zwanzigtausend Pfund im Jahr vielleicht ganz gelegen?«

»Sie wären sicherlich geeignet, uns mit ein paar häuslichen Bequemlichkeiten auszustatten.«

»Da wir gerade von häuslichen Bequemlichkeiten sprechen«, meinte Mary, »wie wär's, wenn wir aufs Land führen und uns nach einem Haus umsähen, in dem wir gern wohnen würden.«

Dies schien George ein ebenso schlichter wie reizender Vorschlag. Nachdem sie Putney Bridge erfolgreich überquert hatten, erreichten sie die Umgehungsstraße bei Kingston, und mit einem Seufzer der Befriedigung trat Mary voll aufs Gaspedal. Sie gelangten sehr schnell aufs Land. Eine halbe Stunde später stieß Mary plötzlich einen lauten Ruf aus und deutete mit dramatischer Gebärde in die Weite.

Vor ihnen erhob sich, an eine sanfte Anhöhe geschmiegt, ein Haus von »nostalgischem Charme«, wie Immobilienmakler dergleichen (allerdings meist unzutreffend) zu beschreiben pflegten. Man stelle sich vor, die übliche Beschreibung von Landhäusern entspreche ausnahmsweise einmal genau der Wirklichkeit, dann hat man eine ziemlich gute Vorstellung von diesem Haus.

Mary hielt vor einem weißen Gartentor an.

»Komm, wir lassen den Wagen hier stehen, gehen hinauf und sehen es uns an. Das ist unser Haus!«

»Unbedingt«, stimmte George zu. »Nur scheinen momentan andere Leute darin zu wohnen.«

Mary wischte die anderen Leute mit einer Handbewegung beiseite. Sie gingen nebeneinander die schön geschwungene Einfahrt hinauf. Aus der Nähe betrachtet sah das Haus sogar noch attraktiver aus.

»Wir wollen außen herumgehen und durch alle Fenster schauen«, schlug Mary vor.

George zögerte.

»Meinst du nicht, die Hausbewohner …«

»Die interessieren mich nicht. Das ist unser Haus – diese Leute wohnen gewissermaßen nur zufällig da. Außerdem ist heute ein herrlicher Tag, und bestimmt kein Mensch zu Hause. Und wenn uns doch einer erwischt, dann sage ich – dann sage ich einfach, ich hätte geglaubt, es wäre das Haus von Mrs – von Mrs Pardonstenger, und es täte mir *schrecklich* leid, dass ich mich geirrt hätte.«

»Na ja, da kann eigentlich nicht viel schiefgehen«, meinte George nachdenklich.

Sie schauten durch die Fenster. Das Haus war entzückend eingerichtet. Sie waren gerade bis zum Schreibzimmer gekommen, als hinter ihnen Schritte auf dem Kies knirschten und sie sich beim Umdrehen einem untadelig gekleideten Butler gegenübersahen.

»Oh!«, rief Mary. Dann setzte sie ihr bezauberndstes Lächeln auf und sagte: »Ist Mrs Pardonstenger zu Hause? Ich wollte eben mal nachsehen, ob sie vielleicht im Schreibzimmer ist.«

»Mrs Pardonstenger ist zu Hause, gnädige Frau«, antwortete der Butler. »Wenn Sie mir bitte folgen wollen.«

Sie taten das Einzige, was ihnen unter diesen Umständen übrig blieb. Sie folgten ihm. George berechnete unterdessen, wie hoch in etwa die Wahrscheinlichkeit eines solchen Zufalls sein mochte. Bei einem Namen wie Pardonstenger kam er zu einem Ergebnis von ungefähr eins zu zwanzigtausend. Seine Begleiterin flüsterte: »Überlass alles mir. Ich kriege das schon in Ordnung.«

George überließ nur allzu gerne alles ihr. Die Situation, fand er, forderte geradezu weibliche Raffinesse.

Sie wurden in einen Salon geführt. Der Butler war kaum gegangen, als sich schon wieder die Tür öffnete und eine stattliche, vollbusige Dame mit wasserstoffblondem Haar hereingerauscht kam. Mary Montresor trat einen Schritt auf sie zu und hielt dann mit gut gespielter Überraschung inne.

»Ach!«, rief sie aus. »Sie sind gar nicht Amy! Das ist ja merkwürdig!«

»Das ist allerdings merkwürdig«, sagte eine grimmige Stimme. Ein Mann war hinter Mrs Pardonstenger aufgetaucht, ein Riese mit dem Gesicht einer Bulldogge und einem finsteren Ausdruck in den Zügen. George meinte, noch niemals einen so unerfreulichen Typ gesehen zu haben. Der Mann schloss die Tür und lehnte sich mit dem Rücken dagegen.

»Wirklich sehr merkwürdig«, wiederholte er höhnisch. »Aber mir scheint, wir haben euer Spielchen durchschaut!« Er brachte plötzlich einen Revolver von Übergröße zum Vorschein. »Hände hoch! Durchsuch sie, Bella!«

George hatte sich beim Lesen von Kriminalromanen oft gefragt, wie es sich anfühlen mochte, wenn man durchsucht wurde. Jetzt wusste er es. Bella (alias Mrs Pardonstenger) überzeugte sich gründlich davon, dass weder er noch Mary irgendwelche tödlichen Waffen an ihrer jeweiligen Person versteckt hatten.

»Hieltet euch wohl für mächtig schlau, was?«, höhnte der Mann. »Einfach hier aufkreuzen und die Unschuldigen spielen. Aber diesmal habt ihr einen Fehler gemacht – einen schlimmen Fehler. Ja, ich bezweifle sehr, ob euch eure Freunde und Verwandten überhaupt jemals wiedersehen werden. – Haha, denkste!«, knurrte er, als George eine rasche Bewegung machte. »Mit so was kommt ihr bei mir nicht durch. Ich würde euch glatt über den Haufen schießen.«

»Sei vorsichtig, George«, sagte Mary mit zitternder Stimme. »Ich werde vorsichtig sein«, erklärte George betont. »Sehr sogar.«

»Und jetzt los, marsch«, befahl der Mann. »Mach die Tür auf, Bella! Haltet die Hände über den Kopf, ihr zwei! Die Dame zuerst – so ist's richtig. Ich gehe direkt hinter euch. Jetzt durch die Diele. Die Treppe hinauf …«

Die beiden gehorchten. Was blieb ihnen anderes übrig? Mary stieg mit erhobenen Händen die Treppe hinauf. George folgte ihr. Hinter ihnen ging der grobschlächtige Riese, den Revolver in der Hand. Mary erreichte die oberste Treppenstufe und bog um die Ecke. Im gleichen Augenblick ließ George ohne die leiseste Warnung seinen Fuß mit einem gewaltigen Tritt nach hinten schnellen. Er traf den Mann genau in die Magengrube, und dieser stürzte sich rücklings überschlagend die Stufen hinab. In Sekundenschnelle hatte George sich umgedreht, war hinter ihm die Treppe hinuntergelaufen und kniete auf seiner Brust. Mit der rechten Hand hob er den Revolver, der dem anderen beim Sturz entfallen war, vom Boden auf. Bella stieß einen Schrei aus und verschwand durch eine Tapetentür. Mary kam die Treppe heruntergerannt; ihr Gesicht war weiß wie Papier.

»George, du hast ihn doch nicht etwa umgebracht?«

Der Mann lag da, ohne sich zu rühren. George beugte sich über ihn.

»Ich glaube nicht, dass ich ihn umgebracht habe«, meinte er bedauernd. »Aber bis neun auf die Bretter geschickt hab ich ihn.«

»Gott sei Dank.« Sie atmete schnell.

»Saubere Arbeit«, bemerkte George mit verzeihlichem Stolz.

»Was man von einem braven alten Maulesel so alles lernen kann, was?«

Mary zerrte an seiner Hand.

»Komm mit«, rief sie hektisch. »Schnell weg von hier.«

»Wenn wir bloß was hätten, um den Burschen hier festzubinden«, murmelte George, in seine eigenen Pläne vertieft. »Glaubst du nicht, du könntest irgendwo ein Stück Seil oder eine Schnur auftreiben?«

»Nein, das glaube ich nicht«, erwiderte Mary. »Komm jetzt, bitte – bitte –, ich hab solche Angst.«

»Du brauchst keine Angst zu haben«, versicherte George mit männlicher Überheblichkeit. »Ich bin doch da.«

»Liebster George, bitte – um meinetwillen. Ich will in diese Sache nicht verwickelt werden. *Bitte,* lass uns gehen.«

Die reizende Art, in der sie die Worte »um meinetwillen« hauchte, brachte Georges Entschlossenheit ins Wanken. Er ließ es geschehen, dass Mary ihn aus dem Haus zerrte und mit ihm die Auffahrt hinunter zu dem wartenden Wagen eilte. Dort bat sie mit schwacher Stimme: »Fahr du. Ich fühle mich außerstande dazu.«

George nahm also das Steuer in die Hand.

»Aber wir müssen dieser Sache nachgehen«, sagte er. »Weiß der Himmel, was für Schurkereien dieser ekelhafte

Kerl im Schilde führt. Wenn du willst, lass ich die Polizei aus dem Spiel, aber ich werde auf eigene Faust etwas unternehmen. Ich kriege schon heraus, was die vorhaben.«

»Nein, George, das möchte ich nicht.«

»So ein fabelhaftes Abenteuer, und du willst, dass ich kneife? Nie im Leben!«

»Ich hatte keine Ahnung, dass du so blutrünstig bist«, schluchzte Mary.

»Ich bin nicht blutrünstig. Ich habe nicht angefangen. So eine Unverschämtheit von dem Kerl – uns mit diesem Riesending von Revolver zu bedrohen. Nebenbei bemerkt, warum um alles in der Welt ist dieser Revolver eigentlich nicht losgegangen, als ich den Burschen die Treppe hinunterwarf?«

Er hielt an und fischte den Revolver aus der Seitentasche des Wagens, wohin er ihn zuvor gesteckt hatte. Nachdem er ihn gründlich untersucht hatte, stieß er einen Pfiff aus.

»Also, das ist mir ja ein Ding! Der ist überhaupt nicht geladen. Wenn ich das gewusst hätte …« Er hielt gedankenvoll inne. »Mary, das ist eine äußerst sonderbare Geschichte.«

»Ich weiß. Deshalb bitte ich dich ja auch inständig, dich da herauszuhalten.«

»Kommt nicht infrage«, erklärte George fest. Mary stieß einen herzzerreißenden Seufzer aus. »Ich sehe schon, ich muss es dir doch sagen. Und das Schlimmste ist, ich habe nicht die leiseste Idee, wie du es aufnehmen wirst.«

»Mir sagen – was meinst du damit?«

»Ja, siehst du, die Sache ist nämlich so.« Sie machte eine Pause. »Ich finde, Frauen sollten heutzutage zusammenhalten – sie sollten die Männer, die sie kennenlernen, unbedingt ein bisschen genauer unter die Lupe nehmen.«

»Na und?«, fragte George total verwirrt.

»Und das Wichtigste für eine Frau ist, wie sich ein Mann

in einer kritischen Situation verhält – besitzt er Geistesgegenwart – Mut – Entschlossenheit. Das ist etwas, was man schwer feststellen kann – ehe es zu spät ist. Eine kritische Situation tritt vielleicht erst ein, wenn man schon jahrelang verheiratet ist. Alles, was man von einem Mann weiß, ist, wie er tanzt und ob er Talent hat, nachts bei Regen ein Taxi aufzutreiben.«

»Beides sehr nützliche Talente«, gab George zu bedenken.

»Ja, aber man möchte gern das Gefühl haben, dass ein Mann ein Mann ist.«

»Die weite, weite Prärie, wo Männer noch Männer sind«, murmelte George zerstreut.

»Genau. Aber wir haben nun mal keine weite, weite Prärie in England. Deshalb muss man eben künstlich eine kritische Situation schaffen. Und genau das habe ich getan.«

»Du meinst ...«

»Das meine ich. Das Haus dort gehört zufällig mir. Wir kamen absichtlich dort vorbei – nicht durch Zufall. Und der Mann – dieser Mann, den du beinahe umgebracht hättest ...«

»Ja?«

»Das war Rube Wallace – der Filmschauspieler. Er spielt meistens Preisboxer und so, weißt du. In Wirklichkeit ein schrecklich lieber und sanftmütiger Mensch. Ich habe ihn engagiert. Bella ist seine Frau. Deshalb war ich so entsetzt bei der Idee, du könntest ihn umgebracht haben. Selbstverständlich war der Revolver nicht geladen. Er ist ein Bühnenrequisit. Oh, George, bist du jetzt sehr böse?«

»Bin ich der Erste, an dem du deinen – äh – Test ausprobiert hast?«

»O nein. Insgesamt waren es – lass mich überlegen – waren es neuneinhalb!«

»Und wer war der halbe?«, fragte George.

»Bingo«, antwortete Mary trocken.

»Ist irgendeiner von den anderen auf die Idee gekommen, wie ein Maulesel mit dem Fuß auszuschlagen?«

»Nein – kein Einziger. Ein paar haben lahme Drohungen ausgestoßen, ein paar haben sofort klein beigegeben, aber alle sind lammfromm die Treppe hinaufmarschiert und haben sich fesseln und knebeln lassen. Natürlich ist es mir danach gelungen, mich von meinen Fesseln zu befreien – so wie in den Büchern –, ich habe die anderen losgebunden, und wir haben uns aus dem Staub gemacht, wobei wir selbstverständlich das Haus leer fanden.«

»Und kein Einziger kam auf den Mauleseltrick oder so was Ähnliches?«

»Nein.«

»In dem Fall«, erklärte George großmütig, »sei dir verziehen.«

»Danke, George«, sagte Mary sanft.

»Eigentlich«, fuhr George fort, »hätten wir dann nur noch ein Problem: Wo fahren wir jetzt hin? Ich weiß nicht genau, ist es Lambeth Palace oder Doctor's Commons, wo auch immer das sein mag.«

»Wovon redest du überhaupt?«

»Von der Heiratslizenz. Ich halte in diesem Fall eine Sonderlizenz für angebracht. Du neigst mir zu sehr dazu, dich mit einem Mann zu verloben und unmittelbar darauf einen anderen um seine Hand zu bitten.«

»Ich habe dich nicht um deine Hand gebeten!«

»Doch, das hast du. Am Hyde Park Corner. Nicht unbedingt ein Ort, den ich persönlich für einen Heiratsantrag wählen würde, aber jeder Mensch hat in diesen Dingen seinen eigenen Geschmack.«

»Das ist überhaupt nicht wahr. Ich habe dich bloß gefragt,

zum Spaß natürlich, ob du mich gern heiraten würdest. Es war nicht ernst gemeint.«

»Würde ich die Meinung eines Anwalts einholen, so bin ich sicher, er würde mir sagen, es habe sich um einen echten Heiratsantrag gehandelt. Außerdem weißt du ganz genau, dass du mich gern heiraten willst.«

»Das tu ich nicht.«

»Auch nicht nach neuneinhalb Fehlschlägen? Stell dir vor, was für ein Gefühl der Sicherheit es dir geben wird, mit einem Mann durchs Leben zu gehen, der dich aus jeder kritischen Situation heraushauen kann.«

Bei diesem schlagenden Argument schien Marys Widerstand leicht ins Wanken zu geraten. Aber sie sagte fest: »Ich würde nie einen Mann heiraten, wenn er nicht vorher vor mir auf die Knie fällt.«

George sah sie an. Sie war bezaubernd. Aber George besaß außer dem Fußtritt auch andere Eigenschaften eines Maulesels. Er erklärte mit der gleichen Festigkeit: »Vor einer Frau auf die Knie zu fallen, ist blamabel. Das tue ich nicht.«

»Wie schade«, erwiderte Mary in berückend sehnsüchtigem Ton.

Sie fuhren nach London zurück. George war ernst und schweigsam. Mary hielt das Gesicht hinter der Krempe ihres Hutes verborgen. Als sie Hyde Park Corner passierten, sagte sie leise: »Könntest du nicht doch vor mir niederknien?«

»Nein«, antwortete George fest. Er fand, er benahm sich außerordentlich männlich. Bestimmt war sie von seiner Haltung beeindruckt. Aber bedauerlicherweise hegte er den stillen Verdacht, dass auch ihr gewisse mauleselhafte Charakterzüge zu eigen waren. Er hielt plötzlich an.

»Einen Moment«, sagte er.

Er sprang aus dem Wagen, lief ein paar Schritte zurück bis

zu dem Obststand, an dem sie soeben vorbeigefahren waren, und war so schnell wieder zurück, dass der Polizist, der aus einiger Entfernung auf sie zumarschierte, um sich nach dem Zweck ihres Manövers zu erkundigen, ihn nicht mehr einholen konnte. Während George losfuhr, warf er Mary nonchalant einen Apfel in den Schoß. »Iss mehr Obst«, sagte er. »Auch symbolisch.«

»Symbolisch?«

»Ja. Ursprünglich war es Eva, die dem Adam einen Apfel gab.

Heutzutage gibt Adam der Eva einen. Verstehst du?«

»Ja«, sagte Mary zweifelnd.

»Wohin soll ich dich fahren?«, fragte George förmlich. »Nach Hause, bitte.«

Mit unbewegter Miene fuhr er weiter zum Grosvenor Square. Dort stieg er aus und ging um den Wagen herum, um ihr beim Aussteigen zu helfen. Mary unternahm einen letzten Versuch.

»Liebster George, könntest du nicht doch?«, sagte sie flehentlich. »Mir zuliebe?«

»Niemals«, erwiderte George.

Und in diesem Augenblick passierte es. Er rutschte aus, versuchte sein Gleichgewicht wiederzuerlangen, aber vergeblich. Er fiel vor Mary im Straßenstaub auf die Knie. Sie stieß einen Freudenschrei aus und klatschte in die Hände.

»Liebster George! Jetzt werde ich dich heiraten. Du kannst auf der Stelle zum Lambeth Palace fahren und mit dem Erzbischof von Canterbury alles arrangieren.«

»Das wollte ich nicht«, protestierte George hitzig. »Es war eine gottv – äh, eine Bananenschale.« Er hielt den schuldigen Gegenstand vorwurfsvoll in die Höhe.

»Ganz egal«, sagte Mary. »Es ist passiert. Wenn wir mal

streiten und du mir vorwirfst, ich hätte dir einen Heiratsantrag gemacht, dann kann ich immer sagen, du hättest vor mir auf die Knie fallen müssen, ehe ich dich geheiratet habe. Und alles wegen dieser gottgesegneten Bananenschale! Gottgesegnete Bananenschale, das hast du doch eben sagen wollen, nicht wahr?«

»So ungefähr«, bestätigte George.

Am selben Nachmittag um halb sechs erhielt Mr Leadbetter die Nachricht, dass sein Neffe gekommen sei und ihn zu sprechen wünsche.

»Aha, er will zu Kreuze kriechen«, sagte Mr Leadbetter zu sich. »Ich fürchte, ich war etwas streng mit dem Jungen, aber es geschah schließlich nur zu seinem Besten.«

Und er gab Anweisung, George zu ihm zu führen.

George trat munter ins Zimmer.

»Ich möchte dir etwas sagen, Onkel«, begann er. »Du hast mir heute Morgen bitter Unrecht getan. Ich wüsste gern, ob du in meinem Alter in der Lage gewesen wärst, verstoßen von deinen Verwandten auf der Straße zu stehen und in der Zeit zwischen elf Uhr fünfzehn und siebzehn Uhr dreißig dir ein Einkommen von zwanzigtausend Pfund im Jahr zu ergattern. Genau das nämlich habe ich getan!«

»Du bist verrückt, mein Junge.«

»Nicht verrückt, erfindungsreich! Ich werde eine junge, reiche, schöne Dame der Gesellschaft heiraten. Eine, die obendrein auch noch um meinetwillen einem Herzog den Laufpass gibt.«

»Eine Frau wegen ihres Geldes heiraten? Das hätte ich nicht von dir gedacht.«

»Und du hättest recht gehabt. Ich hätte nie gewagt, sie um ihre Hand zu bitten, wenn sie nicht glücklicherweise mich darum gebeten hätte. Hinterher hat sie einen Rückzieher gemacht, aber ich konnte sie umstimmen. Und weißt du, Onkel, wie ich das gemacht habe? Indem ich zur richtigen Zeit zwei Pence investierte und zupackte, als mir das Schicksal seine goldene Kugel entgegenwarf.«

»Wofür die zwei Pence?«, erkundigte sich Mr Leadbetter, den dieser Punkt aus finanztechnischen Gründen interessierte.

»Für eine Banane – vom Obststand. Ich muss selbst sagen, auf die Idee mit dieser Banane wäre nicht jeder gekommen. Wo kriegt man übrigens eine Heiratslizenz? Doctor's Commons oder Lambeth Palace?«

Der Smaragd des Radschas

Mit ernsthafter Willensanstrengung konzentrierte sich James Bond abermals auf das kleine gelbe Buch in seiner Hand. Es trug auf der Vorderseite den schlichten, aber gefälligen Titel: *Möchten Sie dreihundert Pfund mehr im Jahr verdienen?* und kostete einen Shilling. James hatte sich gerade durch die ersten zwei Seiten hindurch gelesen, auf denen er lakonisch aufgefordert wurde, seinem Chef ins Gesicht zu blicken, ein dynamisches Auftreten zu entwickeln und einen Eindruck von Tüchtigkeit auszustrahlen. Nun war er bei den subtileren Ratschlägen angelangt. »In manchen Situationen ist Offenheit angebracht, in anderen dagegen mehr Wert auf Diskretion zu legen«, belehrte ihn das kleine gelbe Buch. »Ein tüchtiger Mann sagt nicht immer alles, was er weiß.« James klappte das Büchlein zu, hob den Kopf und starrte gedankenverloren auf die blaue Weite des Meeres hinaus. Es quälte ihn plötzlich der schreckliche Verdacht, dass er kein tüchtiger Mann war. Ein tüchtiger Mann wäre in seiner derzeitigen Situation Herr der Lage und nicht ihr Opfer. Zum sechzigsten Mal an diesem Vormittag zählte sich James im Geist alles Ungemach auf, das ihm widerfahren war.

Dies war sein Urlaub. Sein Urlaub! Haha! Höhnisches Auflachen. Wer hatte ihn überredet, in einen mondänen Badeort wie Kimpton-on-Sea zu fahren? Grace. Wer hatte ihn gedrängt, mehr auszugeben, als er sich leisten konnte? Grace. Und er hatte auch noch freudig ihrem Plan zugestimmt. Sie hatte ihn hierhergelockt, und was war nun das Resultat? Während er in einer obskuren Frühstückspension hauste, fast eineinhalb Meilen vom Strand entfernt, hatte Grace, die in einer ähnlichen Pension hätte absteigen sollen (nicht in derselben: In James' Kreisen sah man auf Schicklichkeit), ihn schnöde im Stich gelassen und sich in nichts Geringerem als dem Hotel »Esplanade«, direkt am Meer, einquartiert.

Anscheinend hatte sie Freunde dort. Freunde! Wieder lachte James sarkastisch auf. In Gedanken durchlief er noch einmal die letzten drei Jahre seines gemächlichen Werbens um Grace. Wie überaus geschmeichelt sie anfangs gewesen war, als sein Augenmerk ausgerechnet auf sie fiel. Aber damals hatte sie bei Bartels, Fachgeschäft für Damenbekleidung in der High Street, auch noch nicht die oberste Sprosse der Erfolgsleiter erklommen. In jenem Anfangsstadium war es James gewesen, der das große Wort führte. Jetzt verhielt es sich leider gerade umgekehrt. Grace verdiente jetzt, wie man zu sagen pflegte, eine »schöne Stange Geld«, und das hatte sie hochnäsig gemacht. Jawohl, richtig hochnäsig. Bruchstücke eines Verses aus einem Gedichtband kamen James in den Sinn. Sie lauteten etwa: »Danke fastend dem Herrn für eines wackren Mannes Liebe.« Doch bei Grace war von einem derartigen Verhalten wahrlich nichts zu bemerken. Wohlgenährt vom Frühstück im »Esplanade« trampelte sie achtlos auf des wackren Mannes Liebe herum. Ja, nicht nur das, gleichzeitig ließ sie sich die Aufmerksamkeiten eines grässlichen Schwachkopfs namens Claud Sopworth gefallen, eines Menschen, der, wie James fest überzeugt war, nicht die geringsten charakterlichen Werte besaß.

James bohrte einen Absatz in die Erde und starrte mit finster gerunzelter Stirn zum Horizont. Kimpton-on-Sea. Was hatte ihn bloß bewogen, an einen solchen Ort zu kommen? Kimpton war in erster Linie Treffpunkt der Reichen und Mondänen, es besaß zwei große Hotels Und unendlich lange Reihen von eleganten Sommerhäusern, die berühmten Schauspielerinnen, vermögenden Bankiers und solchen Mitgliedern der englischen Aristokratie gehörten, die reiche Frauen geheiratet hatten. Die Miete für den kleinsten möblierten Bungalow betrug fünfundzwanzig Guineas die Woche. Was die großen kosten mochten, das wagte er sich gar nicht vorzustellen. Eine dieser palastartigen Villen lag direkt hinter James' Sitzplatz. Sie gehörte dem berühmten Lord Edward Campion und beherbergte zurzeit eine ganze Schar vornehmer Gäste, darunter den Radscha von Maraputna, dessen Reichtum sprichwörtlich war. James hatte an diesem Morgen im lokalen Wochenanzeiger einen ausführlichen Bericht über ihn gelesen: über seine riesigen Besitzungen in Indien, seine Paläste, seine wundervolle Juwelensammlung, wobei besonders ein berühmter Smaragd erwähnt wurde, der, wie die Zeitung begeistert versicherte, die Größe eines Taubeneis besaß. Da James in der Stadt aufgewachsen war, hatte er nur eine etwas verschwommene Vorstellung von der Größe eine Taubeneis, aber der Bericht hatte einen vorteilhaften Eindruck bei ihm hinterlassen.

»Wenn ich einen solchen Smaragd hätte«, sagte James und starrte abermals stirnrunzelnd zum Horizont, »dann würde ich's Grace aber zeigen!«

Seinen Empfindungen auf diese wenn auch unbestimmte Weise Ausdruck verliehen zu haben, erleichterte James' Gemüt. In diesem Augenblick riefen lachende Stimmen hinter ihm seinen Namen. Er drehte sich jäh um und erblickte

Grace. Bei ihr waren Clara Sopworth, Alice Sopworth, Dorothy Sopworth und – Claud Sopworth! Die Mädchen gingen untergehakt und kicherten.

»Na, man kennt dich ja überhaupt nicht mehr«, rief Grace kokett.

»Ja«, sagte James.

Bestimmt hätte er eine treffendere Antwort finden können, dachte er sofort. Mit dem simplen Wörtchen »Ja« konnte man nicht den Eindruck einer dynamischen Persönlichkeit erwecken. Mit tiefem Abscheu blickte er auf Claud Sopworth. Dieser war beinahe so schön herausgeputzt wie der jugendliche Held in einer Operette. James wünschte sehnsüchtig den Moment herbei, in dem ein menschenfreundlicher Hund seine nassen, sandigen Pfoten auf Clauds makellos weiße Flanellhosen legen würde. Er selbst trug ein Paar praktische dunkelgraue Flanellhosen, die schon bessere Tage gesehen hatten.

»Ist die Luft nicht herrlich?« Clara schnupperte genießerisch. »Macht richtig Laune, wie?«

Sie kicherte.

»Reiner Ozon«, rief Alice Sopworth. »Das schlägt jedes Stärkungsmittel.« Und sie kicherte ebenfalls.

Am liebsten würde ich allen dreien die dummen Köpfe zusammenstoßen, dachte James. Was haben die bloß ständig zu lachen? Sie sagten doch wahrhaftig nichts Komisches.

Der makellose Claud murmelte lässig: »Sollen wir schwimmen gehen oder ist das zu mühsam?« Der Vorschlag wurde mit schrillem Beifall aufgenommen. James schloss sich der Gruppe an. Es gelang ihm sogar mit einiger List, Grace ein paar Schritte von den anderen abzusondern.

»Ich seh dich kaum noch«, begann er vorwurfsvoll.

»Na, jetzt sind wir ja alle beisammen«, entgegnete Grace.

»Und du kannst ja mit uns im Hotel zu Mittag essen. Allerdings …«

Sie warf einen zweifelnden Blick auf James' Hosen.

»Was ist los?«, fragte James wütend. »Wohl nicht schick genug für dich, wie?«

»Mein Lieber, ich finde wirklich, du könntest dich etwas sorgfältiger kleiden. Hier sind alle so wahnsinnig elegant. Sieh dir nur Claud Sopworth an!«

»Das habe ich schon«, erwiderte James grimmig. »Und ich habe noch nie einen Mann gesehen, der so dämlich aussieht wie er.«

Grace richtete sich zu voller Größe auf.

»Du brauchst gar nicht meine Freunde schlechtzumachen, James, das schickt sich nicht. Er ist genauso angezogen wie alle anderen vornehmen Herrn im Hotel.«

»Pah!«, stieß James hervor. »Weißt du, was ich neulich in den ›Notizen aus der Gesellschaft‹ gelesen habe? Dass der Herzog von – also ich komme jetzt nicht auf den Namen, irgendein Herzog jedenfalls, dass der also der am schlechtesten angezogene Mann von ganz England ist, jawohl!«

»Meinetwegen«, gab Grace zurück, »aber der ist eben ein Herzog.«

»Na und?«, fragte James erbost. »Wer sagt, dass ich nicht auch eines Tages ein Herzog sein werde? Na, vielleicht nicht direkt ein Herzog, aber ein Pair.«

Er klopfte auf das gelbe Buch in seiner Tasche und zählte ihr eine lange Reihe von Pairs von England auf, die noch viel bescheideneren Verhältnissen entstammten als James. Grace kicherte bloß.

»Sei nicht so albern, James«, sagte sie. »Man stelle sich vor, du als ein Earl von Kimpton-on-Sea!«

James betrachtete sie mit einem Blick, in dem sich Wut

und Verzweiflung mischten. Die Luft von Kimpton-on-Sea war Grace tatsächlich zu Kopf gestiegen.

Kimpton besaß einen langen, geraden Sandstrand. Darauf erstreckte sich über eineinhalb Meilen eine ununterbrochene Front von Badehäusern und Kabinen. Die Gruppe hatte inzwischen vor einer Reihe von sechs Badekabinen haltgemacht, die sämtlich die imposante Aufschrift trugen: »Nur für Gäste des Hotels Esplanade.«

»Da sind wir«, verkündete Grace heiter. »Aber ich fürchte, du wirst nicht mit uns hereinkommen können, James, du musst zu den öffentlichen Badezeiten dort drüben gehen, wir treffen uns dann im Wasser. Bis gleich.«

»Bis gleich!«, entgegnete James und strebte in die angegebene Richtung.

Zwölf schäbige Zeltkabinen blickten dort feierlich aufs Meer, bewacht von einem betagten Matrosen mit einer blauen Papierrolle in der Hand. Nach Entgegennahme eines Geldstücks riss dieser ein blaues Billett von seiner Rolle, warf James ein Handtuch zu und wies mit dem Daumen über die Schulter.

»Sie müssen warten, bis Sie dran sind«, brummte er.

Erst jetzt kam James zu Bewusstsein, dass er nicht konkurrenzlos im Rennen lag. Außer ihm waren noch andere auf die gute Idee gekommen, ein Bad im Meer zu nehmen. Nicht nur waren sämtliche Kabinen besetzt, es hatte sich vor einer jeden obendrein eine stattliche Gruppe von Menschen versammelt, die einander mit finster entschlossenen Blicken maßen. James gesellte sich zu der kleinsten Gruppe und wartete. Plötzlich teilte ein Windstoß die Zeltflügel, und ein schönes, spärlich bekleidetes junges Mädchen wurde sichtbar, das sich so gemächlich die Bademütze über die Haare zog, als gedenke es, sich den ganzen Vormittag damit Zeit zu lassen.

»Da komme ich niemals dran«, sagte James zu sich selbst und trat schleunigst zu einer anderen Gruppe. Nachdem er fünf Minuten gewartet hatte, wurde es in dem zweiten Zelt lebendig. Die Zeltwand tat sich ächzend auf, und es quollen nacheinander vier Kinder nebst Vater und Mutter hervor. Angesichts der Miniaturausgabe des Zelts fühlte sich James ein bisschen an gewisse Jahrmarkttricks erinnert. Sofort schossen zwei Frauen vor und ergriffen je einen Zipfel Zeltleinwand. »Ich bin dran«, stieß die eine Frau atemlos hervor.

»Nein, ich«, erwiderte die andere erbost.

»Ich muss Ihnen mitteilen, dass ich gute zehn Minuten vor Ihnen hier war«, erklärte die erste Frau.

»Ich stehe bereits seit über einer Viertelstunde hier«, gab die andere trotzig zurück.

»Na, na.« Der alte Matrose trat bedächtig näher.

Die beiden jungen Frauen redeten in schrillen Tönen auf ihn ein. Als sie fertig waren, deutete er mit dem Daumen auf die Zweite und erklärte knapp: »Sie sind dran.« Damit machte er kehrt, ohne sich um die Proteste hinter ihm zu kümmern. Er hatte keine Ahnung, wer von den beiden Konkurrentinnen zuerst an der Reihe war, und es kümmerte ihn auch nicht, doch seine Entscheidung war, wie es bei Zeitungspreisausschreiben hieß, unanfechtbar. James ergriff ihn verzweifelt am Arm.

»Sie – hören Sie mal!«

»Was ist, Mister?«

»Wie lange wird es noch dauern, bis ich ein Zelt kriege?« Der alte Seebär warf einen gleichgültigen Blick auf die wartende Menge.

»Eine Stunde vielleicht, vielleicht auch eineinhalb, ich weiß nicht genau.«

In diesem Augenblick sah James in einiger Entfernung

Grace und die Sopworth-Mädchen leichtfüßig über den Sand zum Wasser eilen.

»Verdammt!«, sagte James zu sich. »Oh, verdammt!«

Er zupfte den Altmatrosen noch einmal am Rockärmel.

»Kann ich nicht sonst irgendwo eine Kabine kriegen? Was ist denn mit den Badehütten dort oben? Die scheinen alle leer.«

»Die Hütten dort sind privat«, entgegnete der Altmatrose würdevoll.

Nachdem er diese Zurechtweisung ausgesprochen hatte, schritt er von dannen. Mit dem bitteren Gefühl, einem üblen Trick aufgesessen zu sein, kehrte James den wartenden Menschenschlangen den Rücken und stapfte wütend den Strand entlang. Jetzt hatte er es satt! Bis obenhin satt! Zornig blickte er im Vorbeigehen auf die schmucken Badekabinen. In diesem Moment verwandelte er sich von einem unabhängigen Liberalen in einen knallroten Sozialisten. Warum eigentlich sollten die Reichen eigene Badekabinen haben und zu jeder beliebigen Zeit zum Schwimmen gehen können, ohne sich in einer Schlange drängeln zu müssen?

»Dieses Gesellschaftssystem in unserem Land«, murmelte James, »ist total verkehrt.«

Vom Wasser her schallte kokettes Geschrei. Die Stimme von Grace! Und ihr Quietschen übertönend hörte James das dümmliche »Ha, ha!« von Claud Sopworth. »Verdammt!«, entfuhr es James abermals, und er knirschte dabei mit den Zähnen, etwas, das er noch nie zuvor selbst probiert hatte, sondern bis lang nur aus Romanen kannte.

Wütend seinen Spazierstock schwingend blieb er stehen und kehrte dem Meer den Rücken zu. Stattdessen starrte er mit hasserfülltem Blick auf die privaten Badehäuschen, die, wie es in Kimpton-on-Sea Brauch war, mit blumigen Namen wie »Adlerhorst«, »Buena Vista« und »Mon Désir« beschriftet waren. »Adlerhorst« fand James schlicht albern, und bei »Buena Vista« versagten seine Sprachkenntnisse. Französisch verstand er jedoch gut genug, um die Bedeutung des dritten Namens ermessen zu können.

»Mon Désir«, brummte er. »Das kann man wohl sagen!«

Und in diesem Moment entdeckte er, dass, während die Türen der übrigen Badehütten fest verschlossen waren, die von »Mon Désir« einen Spalt offen stand. James blickte nachdenklich nach beiden Seiten den Strand entlang. Dieser war hier hauptsächlich von Müttern bevölkert, die alle Hände voll zu tun hatten, ihre zahlreichen Sprösslinge zu beaufsichtigen. Es war erst zehn Uhr, zu dieser frühen Vormittagsstunde begab man sich bei der Aristokratie von Kimpton-on-Sea wohl noch nicht zum Baden.

»Wahrscheinlich liegen die alle noch im Bett und lassen sich von ihren betressten Lakaien auf einem Silbertablett Austern servieren. Pah, die kommen bestimmt nicht vor zwölf herunter!«, dachte James.

Er blickte abermals zum Meer. Wie auf ein Signal schallte prompt das schrille Quieken von Grace durch die Luft, untermalt vom lauten »Ha, ha« von Claud Sopworth.

»Ich tu's«, stieß James zwischen zusammengebissenen Zähnen hervor.

Er drückte die Tür von »Mon Désir« auf und ging hinein. Zuerst erschrak er, als er die Kleidungsstücke an der Wand sah, aber er beruhigte sich schnell wieder.

Die Hütte war durch eine Zwischenwand in zwei Hälften geteilt. Auf der rechten Seite hingen an einem Holzpflock ein gelber Damenpullover, ein zerknautschter Strohhut und ein Paar Strandschuhe. Auf der linken Seite verrieten eine alte graue Flanellhose, ein dicker Pullover und ein Südwester, dass hier auf säuberliche Trennung der Geschlechter geachtet wurde. James verfügte sich hastig in die Herrenabteilung und zog sich, so schnell er konnte, um. Drei Minuten später pflügte er bereits prustend und schnaufend durch die Wellen, wobei er wichtigtuerisch kurze Spurts einlegte – Kopf unter Wasser, Arme im Schmetterlingsstil die Wogen peitschend – und generell bemüht war, mit seinen Schwimmkünsten zu glänzen.

»Oh, da bist du ja!«, rief Grace. »Ich hab gedacht, du kommst bestimmt noch lange nicht, bei den vielen Leuten, die dort Schlange stehen.«

»Tatsächlich?«, erwiderte James.

Liebevoll dachte er an das kleine gelbe Buch: »Der tüchtige Mann weiß, wann er zu schweigen hat.« Für den Augenblick fühlte er sich wieder ganz obenauf. Er brachte es sogar fertig, Claud Sopworth, der Grace gerade das Kraulschwimmen beizubringen suchte, freundlich aber bestimmt zu sagen: »Aber nein, alter Freund, das ist ganz verkehrt. Ich werde es ihr zeigen.« Und sein Ton war von einer solchen Selbstsicherheit, dass Claud sich verlegen zurückzog. Leider jedoch war sein Triumph nur von kurzer Dauer. Die Temperatur der englischen Gewässer verlockte Badende nicht dazu, sich für längere Zeit in ihnen aufzuhalten. Grace und die Sopworth-Mädchen hatten bereits blaue Lippen und klapperten hörbar mit den Zähnen. Wenig später rannten sie den Strand hinauf, und James kehrte mutterseelenallein zu »Mon Désir« zurück. Während er sich kräftig abrubbelte und in sein Hemd schlüpfte, war er sehr mit sich zufrieden. Er hatte zweifelsohne ein dynamisches Auftreten gezeigt, fand er.

Und dann erstarrte er plötzlich vor Schreck. Von draußen erklangen weibliche Stimmen, und zwar ganz andere als die von Grace und ihren Freundinnen. Einen Augenblick später erkannte er die Wahrheit: Die rechtmäßigen Eigentümer von »Mon Désir« waren im Anmarsch. Wäre James vollständig angezogen gewesen, so hätte er sich möglicherweise ein Herz gefasst, die Ankömmlinge abgewartet und sich herauszureden versucht. So wie die Dinge lagen, geriet er in Panik. Die Fenster von »Mon Désir« waren sittsam durch dunkelgrüne Vorhänge verhängt. Mit einem Satz stürzte James zur Tür und klammerte sich verzweifelt am Knauf fest. Vergeblich versuchte jemand von draußen, daran zu drehen.

»Jetzt ist doch zugesperrt«, sagte eine Mädchenstimme. »Ich dachte, Pug hätte gesagt, es wäre offen.«

»Nein, Woggle hat das gesagt.«

»Woggle ist wirklich ein Idiot«, schimpfte das andere Mädchen. »So was Blödsinniges, jetzt müssen wir extra noch mal zurück, um den Schlüssel zu holen.«

James hörte, wie ihre Schritte sich entfernten. Er holte lange und tief Luft. Dann fuhr er in hektischer Eile in seine Kleider. Zwei Minuten später bereits schlenderte er mit fast schon aufreizend unschuldiger Miene den Strand entlang. Nach etwa einer Viertelstunde gesellten sich auch Grace und die Sopworth-Mädchen zu ihm. Den Rest des Vormittags verbrachte man vergnüglich mit harmlosen Neckereien, Steinewerfen und Sandburgenbauen. Schließlich blickte Claud auf die Uhr.

»Zeit zum Mittagessen«, verkündete er. »Wir machen uns besser langsam auf den Heimweg.«

»Ich habe schrecklichen Hunger«, rief Alice Sopworth. Die anderen Mädchen beteuerten ebenfalls, schrecklichen Hunger zu haben.

»Kommst du mit, James?«, fragte Grace.

James war zweifellos übertrieben empfindlich. Er fühlte

sich genötigt, an ihrem Tonfall Anstoß zu nehmen. »Nicht, wenn meine Kleidung dir nicht gut genug ist«, brauste er auf. »Da du es damit so genau zu nehmen scheinst, sollte ich wohl besser nicht mitkommen.«

Das war das Stichwort für Grace, das Gegenteil zu beteuern, doch die Seeluft hatte offenbar einen ungünstigen Einfluss auf sie. Sie antwortete bloß: »Na gut, wie du willst. Dann bis heute Nachmittag.«

James verschlug es die Sprache. Stumm starrte er den Davongehenden nach.

»So was!«, stieß er schließlich hervor. »Das ist doch wirklich …«

Er schlenderte in bedrückter Stimmung zum Ort zurück. In Kimpton-on-Sea gab es zwei Imbissstuben, beide stickig, laut und überfüllt. Es war wieder das Gleiche wie bei den Badekabinen: James musste warten, bis er an der Reihe war. Er musste sogar noch länger warten, denn als endlich ein Platz frei wurde, schnappte eine skrupellose Matrone, die gerade erst gekommen war, ihm diesen vor der Nase weg. Endlich konnte er an einem freien Tisch Platz nehmen. Dicht neben seinem linken Ohr gaben drei junge Damen mit schlecht geschnittenen Bubiköpfen ein kunterbuntes Potpourri aus italienischen Opern zum Besten. Glücklicherweise war James unmusikalisch. Die Hände tief in den Hosentaschen vergraben, studierte er ohne nennenswertes Interesse die Speisekarte.

Egal, was ich bestelle, es ist bestimmt schon von der Karte gestrichen, dachte er. Ich bin schon ein Pechvogel.

Plötzlich stieß seine rechte Hand im untersten Zipfel seiner Hosentasche auf einen fremdartigen Gegenstand. Er fühlte sich an wie ein Kieselstein, ein großer runder Kieselstein. Wozu habe ich mir bloß einen Kieselstein in die Tasche gesteckt, dachte James. Seine Finger schlossen sich um den Stein. Eine Kellnerin schlängelte sich an seinem Tisch vorbei.

»Gebackene Scholle mit Bratkartoffeln, bitte«, sagte James.

»Gebackene Scholle gibt es nicht mehr«, murmelte die Kellnerin, die Augen träumerisch zur Decke gerichtet. »Dann nehme ich das Rindfleisch in Curry«, sagte James.

»Rindfleisch in Curry gibt es nicht mehr.«

»Gibt es vielleicht irgendetwas auf dieser dämlichen Speisekarte, das nicht aus ist?«, schnaubte James.

Die Kellnerin verzog gequält das Gesicht und deutete mit einem blässlich grauen Zeigefinger auf das Hammelfleisch mit Bohnen. James schickte sich ins Unvermeidliche und bestellte Hammelfleisch mit Bohnen. Noch immer innerlich bebend vor Zorn über den miserablen Service in gewissen Lokalen zog er die Hand mit dem Stein aus der Tasche. Er öffnete die Faust und warf einen zerstreuten Blick auf den Gegenstand darin. Dann fuhr ihm ein Schock durch die Glieder, der ihn alles andere vergessen ließ, und er starrte mit weit aufgerissenen Augen. Das Ding, das er in der Hand hielt, war kein Kieselstein, es war ohne allen Zweifel ein Smaragd, ein riesiger grüner Smaragd. James betrachtete ihn voll Entsetzen. Nein, das konnte kein Smaragd sein, bestimmt war es bloß gefärbtes Glas. Es konnte unmöglich einen Smaragd in dieser Größe geben, es sei denn – vor James' Augen tanzten plötzlich Druckbuchstaben: »Der Radscha von Maraputna – berühmter Smaragd – von der Größe eines Taubeneis.« War es – war es etwa dieser Smaragd, den er hier vor Augen hatte? Die Kellnerin kam mit seinem Hammelfleisch, und James schloss krampfhaft die Finger. Heiße und kalte Schauer liefen ihm abwechselnd über den Rücken. Er hatte das Gefühl, in ein fürchterliches Dilemma geraten zu sein. Wenn dies jener Smaragd war – aber war er es denn auch? Konnte er es überhaupt sein? Angstvoll spähte er in die halb geöffnete Faust. James war kein Fachmann für Juwelen, aber der tiefe, leuchtende Glanz des Steins überzeugte ihn endgültig von dessen Echtheit. Er stützte sich auf beide Ellenbogen und starrte blind auf den Hammelfleisch-Bohneneintopf, der in der Schüssel vor ihm langsam erkaltete. Er musste unbedingt nachdenken. Wenn dies der Smaragd des Radschas war, was sollte er damit tun? Das Wort »Polizei« kam ihm in den Sinn. Wenn man etwas Wertvolles fand, brachte man die Fundsache zur Polizei. Nach diesem Grundsatz war James erzogen worden.

Ja, aber wie um alles in der Welt war der Smaragd in seine Hosentasche gelangt? Das war zweifellos die erste Frage, die die Polizei ihm stellen würde? Hilflos blickte er an seinen Hosenbeinen hinunter, als plötzlich eine böse Ahnung in ihm aufstieg. Er sah genauer hin. Ein Paar alter grauer Flanellhosen gleicht so ziemlich jedem beliebigen anderen Paar alter grauer Flanellhosen, dennoch hatte James instinktiv das Gefühl, dass dies hier nicht seine eigene Hose war. Von seiner Entdeckung wie vor den Kopf geschlagen, sank er auf seinem Stuhl zurück. Er sah nun genau, was geschehen war: In seiner Hast, aus der Badekabine zu kommen, hatte er die falsche Hose erwischt. Er erinnerte sich, dass er seine eigene Hose an einen Haken neben die andere alte Flanellhose gehängt hatte, die schon dort gewesen war. Jawohl, bis hierhin war die Sache klar, er hatte die Hosen vertauscht. Aber dennoch, was zum Kuckuck hatte ein Smaragd im Wert von Tausenden von Pfund an einem solchen Platz zu suchen? Je mehr er darüber nachdachte, desto merkwürdiger erschien ihm die ganze Sache. Er könnte der Polizei natürlich erklären …

Es war peinlich, daran bestand kein Zweifel, es war entschieden peinlich. Er würde den Umstand erwähnen müssen, dass er bewusst in die Badehütte anderer Leute eingedrungen war. Sicherlich, das war kein ernsthaftes Vergehen, aber es gab ihm eine schlechte Ausgangsposition.

»Kann ich Ihnen sonst noch etwas bringen, Sir?«

Das war wieder die Kellnerin. Sie starrte anzüglich auf den unberührten Hammeleintopf. Hastig löffelte James etwas davon auf seinen Teller und verlangte die Rechnung. Als er sie erhalten hatte, zahlte er und ging. Während er noch unentschlossen auf der Straße stand, fiel sein Blick auf einen Zeitungsaushang. Der Nachbarort Harchester verfügte über eine Abendzeitung, und es war eine Anschlagtafel dieses Blattes, die James ins Auge stach. Sie warb mit einer knappen Sensationsmeldung: *Maharadscha-Smaragd gestohlen.*

»Mein Gott«, stöhnte James und lehnte sich gegen einen Laternenpfahl. Dann riss er sich zusammen, fischte eine Münze aus der Jackentasche und kaufte sich ein Exemplar der Zeitung. Er brauchte nicht lange zu suchen. Riesige Schlagzeilen schmückten die Titelseite. *Sensationeller Einbruch bei Lord Edward Campion. Berühmter historischer Smaragd gestohlen. Radscha von Maraputna beklagt schrecklichen Verlust.*

Der Bericht selbst enthielt nur wenige simple Tatsachen. Lord Edward Campion hatte am Vorabend einige Freunde zu Gast geladen. Als er einer der anwesenden Damen den Stein zeigen wollte, hatte er entdeckt, dass dieser verschwunden war. Man hatte die Polizei eingeschaltet. Bisher war noch kein Hinweis zur Aufklärung des Verbrechens gefunden worden.

James ließ die Zeitung zu Boden fallen. Ihm war noch immer nicht klar, wie der Smaragd in die Tasche einer alten

Flanellhose in einer Badehütte gelangt war, aber es kam ihm mit jeder Minute deutlicher zu Bewusstsein, dass der Polizei seine eigene Geschichte bestimmt verdächtig vorkommen würde. Was, um Himmels willen, sollte er tun? Hier stand er, mitten auf der Hauptstraße von Kimpton-on-Sea, Diebesgut von unermesslichem Wert lose in der Tasche, während die Polizei des ganzen Bezirks emsig damit beschäftigt war, nach ebendiesem Diebesgut zu fahnden. Es gab nur zwei Möglichkeiten: Nummer eins, sofort zur Polizei zu gehen und die Wahrheit zu erzählen – aber es muss leider gesagt werden, dass James vor diesem Weg ängstlich zurückscheute. Und Möglichkeit Nummer zwei: den Smaragd auf irgendeine Weise wieder loszuwerden. Einen Augenblick lang erwog James, den Stein säuberlich zu verpacken und per Post an den Radscha zurückzuschicken. Dann schüttelte er den Kopf; dafür hatte er zu viele Kriminalromane gelesen. Er wusste, dass jeder bessere Detektiv, mit Vergrößerungsglas und allen möglichen sonstigen Hilfsmitteln ausgestattet, das Päckchen untersuchen und binnen einer halben Stunde Beruf, Alter, Aussehen und persönliche Merkmale des Absenders herausbekommen würde. Danach wäre es dann bloß noch eine Frage von Stunden, bis man ihn fände. Und da geschah es, dass sich James plötzlich ein Plan von verblüffender Einfachheit aufdrängte. Es war Mittagszeit und der Strand sicherlich verhältnismäßig leer. Er würde zu »Mon Désir« gehen, die Hose dorthin zurückhängen, wo er sie gefunden hatte, und sich dafür wieder seine eigene anziehen. Mit schnellen Schritten machte er sich auf den Weg zum Strand.

Dabei plagten ihn trotz allem leise Gewissensbisse. Eigentlich *müsste* der Radscha den Smaragd wiederbekommen. Er überlegte, ob er nicht vielleicht selbst ein wenig Detektiv spielen sollte – allerdings erst, nachdem er wieder im Besitz seiner eigenen Hose war und die fremde an ihren Platz zurückgehängt hatte. In Verfolgung dieser Absicht lenkte er seine Schritte auf den alten Seemann zu, in dem er zu Recht eine unerschöpfliche Informationsquelle über Kimpton vermutete.

»Entschuldigen Sie«, sagte James höflich, »aber ich glaube, ein Freund von mir hat eine Badekabine an diesem Strand, ein gewisser Mr Charles Lampton. Soviel ich weiß, heißt sie ›Mon Désir‹.«

Der alte Matrose saß breit und behäbig auf einem Stuhl, eine Pfeife im Mund, und schaute sinnend aufs Meer hinaus. Er rückte die Pfeife ein wenig zur Seite und antwortete, ohne den Blick vom Horizont zu wenden: »›Mon Désir‹ gehört Seiner Lordschaft, Lord Edward Campion, das weiß jedes Kind. Von einem Mr Charles Lampton hab ich nie gehört, der muss neu hier sein.«

»Danke«, sagte James und entfernte sich.

Die Auskunft stürzte ihn in Verwirrung. Der Radscha würde doch nicht etwa selbst den Smaragd in die Tasche gesteckt und dort vergessen haben? James schüttelte den Kopf, diese Theorie befriedigte ihn nicht. Dann aber musste offensichtlich einer der Hausgäste der Dieb sein. Die Situation erinnerte James an bestimmte Lieblingsromane von ihm.

Sein eigener Plan allerdings blieb davon unberührt. Es schien alles ganz einfach. Der Strand war, wie er gehofft hatte, praktisch menschenleer. Und noch ein weiterer glücklicher Umstand, die Tür von »Mon Désir« stand immer noch offen. In Sekundenschnelle war James in der Hütte verschwunden. Er nahm gerade seine eigene Hose vom Haken, als eine Stimme hinter ihm ihn jäh herumfahren ließ.

»Hab ich Sie also erwischt!«, sagte die Stimme.

James starrte mit offenem Mund. In der Tür von »Mon

Désir« stand ein Fremder, ein gut angezogener Mann von etwa vierzig Jahren mit scharfen, raubvogelähnlichen Gesichtszügen.

»Hab ich Sie also erwischt!«, wiederholte der Fremde.

»Wer – wer sind Sie?«, stotterte James.

»Inspektor Merrilees von Scotland Yard«, entgegnete der andere knapp. »Und ich möchte Sie bitten, den Smaragd herauszugeben.«

»Den – den Smaragd?« James versuchte Zeit zu gewinnen.

»Das sagte ich.«

Merrilees sprach in kühlem, geschäftsmäßigem Ton. James gab sich einen Ruck.

»Ich weiß nicht, wovon Sie reden«, erklärte er mit gespielter Würde.

»O doch, mein Lieber, ich glaube, das wissen Sie sehr wohl.«

»Das Ganze ist ein Missverständnis«, stieß James hervor. »Ich kann Ihnen genau erklären …« Er stockte. Das Gesicht des anderen hatte einen gelangweilten Ausdruck angenommen.

»Das behaupten sie immer«, murmelte der Mann von Scotland Yard. »Sie haben ihn wohl beim Spazierengehen am Strand gefunden. Das wollten Sie doch erklären, wie?«

Seine Erklärung kam dem in der Tat sehr nahe, das musste James zugeben, dennoch versuchte er ein Ausweichmanöver.

»Woher weiß ich, dass Sie auch wirklich sind, wofür Sie sich ausgeben?«, sagte er schwach.

Merrilees klappte kurz seinen Rockaufschlag zurück und ließ ein Abzeichen sehen. James starrte ihn entgeistert an.

»Da sehen Sie, worauf Sie sich eingelassen haben!«, sagte der andere fast freundlich. »Sie sind noch ein Anfänger in diesem Geschäft, das sehe ich. Ihr erstes Ding, was?«

James nickte stumm.

»Das dachte ich mir. So, mein Lieber, werden Sie mir nun diesen Smaragd aushändigen, oder muss ich Sie durchsuchen?«

James fand seine Sprache wieder. »Ich – ich habe ihn nicht bei mir.« Dabei dachte er angestrengt nach.

»In Ihrem Hotel gelassen?«, erkundigte sich Merrilees, James nickte.

»Na schön«, sagte der Inspektor, »dann gehen wir zusammen dorthin.«

Er fasste James am Arm.

»Ich möchte nicht riskieren, dass Sie mir davonlaufen«, sagte er sanft. »Wir gehen jetzt zu Ihrem Hotel, und Sie händigen mir den Stein aus.«

»Wenn ich es tue, werden Sie mich dann laufen lassen?«, fragte James zitternd.

Merrilees schien in Verlegenheit zu geraten.

»Wir wissen, auf welche Weise der Stein entwendet wurde«, sagte er, »und dass eine Dame dabei eine Rolle spielt, und natürlich ist insofern – kurz und gut, der Radscha möchte, dass die Sache vertuscht wird. Sie wissen doch, wie diese orientalischen Potentaten sind.«

James, der mit Ausnahme eines berühmten Falles absolut nichts von orientalischen Potentaten wusste, nickte verständnisvoll.

»Es wäre natürlich ganz und gar wider die Regel«, fuhr der Inspektor fort, »aber vielleicht kämen Sie ungeschoren davon.«

James nickte wieder. Sie hatten inzwischen die Strandpromenade hinter sich gelassen und bogen in den Ort ein. James gab die Richtung an, doch der andere lockerte keinen Augenblick seinen festen Griff um James' Arm. Plötzlich verlangsamte James seinen Schritt und unterdrückte einen Ausruf. Merrilees blickte ruckartig auf, dann lachte er. Sie gingen gerade an der Polizeistation vorbei, und er bemerkte den verängstigten Seitenblick von James.

»Ich gebe Ihnen ja zuvor noch eine Chance«, sagte er gut gelaunt.

Von diesem Augenblick an überstürzten sich die Ereignisse. James' Mund entrang sich ein lauter Schrei, und er packte seinen Begleiter am Arm: »Hilfe! Ein Dieb! Hilfe! Ein Dieb!«

In weniger als einer Minute hatte sich eine Menschenmenge um sie versammelt. Merrilees versuchte sich aus James' Umklammerung zu befreien.

»Ich erstatte Anzeige«, schrie James. »Ich erstatte Anzeige. Dieser Mann hat mich bestohlen.«

»Was reden Sie da für einen Unsinn?«, entgegnete der andere laut.

Ein Polizist nahm die Sache in die Hand. Mr Merrilees und James wurden in die Polizeistation gebracht, wo James seine Anschuldigung wiederholte.

»Dieser Mann hat mir soeben die Brieftasche gestohlen«, rief er aufgeregt. »Er hat sie in seine rechte Tasche gesteckt.«

»Der Mann ist übergeschnappt«, brummte der andere. »Schauen Sie doch selber nach, Inspektor, dann werden Sie ja sehen, ob er die Wahrheit sagt.«

Auf ein Zeichen des Inspektors versenkte der Polizist respektvoll die Hand in Merrilees Tasche. Er zog einen Gegenstand hervor und hielt ihn mit einem Ausruf der Überraschung dem anderen entgegen.

»Mein Gott!«, stieß der Inspektor fassungslos hervor. »Das muss der Smaragd des Radschas sein.«

Merrilees machte ein noch ungläubigeres Gesicht als alle

anderen. »Das ist grotesk«, stotterte er. »Grotesk. Der Mann muss mir das Ding selbst in die Tasche gesteckt haben, als wir nebeneinander hergingen, um mich in falschen Verdacht zu bringen.«

Das energische Auftreten von Merrilees ließ den Inspektor unsicher werden. Sein Misstrauen richtete sich plötzlich gegen James. Er flüsterte dem Polizisten etwas ins Ohr, und dieser verließ eilig den Raum.

»Bitte, meine Herren«, sagte er dann. »Machen Sie Ihre Aussage, einer nach dem anderen.«

»Gern«, erwiderte James. »Also, ich ging gerade am Strand spazieren, da begegnete ich diesem Herrn, der behauptete, mich zu kennen. Ich konnte mich nicht erinnern, ihm je begegnet zu sein, war aber zu höflich, ihm das zu sagen. Wir gingen zusammen weiter, ich war aber von Anfang an misstrauisch. Und gerade als wir an der Polizeistation vorbeikamen, spürte ich seine Hand in meiner Tasche. Ich hielt ihn fest und schrie um Hilfe.«

Der Inspektor heftete seinen Blick auf Merrilees.

»Und jetzt Sie, Sir.«

Merrilees schien etwas verlegen.

»Die Geschichte stimmt fast«, sagte er langsam, »aber nicht ganz. Nicht ich habe seine Bekanntschaft gesucht, sondern er die meine. Zweifellos wollte er den Smaragd loswerden und steckte ihn mir, während wir uns unterhielten, in die Tasche.«

Der Inspektor hörte auf zu schreiben.

»Aha!«, bemerkte er unparteiisch. »Nun, es wird gleich ein Herr hierherkommen, der uns gewiss helfen kann, diese Sache aufzuklären.«

Merrilees runzelte die Stirn. »Es ist mir wirklich unmöglich, noch länger zu warten«, murmelte er, indem er seine

Taschenuhr hervorzog. »Ich habe eine Verabredung. Inspektor, Sie werden sich doch nicht lächerlich machen und etwa glauben, ich würde einen Smaragd stehlen und dann mit diesem in der Tasche seelenruhig durch die Gegend spazieren.«

»Es klingt unwahrscheinlich, Sir, da stimme ich Ihnen zu«, erwiderte der Inspektor. »Aber Sie werden sich leider noch fünf bis zehn Minuten gedulden müssen, bis wir den Fall geklärt haben. Ah, da kommt Seine Lordschaft ja schon.« Ein hochgewachsener Mann von etwa vierzig Jahren trat ins Zimmer. Er trug ein Paar zerknautschte Hosen und einen alten Pullover.

»Nun, lieber Inspektor, was höre ich da?«, rief er. »Sie haben den Smaragd wiederbeschafft, sagen Sie? Das ist ja fabelhaft, wirklich ausgezeichnete Arbeit. Wer sind diese Leute hier?«

Seine Augen wanderten über James hin und blieben an Merrilees haften. Dieser schien in sich zusammenzuschrumpfen.

»Jones!«, rief Lord Edward Campion aus.

»Sie erkennen diesen Mann, Lord Edward?«, fragte der Inspektor scharf.

»Allerdings«, entgegnete Lord Edward trocken. »Er ist mein Kammerdiener, kam vor etwa einem Monat zu mir. Dieser Mann, den Sie mir von London geschickt haben, hatte ihn von Anfang an im Verdacht, aber man fand den Smaragd nicht unter seinen Sachen.«

»Er hatte ihn in seiner Rocktasche«, erklärte der Inspektor. »Der Herr hier hat uns auf ihn aufmerksam gemacht.« Er deutete auf James.

Einen Augenblick später wurde James von allen Seiten beglückwünscht, und man schüttelte ihm die Hand.

»Mein Bester«, rief Lord Edward Campion, »Sie haben ihn also von Anfang an im Verdacht gehabt, sagen Sie?«

»Ja«, antwortete James. »Ich musste diese Geschichte mit dem Taschendiebstahl inszenieren, um ihn in die Polizeistation zu locken.«

»Na, das ist ja fabelhaft«, rief Lord Edward. »Wirklich fabelhaft. Sie müssen unbedingt mitkommen und mit uns zu Mittag essen, falls Sie nicht schon gegessen haben. Es ist zwar etwas spät, ich weiß, schon fast zwei Uhr.«

»Nein«, entgegnete James, »ich habe noch nicht gegessen, aber …«

»Keine Widerrede«, unterbrach ihn Lord Edward. »Wissen Sie, der Radscha wird sich unbedingt bei Ihnen bedanken wollen, dass Sie ihm seinen Smaragd wiederbeschafft haben. Allerdings habe ich immer noch nicht ganz begriffen, wie das vor sich gegangen ist.«

Sie waren unterdessen aus der Polizeistation auf die Straße getreten.

»Wissen Sie«, sagte James, »eigentlich würde ich Ihnen gern die wahre Geschichte erzählen.«

Er tat es. Seine Lordschaft war über die Maßen erheitert. »Die beste Geschichte, die ich je in meinem Leben gehört habe«, erklärte er. »Jetzt verstehe ich alles. Jones muss, sobald er das Ding geklaut hatte, zur Badehütte hinunter gelaufen sein, denn ihm war klar, dass die Polizei das Haus gründlich durchsuchen würde. In dieser alten Hose, die ich manchmal anziehe, wenn ich zum Fischen hinausfahre, würde bestimmt kein Mensch nachschauen, und er konnte sich den Stein später in aller Ruhe wiederholen. Muss ein arger Schock für ihn gewesen sein, als er heute hinkam, und das Ding war verschwunden. Sobald Sie auf der Bildfläche erschienen, war ihm natürlich sofort klar, dass Sie derjenige gewesen waren, der den Stein weggenommen hatte. Ich verstehe allerdings immer noch nicht, wie es Ihnen gelungen ist, seine Maskerade als Kriminalinspektor zu durchschauen!«

Ein tüchtiger Mann weiß, wann er die Wahrheit sagen und wann er besser schweigen soll, dachte James.

Er lächelte bescheiden, während er mit den Fingerspitzen sanft über die Unterseite seines Rockaufschlags strich und nach dem kleinen silbernen Abzeichen des Fahrradklubs von Merton Park tastete. Es war ein wenig bekannter kleiner Klub. Wirklich ein erstaunlicher Zufall, dass dieser Jones ausgerechnet ebenfalls dort Mitglied war, aber so etwas kam vor!

»Hallo, James!« Er drehte sich um. Grace und die Sopworth-Mädchen riefen ihn von der anderen Straßenseite. Er wandte sich zu Lord Edward.

»Würden Sie mich bitte einen Moment entschuldigen?« Er überquerte die Straße und trat zu den Mädchen.

»Wir wollen ins Kino«, sagte Grace. »Ich dachte, du würdest vielleicht gern mitkommen.«

»Tut mir leid«, antwortete James. »Ich bin gerade mit Lord Edward Campion auf dem Weg zu ihm nach Hause, zum Mittagessen. Ja, der salopp gekleidete Herr dort drüben. Er möchte mich mit dem Radscha von Maraputna bekannt machen.«

Er lüftete höflich den Hut und gesellte sich wieder zu Lord Edward.

Schwanengesang

I

Es war elf Uhr an einem Maimorgen in London. Mr Cowan blickte aus dem Fenster, während hinter ihm die steife Pracht eines Salons im »Ritz«-Hotel prangte. Er gehörte zu der Zimmerflucht, die von Madame Paula Nazorkoff, dem berühmten Opernstar, bewohnt wurde. Mr Cowan war Madames Impresario; jetzt erwartete er die Sängerin zu einer Besprechung. Er wandte den Kopf, als sich die Tür öffnete, doch es war nur Miss Read, Madame Nazorkoffs Sekretärin, ein blasses, tüchtiges Mädchen.

»Oh, Sie sind es, meine Liebe«, sagte Mr Cowan. »Ist Madame noch nicht auf?«

Miss Read schüttelte den Kopf.

»Wir waren um zehn Uhr verabredet«, sagte Mr Cowan. »Jetzt warte ich schon eine geschlagene Stunde.«

Er zeigte weder Ärger noch Überraschung. Mr Cowan hatte sich inzwischen an die Unberechenbarkeiten des künstlerischen Temperaments gewöhnt. Er war groß, glatt rasiert, seine ganze Haltung war etwas zu tadellos, seine Kleidung etwas zu gepflegt. Sein Haar war sehr schwarz und glänzend, und seine Zähne waren von aggressivem Weiß. Er stieß, wenn er ein »S« aussprach, leicht an, was nicht gerade ein Lispeln war, diesem aber gefährlich nahe kam. Es bedurfte keiner besonderen Vorstellungsgabe, um zu erkennen, dass der Name seines Vaters wahrscheinlich Cohen gelautet hatte. In dieser Minute flog die Tür an der anderen Seite des Raumes auf, und ein französisches Mädchen stürzte herein.

»Steht Madame gerade auf?«, fragte Cowan hoffnungsvoll. »Was gibt es Neues, Elise?«

Elise warf beide Hände in die Luft. »Madame ist heute wie siebzehn Teufel, nichts ist ihr recht! Die schönen gelben Rosen, die Monsieur ihr gestern Abend schicken ließ …, sie sagt, für New York wären sie ganz in Ordnung, aber es sei eine Idiotie, sie ihr nach London zu schicken. In London, sagt sie, seien nur rote Rosen möglich, und dann reißt sie die Tür auf und schleudert die gelben Rosen auf den Gang, wo sie auf einem Monsieur landen, *très comme il faut*, einem hohen militärischen Würdenträger, glaube ich. Und er ist außer sich.«

Cowan zog die Augenbrauen hoch, verriet aber kein anderes Zeichen von Bewegung. Dann holte er ein kleines Notizbuch aus seiner Tasche und notierte die Worte »rote Rosen«.

Elise stürzte durch die andere Tür wieder hinaus, und Cowan wandte sich erneut dem Fenster zu. Vera Read setzte sich an den Schreibtisch und begann, Briefe zu öffnen und zu sortieren. Zehn Minuten verstrichen in Schweigen, und dann barst die Tür zum Schlafzimmer auf, und Paula Nazorkoff flammte in den Raum. Ihr Erscheinen hatte die Wirkung, dass der Raum kleiner, Vera Read noch farbloser und Cowan als bloße Figur im Hintergrund erschien.

»Aha, meine Kinder«, sagte die Primadonna. »Bin ich nicht pünktlich?«

Sie war eine hochgewachsene Frau und für eine Sängerin nicht über Gebühr füllig. Ihre Arme und Beine waren noch schlank, und ihr Hals hatte die Form einer schönen Säule.

Ihr Haar, das im Nacken einen üppigen Knoten bildete, war von dunklem, brennendem Rot. Wenn sie auch dieser Farbe mit Henna nachgeholfen hatte, so war die Wirkung deshalb nicht weniger echt. Sie war keine junge Frau mehr, mindestens vierzig, doch die Züge ihres Gesichts waren noch reizvoll, obgleich die Haut nicht mehr so straff und um ihre blitzenden, dunklen Augen herum bereits etwas faltig war. Ihr Lachen war das eines Kindes, ihre Verdauung die eines Straußes, ihr Temperament das eines Teufels, und sie genoss den Ruf, der größte dramatische Sopran ihrer Zeit zu sein. Sie ging augenblicklich auf Cowan los.

»Haben Sie alles getan, was ich Ihnen befohlen habe? Haben Sie diesen abscheulichen englischen Flügel weggeschafft und in die Themse geworfen?«

»Ich habe einen anderen besorgt«, sagte Cowan und deutete in die Ecke, wo der Flügel stand.

Die Nazorkoff flog darauf zu und hob den Deckel.

»Ein Erard«, sagte sie. »Das ist schon besser. Wir wollen mal sehen.«

Die herrliche Sopranstimme erstrahlte in einem Arpeggio, lief dann leicht die Skala hinauf und herunter, zweimal, schwang sich dann weich zu einem hohen Ton auf, hielt ihn, er schwoll an, wurde lauter und lauter, dann wieder leiser und weicher und verhauchte in Nichts.

»Ah!«, sagte Paula Nazorkoff voll naiver Befriedigung. »Was habe ich doch für eine schöne Stimme! Sogar in London habe ich eine wunderschöne Stimme.«

»Das ist wirklich so«, beglückwünschte sie Cowan in ehrlicher Bewunderung. »Ich brauche gar keine Wette einzugehen, dass London Ihnen ebenso zu Füßen liegen wird wie New York.«

»Glauben Sie?«, fragte die Sängerin.

Der Anflug eines Lächelns umspielte ihre Lippen, und es war klar, dass diese Frage für sie gar keine Frage war.

»Das ist eine sichere Sache«, sagte Cowan.

Paula Nazorkoff schloss den Deckel und schritt auf den Tisch zu mit diesem langsamen, wogenden Gang, der auf der Bühne so wirkungsvoll ist.

»Gut, gut«, sagte sie, »wir wollen zum Geschäftlichen kommen. Haben Sie die Arrangements bei sich, mein Freund?«

Cowan nahm einige Blätter aus der Aktenmappe, die er auf einen Stuhl gelegt hatte.

»Es hat sich nicht viel verändert«, bemerkte er. »Sie werden fünfmal im Covent Garden singen, und zwar dreimal die Tosca, zweimal die Aida.«

»Aida! Pah«, sagte die Primadonna. »Es wird mich umbringen vor Langeweile. Tosca ist etwas anderes.«

»Aber ja«, sagte Cowan. »Tosca ist Ihr Part.«

Paula Nazorkoff drehte sich um.

»Ich bin die größte Tosca der Welt«, sagte sie einfach.

»So ist es«, sagte Cowan. »Das macht Ihnen niemand nach.« »Ich vermute, Roscari wird den Scarpia singen?«

Cowan nickte. »Und Emile de Lippi.«

»Was?«, schrie die Nazorkoff. »Lippi, dieser hässliche, kleine quakende Frosch, quak – quak – quak. Ich werde nicht mit ihm singen, ich werde ihn beißen, ich werde ihm das Gesicht zerkratzen.«

»Nun, nun«, sagte Cowan beschwichtigend.

»Er singt nicht, sage ich euch, er bellt wie ein Straßenköter.« »Ja, ja, schon gut, wir werden sehen«, sagte Cowan.

Er war zu klug, um mit temperamentvollen Sängerinnen zu streiten.

»Und wer singt den Cavaradossi?«, fragte die Nazorkoff. »Der amerikanische Tenor Hensdale.«

Sie nickte. »Das ist ein netter kleiner Junge, er singt recht hübsch.«

»Und einmal singt ihn Barrère, glaube ich.«

»Das ist ein Künstler«, sagte Madame großzügig. »Aber dass dieser quakende Frosch Lippi der Scarpia sein soll! Pah, ich werde nicht mit ihm singen.«

»Überlassen Sie das ruhig mir«, sagte Cowan besänftigend. Er räusperte sich und nahm einen neuen Stoß Papiere auf.

»Und dann arrangiere ich gerade ein Sonderkonzert in der Albert Hall.«

Die Nazorkoff schnitt eine Grimasse.

»Ich weiß, ich weiß«, sagte Cowan. »Aber das macht jeder.« »Ich werde gut sein«, sagte die Nazorkoff, »und es wird voll sein bis unters Dach, und ich werde viel Geld verdienen. Ecco!«

Wieder kramte Cowan in Papieren.

»Dann ist hier noch ein ganz anderes Angebot«, sagte er. »Und zwar möchte Lady Rustonbury, dass Sie bei ihr singen.«

»Rustonbury?«

Die Augenbrauen der Primadonna zogen sich zusammen, so als ob sie mit Anstrengung etwas in ihrem Gedächtnis suchte.

»Ich habe kürzlich diesen Namen gelesen, erst ganz kürzlich. Das ist eine Stadt – oder ein Dorf, nicht wahr?«

»Ja, das ist richtig, ein hübscher, kleiner Ort in Hertfordshire. Und was den Besitz von Lord Rustonbury angeht, das Rustonbury-Castle, das ist ein richtiger Feudalbesitz, mit Geistern und Ahnengalerie und Geheimtreppen und einem erstklassigen Privattheater. Sie schwimmen in Geld und geben immer irgendwelche Privatveranstaltungen. Sie schlug vor, wir sollten eine ganze Oper aufführen, am liebsten wäre ihr Butterfly.«

»Butterfly?«

Cowan nickte.

»Und sie können bezahlen. Wir müssen natürlich das Angebot von Covent Garden annehmen, aber sogar danach wird sich Ihr Auftritt dort allein finanziell lohnen. Aller Wahrscheinlichkeit nach wird auch eine königliche Hoheit anwesend sein. Es wird eine Bombenreklame für Sie.«

Madame hob ihr immer noch schönes Kinn.

»Brauche ich Reklame?«, fragte sie stolz.

»Von einer guten Sache kriegt man nie genug«, sagte Cowan. »Rustonbury«, murmelte die Sängerin. »Wo habe ich das doch gelesen …«

Plötzlich sprang sie auf, lief auf den Tisch zu und begann in einer Illustrierten zu blättern, die dort lag. Es entstand eine Pause. Sie hielt inne, als ihre Hand auf einer der Seiten verweilte. Dann ließ sie die Wochenzeitschrift auf den Boden gleiten und ging langsam zu ihrem Sessel zurück. Mit einem ihrer gewohnten raschen Stimmungswechsel schien sie jetzt eine völlig andere Persönlichkeit zu sein. Sie gab sich ruhig, fast streng. »Treffen Sie alle Vorbereitungen für Rustonbury. Ich möchte dort singen, allerdings unter einer Bedingung – die Oper muss ›Tosca‹ sein.«

Cowan machte ein wenig zuversichtliches Gesicht.

»Das wird ziemlich schwierig sein – für eine Privatvorstellung, wissen Sie, die vielen Dekorationen und all das.«

»›Tosca‹ oder nichts.«

Cowan sah sie an, nickte kurz und stand auf.

»Ich werde sehen, was ich tun kann«, sagte er ruhig.

Auch die Nazorkoff stand auf. Mehr als sonst schien sie bei der Sache zu sein, als sie ihm ihre Bedingung begründete.

»Es ist meine größte Rolle, Cowan. Ich singe diese Partie, wie keine andere Frau sie jemals gesungen hat.«

»Es ist eine großartige Rolle«, sagte Cowan. »Die Callas begründete ihren Ruhm damit.«

»Die Callas?«, schrie die andere, während Röte in ihre Wangen stieg. Sie redete weiter und gab sehr ausführlich ihre Meinung über die Callas wieder.

Cowan, der daran gewöhnt war, den Urteilen von Sängerinnen über andere Sängerinnen zu lauschen, lenkte seine innere Aufmerksamkeit ab, bis die Tirade vorüber war, dann sagte er hartnäckig: »Jedenfalls singt sie ›Vissi d'arte‹, während sie auf dem Bauch liegt.«

»Warum nicht?«, fragte die Nazorkoff. »Was sollte sie davon abhalten? Ich werde die Arie singen, während ich auf dem Rücken liege und mit den Beinen in der Luft herumstrampele.«

Cowan schüttelte mit großem Ernst den Kopf.

»Ich glaube nicht, dass das übermäßig künstlerisch ist«, belehrte er sie. »Aber es macht Eindruck, wie Sie wissen.«

»Niemand kann ›Vissi d'arte‹ so singen wie ich«, sagte die Nazorkoff überzeugt. »Ich singe das mit einer Klosterstimme – so wie es die guten Nonnen mich vor vielen Jahren gelehrt haben. Mit der Stimme eines Chorknaben oder eines Engels, ohne Gefühl, ohne Leidenschaft.«

»Ich weiß«, sagte Cowan herzlich. »Ich habe Sie gehört, Sie sind wundervoll.«

»Das ist Kunst«, sagte die Primadonna, »den Preis zu bezahlen, zu leiden, zu erdulden und dann zum Schluss: nicht nur das Können zu haben, sondern auch die Macht, zurückzukehren, ganz zurück bis zum Beginn und die verlorene Schönheit und das Herz eines Kindes wiederzuerobern.«

Cowan warf ihr einen erstaunten Blick zu. Sie sah durch ihn hindurch mit einem merkwürdig leeren Ausdruck in den Augen, und etwas in diesem ihrem Blick gab ihm ein unheimliches Gefühl. Mit halb geöffneten Lippen flüsterte sie ein paar Worte wie zu sich selbst. Er fing sie gerade noch auf.

»Endlich«, murmelte sie. »Endlich – nach so vielen Jahren.«

2

Lady Rustonbury war sowohl eine ehrgeizige als auch eine künstlerische Frau. Die Vereinigung dieser beiden Eigenschaften hatte ihr einen durchschlagenden Erfolg verschafft. Sie hatte das große Glück, einen Mann zu haben, dem weder Ehrgeiz noch Kunst etwas bedeutete und der sie daher gewähren ließ. Der Earl of Rustonbury war ein großer, eckiger Mann, mit einem Interesse für Pferde und sonst gar nichts. Er bewunderte seine Frau. Er war stolz auf sie und war froh, dass sie – dank seines Reichtums – ihre Pläne ausführen konnte. Das Privattheater war vor weniger als hundert Jahren von seinem Großvater erbaut worden. Es war Lady Rustonburys liebstes Spielzeug – sie hatte schon ein Drama von Ibsen aufführen lassen, dann ein Stück der allerneuesten Schule: alles Scheidung und Rauschgift, und eine poetische Phantasie mit kubistischer Szenerie. Die nun folgende Aufführung von »Tosca« hatte weitgespanntes Interesse geweckt. Lady Rustonbury hatte dazu eine sehr vornehme Hausparty arrangiert, und was in London Rang und Namen hatte, kam, um der Vorstellung beizuwohnen.

Madame Nazorkoff und ihre Gesellschaft waren kurz vor dem Mittagessen angekommen. Der junge amerikanische Tenor Hensdale sollte den Cavaradossi singen und Roscari, der berühmte italienische Bariton, den Scarpia. Die Kosten für diese Aufführung waren enorm gewesen, aber darum kümmerte sich niemand. Paula Nazorkoff war in bester Stimmung, sie war charmant, freundlich gelöst und auf angenehmste Art sie selbst. Cowan betete, dass alles sich so weiterentwickeln möge.

Nach dem Essen begab sich die Gesellschaft ins Theater und begutachtete die Bühnenbilder und die verschiedenen Requisiten. Das Orchester unterstand der Leitung von Mr Samuel Ridge, einem der berühmtesten Dirigenten Englands. Alles schien ohne die geringsten Schwierigkeiten abzulaufen. Und merkwürdig genug, dieser Umstand beunruhigte Cowan. Er fühlte sich mehr zu Hause in einer Atmosphäre der Nervosität; dieser ungewöhnliche Friede störte ihn.

»Alles geht um eine Spur zu glatt«, murmelte er zu sich selbst. »Madame ist wie eine Katze, die man mit Schlagsahne gefüttert hat. Es ist zu schön, um so weitergehen zu können. Es muss noch etwas geschehen.«

Vielleicht hatte Mr Cowan als Ergebnis seines lange währenden Kontaktes mit der Opernwelt einen sechsten Sinn entwickelt; gewiss waren seine Befürchtungen gerechtfertigt. Es war gerade kurz vor sieben Uhr an diesem Abend, als das französische Mädchen, Elise, in größter Verwirrung zu ihm hereinstürzte.

»Ach, Mr Cowan, kommen Sie, schnell, bitte, bitte, kommen Sie schnell.«

»Was ist denn passiert?«, fragte Cowan neugierig. »Madame passt wohl etwas nicht, wie? Krach, nicht wahr?«

»Nein, nein, es ist nicht Madame, es ist Signor Roscari. Er ist krank, er stirbt!«

»Stirbt? Kommen Sie!«

Cowan rannte hinter ihr her, als sie ihn zum Schlafzimmer des unglücklichen Italieners führte. Der kleine Mann lag auf dem Bett, vielmehr krümmte er sich darauf, in Zuckungen, die komisch gewirkt hätten, wäre der Fall nicht so ernst gewesen. Paula Nazorkoff stand über ihn gebeugt, sie grüßte Cowan gebieterisch.

»Aha, da sind Sie ja. Unser armer Roscari, er leidet entsetzlich. Zweifellos hat er etwas Verkehrtes gegessen.«

»Ich sterbe«, stöhnte der kleine Mann. »Diese Schmerzen, es ist schrecklich. Au, oh!«

Er wand sich wieder, presste beide Hände gegen seinen Magen und rollte sich auf dem Bett herum.

»Wir müssen einen Arzt holen«, sagte Cowan.

Paula hielt ihn zurück, als er gerade zur Tür gehen wollte.

»Der Arzt ist schon unterwegs. Er wird alles tun, was möglich ist, um dem armen Leidenden hier zu helfen. Dafür ist schon gesorgt. Aber Roscari wird keinesfalls heute Abend singen können.«

»Ich werde nie mehr singen, ich sterbe«, stöhnte der Italiener.

»Nein, nein, Sie sterben nicht«, sagte Paula. »Sie haben sich nur den Magen verdorben, aber das bleibt sich gleich, Sie können unmöglich heute singen.«

»Ich bin vergiftet worden.«

»Ja, es ist zweifellos Ptomain«, sagte Paula. »Elise, bleiben Sie bei ihm, bis der Arzt kommt.«

Die Sängerin winkte Cowan, ihr aus dem Zimmer zu folgen.

»Was wollen wir tun?«, fragte sie.

Cowan schüttelte hoffnungslos den Kopf. Es war schon zu spät, um aus London einen Ersatz für Roscari zu beschaffen. Lady Rustonbury, die man gerade von der Krankheit ihres Gastes in Kenntnis gesetzt hatte, stürzte durch den Korridor auf die beiden zu. Ihre Hauptsorge – wie die Paula Nazorkoffs – war das Gelingen der Aufführung von »Tosca«.

»Wenn doch nur jemand hier in der Nähe wohnte«, stöhnte die Primadonna.

»Ah!« Lady Rustonbury stieß einen Freudenschrei aus. »Natürlich! Bréon.«

»Bréon?«

»Ja, Edouard Bréon, Sie wissen doch, der berühmte französische Bariton. Er wohnt hier in der Nähe. Diese Woche war in der Zeitschrift ›Country Homes‹ sein Haus abgebildet. Das ist unser Mann.«

»Welch eine Himmelsantwort!«, schrie die Nazorkoff. »Bréon als Scarpia, ich erinnere mich, das war eine seiner größten Partien. Aber er hat sich von der Bühne zurückgezogen, nicht wahr?«

»Ich bringe ihn schon hierher«, sagte Lady Rustonbury. »Überlassen Sie das nur mir.«

Und da sie eine Frau von schnellen Entschlüssen war, ließ sie sofort den Hispano Suiza vorfahren. Zehn Minuten später wurde Edouard Bréons Landsitz von einer aufgeregten Gräfin heimgesucht. Wenn Lady Rustonbury einmal einen Entschluss gefasst hatte, führte sie ihn auch durch, und zweifellos erkannte Monsieur Bréon, dass es für ihn nur die Möglichkeit gab, sich zu fügen. Es muss allerdings auch noch bemerkt werden, dass er eine Schwäche für Gräfinnen hatte. Er stammte aus kleinen Verhältnissen, hatte sich in seinem Beruf an die Spitze hinaufgearbeitet und hatte dann mit Herzögen und Prinzen verkehrt. Diese Tatsache hatte niemals die befriedigende Wirkung auf ihn verloren. Seitdem er sich jedoch an diesen abgeschiedenen Ort Englands zurückgezogen hatte, war er als unzufrieden bekannt. Er vermisste die Schmeichelei und den Applaus, und der englische Landadel hatte ihn nicht so prompt aufgenommen, wie er gehofft und erwartet hatte. So fühlte er sich jetzt durch

Lady Rustonburys Bitte sehr geschmeichelt und war hocherfreut.

»Ich werde mein Bestes tun«, sagte er lächelnd. »Wie Sie wissen, habe ich schon lange nicht mehr vor Publikum gesungen. Ich habe nicht einmal Schüler, nur ein oder zwei als besondere Gunst. Und das jetzt, weil Signor Roscari unglücklicherweise erkrankt ist …«

»Ja, es ist ein schrecklicher Schlag«, sagte Lady Rustonbury. »Nicht, dass er wirklich ein großer Sänger wäre«, sagte Bréon. Er erzählte ihr ausführlich, warum das so sei. Es hatte, seit Edouard Bréon sich zurückgezogen hatte, wie es schien, keinen Bariton von Weltruf mehr gegeben.

»Madame Nazorkoff singt die Tosca«, sagte Lady Rustonbury. »Ich darf wohl sicher annehmen, dass Sie sie kennen?«

»Ich habe nie mit ihr gesprochen«, sagte Bréon. »Ich habe sie einmal in New York singen gehört. Eine große Künstlerin – sie hat das Talent für Dramatik.«

Lady Rustonbury fühlte sich erleichtert – bei diesen Sängern konnte man ja nie wissen, sie hegten solche merkwürdigen Eifersüchte und Antipathien.

Sie betrat nach ungefähr zwanzig Minuten wieder die Vorhalle des Schlosses und schwenkte triumphierend die Hände.

»Ich habe ihn«, rief sie lachend. »Der liebe Monsieur Bréon war wirklich zu liebenswürdig. Ich werde es ihm nie vergessen.« Alle drängten sich um den Franzosen, und die allgemeine Dankbarkeit und Anerkennung ihm gegenüber war wie Weihrauch für ihn. Edouard Bréon, obwohl jetzt nahe an die sechzig, war noch ein gut aussehender Mann, breit und dunkel und von einer magnetischen Ausstrahlung.

»Moment mal«, sagte Lady Rustonbury. »Wo ist denn Madame? Oh, da ist sie ja.«

Paula Nazorkoff hatte an dem allgemeinen Begrüßungsrummel für den Franzosen nicht teilgenommen. Sie war in einem hohen Eichenstuhl neben dem Kamin sitzen geblieben. Es war natürlich kein Feuer darin, denn der Abend war warm, und die Sängerin fächelte sich langsam mit einem riesigen Palmwedel Kühlung zu. Sie saß dort so unbeteiligt und wie entrückt, dass Lady Rustonbury fürchtete, sie fühle sich beleidigt.

»Monsieur Bréon«, sagte sie. Sie führte ihn zu der Sängerin. »Sie sagten, Sie hätten noch nie mit Madame Nazorkoff gesprochen.«

Nach einer letzten fächelnden Bewegung, die wie eine anmutige Geste wirkte, legte Paula Nazorkoff den Palmwedel nieder und streckte ihre Hand dem Franzosen entgegen. Er ergriff sie und beugte sich tief darüber, und ein schwacher Seufzer kam von den Lippen der Primadonna.

»Madame«, sagte Bréon, »wir haben niemals zusammen gesungen. Das ist die Strafe meines Alters! Aber das Schicksal meinte es gut mit mir und kam zu meiner Rettung.«

Paula lachte leise.

»Sie sind sehr liebenswürdig, Monsieur Bréon. Als ich noch eine arme, kleine unbekannte Sängerin war, saß ich zu Ihren Füßen. Ihr Rigoletto – welche Kunst, welche Vollendung! Niemand konnte Sie erreichen.«

»Leider!«, sagte Bréon und ließ einen tiefer Seufzer hören. »Meine Tage sind vorbei. Scarpia, Rigoletto, Radames, Sharpless, wie viele Male habe ich sie gesungen, und jetzt – nie mehr!«

»Doch – heute Abend.«

»Ach ja, richtig, Madame – ich vergaß – heute Abend.«

»Sie haben schon mit vielen Toscas zusammen gesungen«, sagte die Nazorkoff arrogant, »aber noch nie mit mir!«

Der Franzose verbeugte sich.

»Es wird mir eine Ehre sein«, sagte er weich. »Es ist eine große Rolle, Madame.«

»Es bedarf nicht nur einer Sängerin, sondern auch einer Schauspielerin«, warf Lady Rustonbury ein.

»Das ist wahr«, stimmte Bréon zu. »Ich erinnere mich noch, als ich damals als junger Mann in Italien war, besuchte ich ein etwas abseits gelegenes Theater in Mailand. Der Platz kostete mich nur ein paar Lire, aber ich habe da ebenso gute Sänger gehört wie später in der Metropolitan Opera in New York. Ein ganz junges Mädchen sang damals die Tosca. Sie sang das wie ein Engel. Ich werde niemals ihre Stimme in ›Vissi d'arte‹ vergessen, diese Klarheit, diese Reinheit. Aber die dramatische Kraft fehlte ihr.« Die Nazorkoff nickte.

»Das kommt erst später«, sagte sie ruhig.

»Richtig. Dieses junge Mädchen – Bianca Capelli hieß sie – ich interessierte mich für ihre Karriere. Durch mich hätte sie die Chance zu einem großen Engagement gehabt, aber sie war dumm – hoffnungslos dumm.«

Er zuckte die Achseln.

»Wieso dumm?«

Es war Lady Rustonburys vierundzwanzigjährige Tochter, Blanche Amery, die sich mit dieser Frage am Gespräch beteiligte. Ein schlankes Mädchen mit großen blauen Augen. Der Franzose wandte sich ihr sofort höflich zu.

»Leider, Mademoiselle, sie war wegen irgendeines gemeinen Burschen da in eine Sache verwickelt. Er war ein Schurke, ein Mitglied der Camorra, dieser Verschwörerbande in Neapel. Er geriet in Schwierigkeiten mit der Polizei, wurde zum Tode verurteilt. Sie kam zu mir und bat mich, etwas zu unternehmen, damit ihr Geliebter gerettet würde.«

Blanche Amery starrte ihn an.

»Und Sie taten es?«, fragte sie atemlos.

»Ich, Mademoiselle, was konnte ich tun? Ein Fremder im Land.«

»Hatten Sie nicht doch damals einigen Einfluss?«, fragte die Nazorkoff mit ihrer tiefen, bebenden Stimme.

»Wenn ich ihn hatte, bezweifle ich, ob ich ihn ausgenutzt hätte. Der Mann war es nicht wert. Ich tat für das Mädchen, was ich konnte.«

Er lächelte ein wenig, und das Lächeln missfiel plötzlich dem englischen Mädchen, denn etwas an dem Ausdruck dieses Lächelns war unangenehm. Sie spürte, dass das, was er sagte, in dem Moment nicht mit dem übereinstimmte, was er dachte.

»Sie taten, was Sie konnten«, sagte die Nazorkoff. »Das war sehr freundlich von Ihnen, und war das Mädchen auch dankbar?«

Der Franzose zuckte die Achseln.

»Der Mann wurde hingerichtet«, sagte er, »und das Mädchen ging in ein Kloster. *Et voilà!* Die Welt hat eine Sängerin verloren.«

Die Nazorkoff lachte leise.

»Wir Russen sind nicht so standhaft«, sagte sie leichthin. Blanche Amery, die zufällig Cowan ansah, während die Sängerin sprach, bemerkte, wie er erstaunt zu ihr hinübersah. Er öffnete die Lippen halb, schloss sie dann aber wieder gehorsam, als Paula ihm einen warnenden Blick zugeworfen hatte.

Der Butler erschien in der Tür.

»Dinner«, sagte Lady Rustonbury und erhob sich. »Ihr armen Künstler, ihr tut mir leid. Es muss doch schrecklich sein, vor dem Singen immer so hungern zu müssen. Aber nachher wird es ein köstliches Essen geben.«

»Wir werden uns darauf freuen«, sagte Paula Nazorkoff. Sie lachte leise. »Nachher!«

3

Im Theater war soeben nach dem ersten Akt der »Tosca« der Vorhang gefallen. Die Zuschauer bewegten sich und sprachen leise miteinander. Die königlichen Hoheiten, charmant und leutselig, saßen in den drei Samtstühlen vor der ersten Reihe.

Jeder flüsterte und tuschelte mit seinem Nachbarn. Allgemein herrschte die Meinung, die Nazorkoff habe im ersten Akt nicht ihren großen Ruf bestätigt. Die meisten Anwesenden wussten nicht, dass gerade darin die Kunst der Nazorkoff bestand, im ersten Akt ihre Stimme und sich selbst zu schonen. Sie machte aus Tosca eine leichte, frivole Figur, tändelnd mit Liebe, koketteifersüchtig und anspruchsvoll. Bréon überzeugte noch als herrlich zynischer Scarpia, obgleich der Schmelz seiner Stimme den Höhepunkt bereits überschritten hatte. Nichts während seines Spiels deutete auf den alternden Wüstling hin. Er machte aus Scarpia eine schöne, fast gütige Gestalt – nur mit einem Schuss subtiler Gemeinheit, die aber unter dem äußeren Schein fast verborgen blieb. Im letzten Teil, als Scarpia in Gedanken verloren dasteht und über seinen Plan, Tosca zu retten, nachsinnt, hatte Bréon sein unvergleichliches Können gezeigt. Jetzt hob sich der Vorhang wieder für den zweiten Akt, die Szene in Scarpias Zimmer.

Diesmal wurde beim Auftritt der Tosca die Kunst der Nazorkoff mit einem Schlage offenbar. Hier war sie eine Frau in Todesangst, und sie spielte ihre Rolle mit der Sicherheit einer überragenden Schauspielerin. Wie sie Scarpia leichthin grüßte, wie sie sich lässig gab und lächelte, verfehlte nicht die Wirkung auf ihn. In dieser Szene spielte Paula Nazorkoff mit den Augen; sie agierte mit Todesruhe, mit teilnahmslos lächelndem Gesicht. Nur ihre Augen, die immer wieder

Scarpia blitzende Blicke zuwarfen, verrieten ihre wahren Gefühle. Und so nahm die Geschichte ihren Fortgang, die Folterszene, der Zusammenbruch Toscas, schließlich die völlige Selbstaufgabe, wie sie zu Scarpias Füßen fällt und ihn vergebens um Gnade anfleht. Der alte Lord Leconmere, der ein Musikkenner war, nickte, und ein ausländischer Botschafter, der neben ihm saß, flüsterte:

»Sie übertrifft sich selbst – die Nazorkoff, heute Abend. Es gibt keine andere Frau auf der Bühne, die sich so ausspielt in dieser Rolle, wie sie es tut.«

Leconmere nickte.

Und jetzt hatte Scarpia seinen Preis genannt, Tosca flieht entsetzt von ihm fort zum Fenster. Dann hört man von fern Trommelschläge, und Tosca wirft sich voller Verzweiflung auf das Sofa. Scarpia steht über sie gebeugt, erzählt, wie seine Leute den Galgen errichten – dann Schweigen, und wieder der weit entfernte Trommelwirbel. Die Nazorkoff liegt bäuchlings auf dem Sofa, ihr Kopf hängt tief herab, berührt fast den Boden, ihr Gesicht wird durch das herabfallende Haar verdeckt. Dann, in herrlichem Gegensatz zu der Leidenschaft und der seelischen Not der vergangenen zwanzig Minuten, erklingt ihre Stimme, hoch und klar, die Stimme, die – genau wie sie Cowan gesagt hatte – die eines Chorknaben oder eines Engels ist.

»Vissi d'arte, vissi d'amore, non feci mai male ad anima viva! Con man furtiva quante miserie conobbi, auiutai.«

Es war die Stimme eines verwunderten, verwirrten Kindes. Dann kniet sie noch einmal nieder, bittend und flehend, bis zu dem Augenblick, da Spoletta das Zimmer betritt. Tosca, völlig erschöpft, fügt sich, und Scarpia spricht die schicksalhaften zweideutigen Worte aus. Spoletta geht noch einmal fort. Dann kommt der dramatische Augenblick, da Tosca, die mit zitternder Hand ein Glas Wein hochhebt, das Messer auf dem Tisch erblickt und es hinter sich verbirgt.

Bréon erhebt sich, schön, kämpferisch, entflammt in Leidenschaft. *»Tosca, finalmente mia!«* Dann das blitzschnelle Zustoßen des Messers, und Toscas Aufschrei der Rache:

»Questo è il bacio di Tosca!« (Das ist der Kuss der Tosca!) Niemals vorher hatte die Nazorkoff solche Intensität bei Toscas Racheakt gezeigt. Dieses letzte wilde Flüstern *»Muori dannato«*, und dann mit einer merkwürdig ruhigen Stimme, die das ganze Theater erfüllte:

»Orgli perdono!« (Jetzt vergebe ich ihm!)

Das sanfte Todesthema ertönt, als Tosca mit ihrer Zeremonie beginnt, zu beiden Seiten seines Kopfes Kerzen aufstellt, ihm ein Kruzifix auf die Brust legt, ihr letztes Innehalten, als sie sich in der Tür noch einmal umdreht, das Dröhnen der Trommeln aus der Ferne; und der Vorhang fällt.

Diesmal brach ein echter Begeisterungssturm im Publikum los, doch er war von kurzer Dauer. Jemand stürzte hinter dem Vorhang hervor und sprach mit Lord Rustonbury. Er erhob sich, und nachdem er sich ungefähr zwei Minuten lang Gewissheit verschafft hatte, wandte er sich vorbeugend zu Sir Donald Calthorp, einem berühmten Arzt. Fast in Sekundenschnelle verbreitete sich im Zuschauerraum die Nachricht von dem Geschehenen. Ein Unfall war geschehen, jemand war ernstlich verletzt worden. Einer der Sänger erschien vor dem Vorhang und erklärte, dass Monsieur Bréon unglücklicherweise einen Unfall erlitten habe – die Oper müsse abgebrochen werden. Wieder flog das Gerücht auf, Bréon sei erstochen worden, die Nazorkoff habe den Kopf verloren, sie habe ihre Rolle so intensiv mitgelebt, dass sie tatsächlich den Partner erstochen hätte. Lord Leconmere, der mit seinem Freund, dem Botschafter, sprach, spürte, wie ihn jemand am Arm berührte, wandte sich um und sah in Blanche Amerys Augen.

»Es war kein Unfall«, hörte er das Mädchen sagen. »Ich bin sicher, es war kein Unfall. Hörten Sie nicht, kurz vor dem Dinner, die Geschichte, die er erzählte – von diesem Mädchen in Italien? Dieses Mädchen war Paula Nazorkoff. Als sie so etwas von ›wir Russinnen‹ sagte, bemerkte ich den verblüfften Blick von Mr Cowan. Sie hat wohl einen russischen Namen angenommen, er aber wusste nur zu gut, dass sie Italienerin ist.«

»Aber meine liebe Blanche«, sagte Lord Leconmere.

»Ich versichere Ihnen, es ist so. In ihrem Schlafzimmer lag eine Zeitschrift, aufgeschlagen auf der Seite, auf der Monsieur Bréon in seinem englischen Landsitz abgebildet ist. Sie wusste davon, bevor sie hierher kam. Ich glaube, sie hat dem armen kleinen Italiener etwas gegeben, das ihn krank machte.«

»Aber warum?«, schrie Lord Leconmere. »Warum?«

»Aber verstehen Sie nicht? All das ist die Geschichte der Tosca. Er begehrte sie in Italien, sie aber war ihrem Geliebten treu, und sie ging zu Bréon, um ihn zu bitten, ihrem Geliebten zu helfen, und er gab vor, er würde ihr helfen. Doch stattdessen ließ er ihn sterben. Und jetzt war endlich die Stunde ihrer Rache da. Haben Sie nicht gehört, wie sie ausstieß ›Ich bin Tosca‹? Und ich sah Bréons Gesicht, als sie das sagte. Da begriff er die Wahrheit – er hatte sie wiedererkannt.«

In ihrer Garderobe saß Paula Nazorkoff regungslos, einen weißen Hermelinmantel um ihre Schultern gezogen. Es klopfte an die Tür.

»Herein!«, rief die Primadonna.

Elise trat ein. Sie schluchzte.

»Madame, Madame, er ist tot! Und –«

»Ja?«

»Madame, wie soll ich es Ihnen nur sagen? Da draußen stehen zwei Herren von der Polizei und wollen Sie sprechen.«

Paula Nazorkoff erhob sich zu ihrer vollen Höhe.

»Ich werde mit ihnen gehen«, sagte sie ruhig.

Sie löste eine Perlenkette von ihrem Hals und legte sie in die Hände des französischen Mädchens.

»Die sind für Sie, Elise, Sie sind immer sehr lieb gewesen. Dort, wo ich jetzt hingehe, brauche ich sie nicht mehr. Verstehen Sie, Elise? Ich werde nie wieder die Tosca singen.«

Sie blieb einen Moment an der Tür stehen, ihre Augen tasteten durch die Garderobe, so, als ob sie auf die vergangenen dreißig Jahre ihrer Karriere zurückschaute.

Dann murmelte sie leise den letzten Satz einer anderen Oper: »Das Spiel ist aus!«

Agatha Christie im Atlantik Verlag

Das Geheimnis von Sittaford
Kriminalroman

Ein verschneiter Winterabend im beschaulichen Sittaford. Die Séance der Nachbarn bringt ein ganz und gar nicht beschauliches Ergebnis: Mord. Das Opfer ist auch schon bekannt. Captain Trevelyan ist ein reicher, etwas sonderbarer Mann – und zwei Stunden später tatsächlich tot. Fast jeder der Nachbarn hätte ein Motiv. Als der Neffe des Toten unter Verdacht gerät, macht sich seine pfiffige Verlobte daran, den herbeigerufenen Inspector mit ganz eigenen Ermittlungen zu unterstützen.

Der unheimliche Weg
Kriminalroman

Gerade wollte Hilary Craven in Ruhe Selbstmord begehen. Da platzt ein britischer Agent in ihr marokkanisches Hotelzimmer – mit einer gar nicht abwegigen Alternative: die Teilnahme an einer gefährlichen Mission. Sie soll die Rolle einer bei einem Flugzeugabsturz ums Leben gekommenen Frau übernehmen, und deren Mann, einen verschwundenen Kernphysiker, aufspüren. Ist er in die Sowjetunion übergelaufen? Inmitten ihrer Reisegruppe, die mit unbekanntem Ziel unterwegs ist, erwacht Hilarys Neugier wieder zum Leben.

Der Todeswirbel
Ein Fall für Poirot

Gordon Cloade war so reich, dass er Zeit seines Lebens seinem gesamten Familienclan unter die Arme greifen konnte. Nun ist er tot und die Familie muss mit ansehen, wie sein Reichtum komplett an die Frau geht, die er gerade erst geheiratet hat. Womit das Erbe für die junge Witwe eine äußerst ungemütliche Sache wird, zumal nicht nur der gesamte Clan hinter ihm her ist. Spätestens als ein Mord geschieht, sind die Dinge so verwickelt, dass nur noch einer sie lösen kann: Hercule Poirot.

Die Katze im Taubenschlag
Ein Fall für Poirot

Ausgerechnet in einem exklusiven, behüteten Mädcheninternat kommt es zu sehr unschönen Zwischenfällen, angefangen mit nächtlichen Schüssen in der Turnhalle. Neiden sich die Kolleginnen etwa gegenseitig die Stellungen? Eine entführte Schülerin und eine ermordete Lehrerin später ist klar: Man hat es mit einem Verbrechen internationalen Formats zu tun, und es gibt nur einen, der die vielen in der Schule zusammenlaufenden Fäden entwirren kann – Hercule Poirot.

Das Geheimnis der Schnallenschuhe
Ein Fall für Poirot

Wer geht schon gern zum Zahnarzt? Nicht mal ein Meisterdetektiv. Aber den Zahnarzt deshalb umbringen? Das kommt Poirot doch seltsam vor. Und der Fall wird immer rätselhafter: Eine Patientin verschwindet, ein anderer Patient stirbt, auf einen dritten wird ein Attentat verübt. Poirot muss seine kleinen grauen Zellen mächtig anstrengen, um an die Wurzel der üblen Ereignisse zu gelangen.